親や上司の否定的な暗示から解放される超簡単テクニック

支配されちゃう人たち

大嶋信頼
Ohshima Nobuyori

青山ライフ出版

はじめに

昔から、真実は一つだと思っていた。

イギリスのロックバンド、クイーンの『ワン・ヴィジョン』という歌が好きだった。その歌詞にあるように、一人の人に一つのゴールがあって、一つの使命がある、と真剣に信じていた。一つの正しい宗教があって、そこに正しい決断があると思っていた。

だから、自分が真実を追求していけば、いつかみんなから理解されて仲間になれると信じていた。真実を求めてさえいれば、いつかみんなとわかり合えて、お互いに傷つけることなく助け合うことができると、本気で信じていた。

一つの正しい宗教があって、一人の正しい神がいるならば、自分がこの世で受け入れられないのは、自分が真実に近づいていないから。自分が真実からかけ離れて、間違っている道を進んでいるから、自分は人から仲間はずれにされ、馬鹿にされて蔑まれるものだと思っていた。

人から傷つけられ裏切られるのも、自分が真実から離れているから。だから「もっと謙虚になって、誠実に真実を追求しなければ」と努力する。人から嫌な目に遭うのも、傷つけられるのも、何か自分には見えない大きな力が自分を真実の方向へと導くためにやってくれているものだと、固く信じていた。

でも――。

「真実を追求したい」などときれいごとを言っているが、実際の自分の姿は汚物まみれ。みんなから汚い存在として扱われ、誰も自分を仲間に入れてくれない。まるで自分が「バイ菌まみれ」と思われている感覚である。

たとえ仲間に入れてもらえても、自分はみんなから蔑まれ辱められる。何をやってもみんなと同じようにできなくて、失敗をしてみんなの足を引っ張ることになって、さらにみんなから嫌われる。そして、結局は仲間から外されて蔑まれてしまう。いつも、何をやっても失敗し、その失敗も人のせいにして何一つ最後までやり遂げられない。

「真実を追求したい」なんて表向きは澄ましているが、常に食い意地が張っていて、人の食べ物を奪いたい衝動がある。性的な話題にも興味がないふりをしているが、常に頭は性的妄想でいっぱいで、そこからの罪意識で薄汚れた気持ちになる。

「こんなに性的にも薄汚れた自分だから、真実を追求して、真実を得られなければ変われないし、人から受け入れてもらうことなんかできない」

そう思って、ずっと清くなる努力をしてきた。でも、いくら努力をすれども、人から受け入れられることはなく、人から辱められ、蔑まれるばかり。

正しいことをやろうとすれば失敗し、清く正しい人になろうと思ってもその決心は長続きしない。失敗しては薄汚れた気持ちになり、人から蔑まれて汚物にまみれの感覚になる。まるで自分がそんな状態を望んでいるかのような錯覚に陥る。

そして、私は絶望する。

「生きていたくない」と思い、死に憧れる。自分みたいな存在が生きていても何の価値もないし、意味もない。どうせこんな自分は真実になんて到達できないのだから。

そんな風に考えながら、これまでの人生をずっと苦しみながら生きてきた。

でも、ある時「真実は一つじゃない！」とわかっちゃった。自分が真実だと思っていることって他の人には真実じゃない、ということがはっきり見えてきた。

「なんだ。自分がおかしいんじゃなくて、自分が他の人と違っているから矛盾が生じて、おかしなことになっているんだ！」と理解できたら、自由になれた。

「みんな自分と同じで、みんなと同じ真実の中に生きている」という考えが間違いだと気がついたら、いろんなことが見えてきた。

私が見た〝真実は３つ〟ある。

３つの真実は違っていて当然だった。

そのことにどのようにして気がつき、そこからどのようにして自由になることができたのか。そして、その先には何があるのか——。

それが、この本のテーマである。

目次

第4章　どうやって3つのタイプを見つけたの？……199

第5章　〝心〟に聞いて支配から自由になってみよう！……275

本文イラスト／溝上なおこ

第1章

自分であって自分じゃない感覚

支配されちゃう人たち

親や上司の否定的な暗示から解放される超簡単テクニック★

存在しない本当の自分を認めて欲しい

失敗しても「これが本来の自分じゃないはずなのに！」と心のどこかで思っていた。そんな感覚が私の中にずっとあった。

「自分はもっとできるはずで、もっと違う人生を生きられるはずなのに」―なぜかこんな駄目な生き方になっている。

たとえ何かで成功して褒められても「本当の自分はこんなもんじゃない！」と思っているから成功を素直に喜べないし、他人からの賞賛を素直に受け止められない。

それって、親から「あんたはやればできる子なのに、やらないから駄目なのよ！」と言われてきたから？　親の言葉を鵜呑みにして「自分は本当はやればできる子なのに」「自分はこんなもんじゃない！」と思っているの？

それもあるかもしれない。でも「自分であって自分じゃない！」って感覚は、私にとってそんな単純な話じゃない。

何かを成し遂げようとすると、身体も頭も自分の思い通りに動かなくなる。身体も頭もまるで、自分であって自分じゃないように、コントロールできなくなり、肝心な場面で失敗する。

どうでもいいようなことはだらだらとやり続けるくせに、肝心なことになると、自分の魂が抜けてしまったみたいに力が入らなくなり、集中力が続かなくなって失敗し、あとになって必ず後悔する。「なんで、あの大切な場面でちゃんと集中することができなかったのだろう？」と悔しくなる。でも、また同じ失敗を繰り返す。

肝心な場面で、自分がやらなければいけないことはわかっているけれど、それができなくなり人前で恥をかいたり、自分の駄目さを人前で露呈する。周囲からは「それが現実のあなたの姿だ！」「口ばかりで、何もできないのがお前だ！」と見下される。

そんな時に、私はしたくもないみっともない言い訳をしてしまう。

「人から見られると緊張してしまって、本領が発揮できなくなる」とか「○○さんが批判的な目で見るから失敗した」なんて、みっともないことを言う。「みんなと同じように練習すれば、みんなよりもできるようになる」なんて、地道な練習をやり続けたこともないくせに恥ずかし言い訳をしてしまう。

「本当の自分は違うんだ！」とみんなに理解して欲しくて、「本当の自分はこんな自分じゃなくて、もっとすごい自分がいるんだ！」と誰かにわかって欲しくて、一生懸命に言葉にしようとする。でも、周囲の誰からも理解されずに見下されてしまうので、どんどん墓穴を掘る形になる。そして、その結果「口ばかり達者で何もできない駄目人間」と蔑まれ、自分でも「何もできない駄目な自分が本当の自分かも？」と思えてくる。

駄目なのかも？　と思いながらも、心のどこかでは「みんなが自分のすごさを理解できないから、自分の素晴らしい能力を発揮することができない」と自分を蔑む奴らの見る目の無さを馬鹿にしている。「やつらは見る目が無いから私の素晴らしさがわからない」と思って馬鹿にしているだけならいいのだが、「でも、どうして私の素晴らしさをわかってくれないんだ！」と周囲を恨み、憎んでしまう。

素晴らしい能力を認めろったって、自慢できる実績も功績も何もない。でも、私は実績や功績では量ることのできない自分の素晴らしさを見極めるように相手に求めている。そんな無茶な事はあり得ないので、結局は理解してもらえない怒りから、相手を恨み、憎んでしまう。

相手に「私の素晴らしさの理解を求める」といっても、別に相手に対して私の能力のプレゼンテーションをするわけでもない。「黙っていても雰囲気で私の凄さを理解しろ！」と求めている。ちょっとした言葉尻だけで私の思慮深さを見抜けと求めている。奥深い私の能力が理解されないから私は怒り、そして、相手を馬鹿にしてしまう。

そう、いつも私は、現実には存在しない本当の自分の姿を誰かに見出してもらって、いつか本当の自分の姿に戻ることを求めていた。

母親を悲しませるみじめさ

一枚の子供の頃の写真がある。

アメリカの宣教師の老婦人に抱かれている赤ん坊の私と家族がセピア色に写っている。写真の中の私はものすごくいい笑顔。私を抱いている宣教師は「この子の顔が欲しいでーす！」と独特の英語訛りの日本語で母親に言ったらしい。このかわいらしい赤ん坊は、これから悲惨な幼少期を送るなんてわかっていたのだろうか。

子供の頃の私は、鼻水をいつも垂らしていて、ちょっとからかわれるとすぐに泣いてしまう子供だった。だから、近所の子供や親戚からからかわれて、いつもビービー泣いて家に帰ってきていた。

なぜ泣くのか？　それにはちゃんとした理由があった。

私の母親は、姑からいじめられていて、いつも体調を崩していた。精神的ないじめを受けて、そのせいで母は私の兄を死産している。死産という事実だけでも精神的なダメージが大きいのだけど、そこに至るまで姑が母をいじめ抜いた、というのがすごい。

たまに母親が私を連れて祖母の家へ行くが、その帰りの電車では涙をこらえていて、私は「かわいそうに……」といつも母を哀れんでいた。

その頃は、祖母にいじめられているから母親が精神的にダメージを受けて鬱状態になっている、なんて考えも及ばなかった。私にとって祖母は、おもちゃを買ってくれる優しいおばあちゃんだった。

だから「母親を悲しませているのは自分だ……」と思って、なんとか電車の中で母親を慰めようとする。すると、母親は「しつこい！　放っておいて！」と、まるで「あんたのせいでこうなったんでしょ！」的なキレ方をして、私はものすごくみじめな気分になる。

「自分が悪いから母親を悲しませる……」

電車の中で、自分がこれまでどんな悪いことをしてきたかを反省し始める。「おばあちゃんの所でお菓子を欲しがったから、卑しい駄目な子」とか「おばあちゃんのマンションの部屋の中を駆け回ったから、親の言いつけを守れない駄目な子」とか、母親を泣くまで悲しませてしまったに違いないことを思い出しながら、私は涙を流して反省する。悲しそうにうつむいているだけの母親の横で。

そんな風に、自分がいじめられたりからかわれたりして泣いてしまうのは「みんなから馬鹿にされるようなことをしてしまって、母親を悲しませてしまう」と思い、そんな自分が情けなくなって涙が溢れ出てしまう。自分がみじめ、というよりも、蔑まれるようなことをして母親をみじめにさせている自分が情けなくなって、泣いてしまうのだ。

泣けば泣くほど、もっといじめられ、からかわれて、ますます母親を失望させて鬱状態に追い込んでしまう自分がいる。それがまた悲しくて、みじめで、いよいよ涙と鼻水が止まらなくなる。

そんな私を見て、母親は失望した顔をして落ち込み、それを見た父親は激怒して、私を「いつまでめそめそ泣いているんだ！」と引っぱたく。「男らしくない！」「泣きやめ！」と、何度も何度も引っぱたかれる。

引っぱたかれて涙も鼻水も嗚咽も止まらなくなっている自分が、ものすごくみじめでたまらなかった。そんな自分の鼻水と涙がうっとうしかった。

そして、私はあの祖母の家からの電車の中の時のように反省する。自分がどんなに悪い子供で、どんなにみんなから忌み嫌われるような駄目な子だったかを振り返る。そして「明日からいい子になろう！」と決心して、泣きながらいつのまにか眠っている。そんな毎日だった。

小学校の国語の時間に、先生から指されてみんなの前で教科書を読むことになった。私が読み間違えた時に、まわりの子供が「やーい、間違えてやんの！」と囃し立てた。いじめっ子が「お前のあの汚い家に泣いて帰れよ！」と言ったのが聞こえた。その時、私の頭には、昼間カーテンを閉め切って暗い部屋の中に寝込んでいる哀れな母親の姿が浮かんできて、その母親がみんなから馬鹿にされているような感覚になってしまった。

「うるせー！」

私は教科書を黒板に投げつけ、机をヒステリックに叩いて、教室から飛び出してしまった。私は、泣きながら、鼻水を垂らしながら家の方向へと走っていった（おーい教師よ、追いかけてこいよ〜！）。そのうち、走り疲れて歩き始めた時に、ふっと我に返る。「学校を飛び出して家に帰ったら父親からぶちのめされる」と、自分がしてしまったことの重大さに怯える。

私は、家の外のトイレ脇に置いてあるガスボンベの陰に隠れて、反省している。「なんで自分はみんなから嫌われてしまうんだろう？」と考えながら、自分の駄目な部分がたくさん見えてくる。

そのうち、近所の子供たちが下校してきて、外で楽しそうに遊び始める。私は、死刑を待つ死刑囚のように、恐怖で震えが止まらない。父親から繰り返し引っぱたかれる場面を想像する。「これが夢だったら……」と神に願う。

壁越しに、電話のベルの音が聞こえる。「あっ、先生からの電話だ」と死刑執行を確定された気分になる。

やがて、父親が車で帰ってきた音がする。母親からの報告を聞いている気配が漂う。家から殺気が漂ってくる。家の中に入る勇気は、もちろんない。

外の空気が徐々に冷えてきて、寒空の下で全身はがたがた震え始める。何も食べていないので、よけいに震えがひどくなって、自分は恐怖で震えているのか、空腹で震えているのかがわからなくなる。

「このままでは死んじゃう……」

親に謝って家に入ることを決心する。極限状態になると、かえって楽観的に考えるようになってしまうものだ。

「もしかしたら、素直に謝ったら許してくれるかもしれない……」

玄関をそろりそろりと開ける。そして、仁王立ちしている父親とその後ろに隠れている母親に「ごめんなさい」と泣きながら謝る。

次の瞬間、厳しい現実を思い知らされる。「謝ったら許してもらえるほど、世の中は甘くない」と。自分の読みが甘かったことを体感する。

父親に引っぱたかれて、嗚咽で息ができなくなる。さらに「泣くな！」と怒られ、二発目、三発目が飛んでくる。息が苦しいのを我慢しようとすると、ますます涙が溢れてきてしまう。

そこからの記憶は飛んでいる。

生きる希望が見出せない

小学生の頃は、毎日が辛くて苦しくて、子供ながらに「早く死にたい」と思っていた。でも「今、自分が死んだら地獄に堕ちる」という恐怖もあったので、死ぬことすらできなかった。

母方の祖父がプロテスタントの牧師で、そのため、父は母と結婚するために教会に通ってクリスチャンになった。

私は、毎週欠かさず教会の土曜学校と日曜学校に通い、牧師の説教を聞かされていた。「教会を欠席したら地獄に堕ちる」という恐怖があったので、どんなに友達が楽しそうに遊んでいても、「教会があるから」と友達からの誘いを断わらなければならなかった。

いっしょに遊んでいなければ、学校での友達間の話題にはついていけなくなる。それでも、仲間外れにされてしまうよりも、教会をさぼって罪を犯して地獄に堕ちる方がよっぽど怖かった。

ある日突然、神様がやってきて、祖父母と両親と教会の人たちだけが天国に連れて行かれる。自分だけが地上に取り残されて、そのあとで地獄に落とされる。地獄の業火で永遠に焼かれ続け、苦しみ続ける。――そんな恐怖に怯えていた。

夏の青空に入道雲が白く美しく輝くのが見えた時、神様がやってきた徴候ではないかとはっとした。神は、私以外の敬虔なクリスチャンをみんな天国に連れて行くのだ、と。私は、あわてて家へ帰って、母親が家にいるかどうかを確認する。

「いない！」

私は焦り、絶望的な気持ちになる。自分の恐怖が現実になっているのかを確かめる為に全力で教会へ駆け出す。

走っている最中、自分一人がこの世に取り残されて、地獄に堕とされる恐怖がどんどんと大きく膨らんでくる。

「自分は駄目な子で、罪人だから、地獄に堕ちるんだ！」

子供の私は、それを疑いもしなかった。

ようやく教会にたどり着いて、そこに信者さんたちを見つけて、ほっとする。「まだ大丈夫なんだ……」と安心する。同時に「今日から自分は良い子になって、みんなといっしょに天国に連れて行ってもらえるようにしなければ」と決意する。

良い子になる第一歩は、まず近所の子供に優しくすること。いっしょに仲良く遊ぶように努めた。日が沈むまで遊んで「ああ、いいことをした」と満足して家に帰る。

すると、母親が「あんたはなんでちゃんと宿題をしていないの！」と怒鳴り出す。「だって、近所の○○ちゃんが遊ぼうって誘ったから……」と言い訳をするそばから、母親にぶたれる。「なんであんたはいつも人のせいにして、言い訳ばかりしているの！」と。そして、私はいつものように、情けなくなって泣き出してしまう。

痛くて泣いているのもあるけど、それ以上に母親を失望させている自分が情けなくて泣いている。

もちろんそんなことは母親には理解してもらえない。だから「あんたは泣けば何でも済むと思っているでしょ！」とまたぶたれて、鼻血が飛び出す。それでも母親は許さない。鼻血が出たまま私に宿題をやらせようとする。

母親の怒鳴り声と私の泣き声が近所中に響き渡る。さっきまでいっしょに遊んでいた近所の子供にも聞こえてしまう。「良い子になろう」「優しくして感謝されよう」と一生懸命に努力したすべてが打ちのめされ、私は近所の子供たちからも軽蔑され、馬鹿にされる存在になっていく。

みじめで消えてしまいたい気分になるが、地獄に堕ちるのが怖くてそれもできない。目の前にある宿題や漢字テストのための勉強をしなければならないのだが、父親が帰ってきた時の悲惨な状況が怖くて、なかなか集中できない。

そこから、私の記憶は途絶えている。

次の日に、鼻血の付いた宿題ノートを提出して、教師から「お前のノートはなんでこんなに汚いんだ」と注意され、それをみんなから囃し立てられて、また涙と鼻水が止まらなくなる。それを見たクラスメイトからは、バイ菌扱いをされる。

そんな状態で漢字テストを受けても、何も書けない。テスト結果が教室に貼り出されてみんなから馬鹿にされる情景がテスト中に頭に浮かんで、みじめな気持ちになる。「今日帰ったら、必ず漢字の勉強をしよう」と決心をするのだが、下校途中にいじめっ子につかまる。いじめられて、泣いて帰って母親から怒られ、勉強どころではなくなってしまう。結局テストもわからなくて、クラスのみんなからさらに馬鹿にされる。

そんな私は、生きることに夢も希望も見出せなかった。

そんな私が、こうして生き続けてこられたのは、母方の祖母の存在があったからかもしれない。

祖母は脳梗塞のため左半身が不自由になって、腰もちょうつがいのように曲がってしまい、家の中でも杖をつきながらやっとの思いで歩いていた。喋ろうと思えばできないこともなかったのだが、左半分の口が動かなかったので私の前ではほとんど言葉を発することはなく、いつもニコニコするだけで、私を優しく迎えてくれた。

学校でいじめられて目を腫らしたままで祖母の家へ行っても、祖母は何も言わずにニコニコと迎えてくれる。台所までよたよたと歩いて行って、不自由な身体でお茶を淹れてくれる。そして、ベッドの下に隠してあったお饅頭をそって渡してくれた（たまにカビが生えていたが、私は黙って受け取っていた）。そうして、祖母の横に座って、黙っていっしょにテレビの相撲中継を観るのが日課になっていた。

「身体が不自由な祖母を背負えるような強い身体になって、どこか旅行へ連れて行ってあげたい」

それが私の目標になっていた。それが私の生きる希望だった。

罪に汚れたままで…

学校ではいじめられていて勉強には一切集中できなかった。家に帰って勉強しようとすると、学校でいじめられたみじめな記憶がよみがえる。みんなに馬鹿にされ、囃し立てられ、泣き出す記憶。勉強机の前で、悔しい気持ちでいっぱいになる。そんな私は友達に復讐することを妄想する。でも、キリスト教では「あなたの隣人を愛しなさい」「人を憎むのは罪」と説かれてある。私はいじめっ子を憎んでしまうので、陰ながら罪を犯していることになる。

私は、いじめっ子を憎んで頭の中で復讐してしまう自分は地獄に堕ちてしまう、と怯える。そして、憎んでいるいじめっ子を許さなければ、と〝寛容の精神〟で近づいていく。外から見たら滑稽であっただろう。案の定、またいじめっ子にいじめられ、泣きながら真っ暗な家へ帰る。

悔しくてみじめな思いでいっぱいだから、勉強には集中なんかできない。すると、勉強していない私のことを母親は父親に報告して、父親から私は怒られ、引っぱたかれ、ますますみじめになる。私は「勉強もしないで両親を悲しませる駄目な自分は地獄に堕ちる」と怯え続ける。

そのうちに、私は性的な妄想に耽るようになる。その間だけは、みじめさからも地獄に堕ちる恐怖からも解放されるから。

学校のことを思い出してしまうとみじめで罪に汚れた気持ちになるし、両親のことを考えると罪を罰せられる恐怖しか湧いてこない。集中できなくて勉強が一切できないから将来にまったく希望が見出せない。そこで性的妄想に耽っていれば、将来への絶望も、現在の悲惨さ、過去のみじめさから解放されるような感覚があった。

でも、キリスト教では「姦淫は罪」とされている。「性的妄想に耽る自分は罪を犯しているから地獄に堕ちる」という恐怖があとから襲ってくる。だから、性的妄想に耽ってしまったあとは、必死になって神に自分の罪の許しを請う。床に額をこすりつけて「神様ごめんなさい」と汚れた自分の罪を許してもらえるように祈る。にもかかわらず、次の日にはまた同じことの繰り返し。

土曜日、日曜日に教会へ通って、自分の罪の汚れを悔い改めても、学校ではいじめられ、蔑まれ、バイ菌扱いをされて、私は人を憎み、罪に汚れていく。勉強をしない私を見て怒り狂う両親を見て、私は罪に汚れていく。そして、頭の中で性的妄想をしてしまう時、さらに罪に汚れ、救いようがない醜い姿になっていく。

「いつか自分はこの罪の汚れから抜け出して、清く正しい人になりたい……」

そう思いながらも、私は日々罪にまみれて、救われない気持ちになっていく。

こんな罪に汚れた私なのに、祖母はいつもニコニコと何も言わずに迎えてくれて、いつも一生懸命に不自由な身体を使ってお茶を淹れてくれる。

私は祖母に申し訳ない気持ちになり、その気持ちが高じて祖母から遠のくようになってしまった。こんなに汚れている自分が、いつも何も言わずにこやかな祖母に近づいてはいけないような気がした。そして――。

ある朝、祖母が亡くなった。

泣き虫の気づきと逆襲

一度だけ、祖母を背負ったことがあった。

成長して身体が大きくなって、祖母を背負うだけの力がついたことを祖母に知ってもらいたかった。

しかし、いざ背負おうとすると、祖母の左手は曲がったまま硬直していて、私の肩に手を回すことができない。なんとか固まっている祖母の左手を私の胸の方に持ってこようとしたが、無理矢理に腕を動かしてしまったら折れてしまいそうなくらい腕は細くなっていた。やむを得ず左手を私の背中に置いたままで背負ってみた。一歩、二歩、三歩と進むうちに、ふらふらとバランスを崩して、庭にあった水色のペンキで塗られたスノコの上に祖母を背負ったまま転んでしまった。

それをそばで見ていた人たちは、焦ってパニックになっていたけれど、祖母と私はお互いに顔を見合わせて、いつものようにニコニコと笑った。

その祖母が、白い布をかけられて冷たくなって、目の前に横たわっている。

その姿を見たとたんに、涙が止まらなくなってしまった。どんな泣いても涙は止まらない。自分は悲しいのか、悔しいのかもわからない。何の感情の涙なのかわからないが、ただただ、涙があふれてきてしまって止まらないのだ。涙と鼻水で顔がぐちゃぐちゃになって、顔を上げることができない。

「こんな泣き虫な私を祖母が見たらなんて言うのだろう?」とふと考えた。どんな時でも私の前で笑みを絶やさずにいてくれた祖母の顔が浮かんでくる。すると、再び鼻水と涙が滝のように流れてくる。

祖母の眼鏡を見ては涙。祖母の愛用していた赤線だらけの聖書を見ては涙。お棺を担いだ時に、肩に乗る軽さでまた涙。もうこんなに軽くなってしまった祖母を私は二度と背負うことができないんだ、と悔しくなって、さらに泣いた。

涙が止まらなくて、他の人の顔をまともに見られなかった。涙でほとんど顔をあげられなかったので、まわりの人たちが何をしているのかを確認できなかった。泣き疲れてふっと顔を上げてみたら、誰も私のように号泣している人はいなかった。実の母親を亡くした私の母親ですらそれほど涙していなかった。母親のきょうだいも淡々と葬儀に参列していた。私だけがひたすら号泣していた。

「こんな時に泣けないような人たちのようには生きたくない!」

そのとき、泣き虫の私は初めてそう思った。

別に「なぜこんな時に泣けないんだ!」と怒っていたわけじゃない。こんな時に泣けない人たちに魅力を感じなくなってしまっただけ。

それまで「自分は弱虫で泣き虫で、頭のおかしい罪人である」と思っていた。そして、そんな自分は変わらなければ誰からも受入れられないし、みんなから嫌われて罪人になって地獄に堕ちるのだ、と怯えていた。

だから「自分は清く正しく生きなければ！」と必死になって努力して、失敗して打ち砕かれ、みんなから蔑まれ、地獄に堕ちる恐怖に怯えることを繰り返していた。

「いつか変わらなければ！」と思っていた自分自身に怒りが湧いてきた。

罪を意識することを止めて、自分のままに生きることを求めるように変わっていったのは、その時からだ。

これまでと変わらない本質

私はダラス空港（アメリカのテキサス州）の到着ロビーに立っていた。

ガムを噛みたくなって、売店を見つけて買おうとするのだが、ポケットから出したコインが何セントなのかがわからない。売店の黒人のおばちゃんに、ガムを指差し、手のひらに何枚ものコインを広げ、顎のジェスチャーで「ここからガムの代金を取って」と催促した。

おばちゃんは、こちらがコインの金額を知らないことを察して、丁寧に「これは10セント」などとコインを一枚ずつかざして説明してくれている――らしいのだが、私には一切わからない。

英語がまったく話せないのに、アメリカに留学してしまったのである。

留学先の手続きや飛行機のチケットの手配などは、友達になった英語の先生にすべてやってもらっていた。「行けばなんとかなるだろう！」と思って空港に降り立ってみたが、アメリカ人の英語がまったく聞き取れず、理解できない。

進路相談の時、高校の職員室で担任に「僕はアメリカに心理学を学びに留学します」と報告しにいった時に、それを聞いていた周囲の教員たちから大爆笑が起こったのが思い出された。確か当時の私の英語の成績は2だった。

「真実を求めてアメリカに心理学を学びに留学する」なんてかっこいい啖呵を切ったものの、実際のところ私の高校の成績では日本で入れる大学がなかったのだ。私は学校でも家でも一切勉強に集中することができなかった。

英語ができないのに、いきなり一人で初めてアメリカの空港に降り立った。しかし、しょっぱなから、乗り継ぎの飛行機に乗り遅れてしまう。しかたなく、気持ちを落ち着けるためにガムを買おうとしたのだが、それすらも自分にはまともにできない現実に直面していた。

到着先には大学の英語学校の先生が迎えにきているはずで、乗り遅れたことを知らせなければならないのだが、電話のかけ方もわからない。

すべて身振り手振りのジェスチャーだけで航空会社の人とコミュニケーションをとり、相手は英語のできない馬鹿な私を憐れんで次の便を手配し、先生に連絡を取ってくれた。そうやって、どうにかこうにか現地にたどり着き、迎えにきた先生にも見つけてもらえた。

英語学校に通い始めても、やっぱり勉強には集中できない。「日本を離れて親の目を気にしなくなれば勉強ができるかもしれない」と思っていたが、私の考えは間違っていた。勉強をやろうとすると、頭の中に嫌だった過去の体験が浮かんでくる。

自分の集中力のなさに絶望して、勉強をやる気がどんどん失われていく。それがまるで他人事のように感じられる。このままでは駄目だ、とわかっているのに、やらなければいけないことができない。

そんな自分に駄目出しをしてみても、やる気が失われていくだけ。自分でもどうしたらいいのかわからなくなっていた。

ある時、熊のような体格の英語教師から「お前、日本人だったら野球好きだろ?」と聞かれ「はあ……」と曖昧な答えをした。すると熊の教師は「だったらソフトボールのチームに入れよ!」と言った。私は訳もわからないまま「OK」と言ってしまった。

ナイター設備のある球場へ行ってみたら、やはり熊のようにでかいアメリカ人たちが本格的なソフトボールの試合をしている。

「やばい!」

ソフトボールなんて経験はない。一度もバットを握ったことがないし、あの大きなボールを投げたこともない。

悪夢が浮かんでくる。自分が失敗して、チームが負けてしまって、みんなから罵倒されて嫌われてしまう……。

きょとんとしている私は、言われるままに外野手としてライトの守備位置へ向かう。

バッターが思いっきりバットを振った瞬間に「あっ！　こっちへボールが飛んでくる！」とわかる。ボールは高く宙を舞い、確かにこっちへ向かってくる。私は「走って、ボールの下に行かなければ」と思っているのだが、すべてがスローモーションになって、思うように身体を動かせない。「運動音痴の鈍臭い駄目な自分」というイメージが浮かんでくる。ぼーっとした状態になって、後ろにぽとんとボールが落ちる。

次の瞬間、チームメイトからの罵声が飛んでくる。「早く、走っていってボールを取って投げろ！」と怒鳴りつけられている。

あわててボールに向かって走っていき、中途半端に握ったままで三塁手めがけて投げるのだが、まったく届かない。しかも、三塁手のはるか右へそれてしまう。ランナーは悠々とホームイン。

みんなの罵声が飛んできて、私は涙目になってくる。

いつものように、私の悪夢は現実となる。みんなから嫌われて、蔑まれる。そして、私は誰からも相手にされない駄目人間になる。

やらなければいけないことはわかっている。でも「さあ、やろう！」と思った瞬間に集中できなくなり、何もかも失敗してしまう。

自分でも「最初に悪夢が浮かんで失敗が見えるんだったら、練習でも勉強でも、事前にしておけばいいじゃないか」と思うのだが、まるで集中できない。少しも続かない。

私の本質は、両親から離れてアメリカに来ても、いじめられていたあの頃と何一つ変わっていなかった。

慣れない生活の苦しみの中から

英語学校では、勉強に集中できずに苦しんでいた。どこにいても他人が気になってしまって、教科書に集中できない。だから、単語も覚えられないし、文章もまともに書けない。大学に入るための英語力の判定試験ではいつも最低の点数しか取れずに、教員もあきれ返った顔をしていた。

そんなある時、奇跡が起きた。

「どうせ今回も駄目だろう」と受けてみた英語の判定試験で、目標としていた点数を軽くクリアしてしまったのである（うそ〜！）。

自分でも驚いたが、英語教師の反応にはもっと驚いた。「こんなチャンスはめったにないから、この点数で大学に申請を出しちゃいなさい」と、まるで道端でお金を拾った私を見て「誰も見ていないからあんたのものにしちゃいなさい」と言っているような感じだった（どんだけ俺は駄目な生徒だったんだ！）。

教師の言う通りに、心理学の専攻コースがある大学へ申請書を送った。そして、私は入学許可をもらうことができた。飛び上がるほど嬉しかった。

私は、写真の中で赤ん坊だった私を抱いて「この子の顔が欲しいでーす」と言っていたというあの宣教師の母校の庭に立っていた。

その時の私は、これから起こる悪夢をある程度は予測していた。でも「これまでたくさん嫌な、苦しい体験をしてきたから、どうにかやっていけるんじゃない?」と楽観的に考えていた部分もあった。それが甘かった。

まわりを見ると、すべて白人のアメリカ人で、有色人種がいない。もう一人日本人が入学したが、彼はすぐに転校してしまった。

授業では、教授から「ここではあなたの英語のハンディキャップは一切考慮しません」と厳しく言われた。みんなと同じように授業を受けて、同じように試験をする、というのはあたりまえだと思っていたが、それにしても、しょっぱなから「英語のハンディは考慮しない」なんて厳しいことを言わなくてもいいじゃないか、と涙目になってしまった。

心理学専攻の希望者は200人いて、最初の授業の時に教授から「ここにいる9割以上の生徒は辞めていく」と言われて「えー! 本当かよ~!」「人数が多いから、ちょっと教授は話を作っているんじゃね?」と思っていた。でも、実際に授業を受けてみたら、ものすごく厳しい。「ここの教授サディスティックじゃね?」と疑うぐらい、授業のペースが早く、テストの範囲が広かった。そして、教授の予言通り、一学期の前半で、半分以上の生徒がいなくなり、狭かった教室が広く感じられるようになった。

私は、振り落とされないように必死になって勉強をすることになった。トイレにも食堂にも教科書を持っていき、教科書に書いてあることを理解し、記憶しようとする。でも、理解できないし、記憶もできない。テストは、教授の厳しい採点で合格のぎりぎりライン。首の皮一枚でつながっている状態だった。

これまで「おまえは努力しないから勉強ができない」と親に言われていた。「あんたはやればできるのに」を信じて生きてきた。戦ったことがないチャンピオンが私の中にいた。でも、今は、全力で努力しても何の成果も上げられない。チャンピオンが幻であったことを実感させられる。

テストのたびに、負け犬気分になって落ち込み、自分の努力がまったく無駄になっていることに怒りを感じ、怒りにまかせて部屋のコンクリートの壁を殴り、拳から血が流れてくる。

「次のテストでは、もっと高い点を取ってやる!」と毎日予習、復習をして、テスト前には寝ずに勉強をしても、結果は同じ。どんなに努力しても首の皮一枚になってしまう。

全寮制の学校だったのだが、寮の連中から「いっしょに映画を観に行かないか?」と誘われても「勉強があるから」と断っていた。

これまで真剣に勉強したことがなかった私が、生まれて初めて〝努力〟というやつをしているのに、ちっとも結果が伴わない。自分の駄目さに、頭の悪さに、絶望的になる。

ある夜、勉強に疲れ、気分転換にシャワーを浴びることにした。熱いシャワーを浴びながら、これからの勉強のスケジュールを考える。そして「さあ、シャワーから出て勉強しにいこう」と、外に掛けてあったバスタオルを探すが――見つからない。

「えっ？」

私は、人前で裸になった経験はなかった。「裸になるのが恥ずかしくて温泉に行くのは嫌だ」と躊躇していたほどだ。だから、寮のシャワーもみんなが部屋に入って静かになってからこっそりと浴びるようにしていた。

そんなことを寮の連中が知ってか知らずか、私の大切なバスタオルを持って行ってしまった。

小学生時代のいじめが思い出される。

でも、シャワー室にいた私は、かつてのように罪に怯えていたわけではなかった。勉強できない怒りでいっぱいだった。

「誰が俺のタオルを持っていったんだ！」とシャワー室から怒鳴り声を上げた。すると、廊下からざわざわと複数の人の気配が伝わってきた。

ガーンと大きな音を立てながらシャワー室のドアを蹴飛ばし、廊下に出る。と、寮の連中が列をなして座っている(ざっと40人くらい)。同時にヒュー！　ヒュー！　と口笛を鳴らし、囃し立てた。

私の怒りは絶頂に達していた。裸のまま、がに股でみんなの間を通りながら、ゆっくりと「誰が俺のタオルを持っていったんだ！」と一人一人を睨みながら怒鳴りつける。その怒りが伝わったのか、連中は囃し立てるのを止めて、リックが「俺が取った」と手を挙げた。

「お前か！」

私は怒鳴りつけ、リックに裸のままタックルをして、押し倒した。そして、袈裟固めで彼の首を絞めながら「俺のタオルをもってこい！」と命令する（袈裟固めされたままじゃタオル持って来れないじゃん！）。

リックの赤い顔がだんだん青くなってきたところで、お調子者のダンが私の肩を叩きながら言った。

「おい、ノブ！　これはアメリカの戦い方じゃない！」

「はあ？　何のこっちゃ！」

私は首をかしげる。

「アメリカにはアメリカの戦い方がある」

ダンはそう言って、私とリックにシェービングクリームの缶を手渡した。お互いに塗り合え、ということらしい。

よくわからなかったが、怒りが収まらなかったので、とりあえず再びリックの首を掴んで投げ飛ばし、その上に馬乗りになって、彼の顔中にシェービングクリームを塗りたくって、雄叫びを上げた。すると、寮の連中みんながいっしょになって雄叫びを上げ、私に抱きついてきた。

「人間って、もしかしたら、いいものなのかもしれない」

その時初めてそう思った。

幻想の愛からの解放

自分の中では、他人に対する信頼感などは存在していなかった。

常に、周囲の人たちは私を批判的な目で見ているし、差別的に見下している、という感覚があった。まあ、実際に白人しかいなかったわけだし、その中で私の英語の発音は明らかに変だったわけだし。でも、それ以上に「私自身の薄汚れた内面を見透かされている」という感覚が存在していた。

私は知的な能力が劣っていて、罪に汚れていて、性的に変態である。それが相手にばれて、蔑まれる。そんな感覚から、他人に近づけない。まるで自分がゴミ溜の中で生活しているようで、自分の身体には生ゴミ臭が染みついており、人に近づいたら「臭ーい!」と相手を不快にさせてしまい、嫌われてしまう。それが当時の私の感覚だった(洗濯は毎週やっていたけどね!)。

それでいて「誰も自分のことを受け入れてくれない」という孤独感があり、私の内面を理解してくれない人に対する怒りがある。「近づいたら嫌われちゃう」という恐怖と「自分をわかってくれない」という憤怒を同時に感じちゃっている。明らかな自己矛盾。

だから、自分の心の中に入ることを誰にも許したことがなかった。自分の弱みは決して人に見せなかった。

みんながライバルで、自分の競争相手と認識して、ひたすら勉強に取り組んでいた。「教科書だけがお友達!」という感じで、常に教科書を持ち歩き、ノートを取っていた。

留学体験談などを読むと「クラスメイトからノートを借りて勉強をしていました」なんて書いてあったりしたが、そんなことは想像だにできなかった。ノートなんて借りたら相手に迷惑がかかるし、汚れた自分が触ったノートをきっかけにみんなから嫌われてしまう。だから、どんなに困っていても「ノートを貸して！」とはおくびにも出せなかった。

一人で孤独に戦っていて、夜中2時過ぎまで勉強している。ルームメイトは3回教科書を読むだけで記憶してしまうので、10時には寝ている。真っ暗な部屋の中でルームメイトの睡眠の邪魔にならないように、息をひそめて勉強する。

週末になると、寮の連中が孤独な私を憐れんで「ノブ！　映画を見に行こう！」と誘ってくれる。でも、私は「こいつらは俺の足を引っ張って成績を下げようとしているに違いない」と邪推して、断わってしまう。

誰もいない金曜日の夜の真っ暗な廊下で、たった一人、夜食のカップラーメンのお湯を注いでいる私がいた。「今に見ていろ、うんと勉強してあいつらに追いついてやる」と思っていた。

あるとき、寮の合同キャンプに誘われた。もちろん最初のうちは断わったのだが、今回ばかりはみんなの誘いはしつこかった。

終ったばかりのテストが無惨な結果だったこともあり、弱気になっていた私は、つい虚しさと寂しさから「ＯＫ」と言ってしまった。そして、あとになってから「どうして行くなんて言っちゃったんだろう……」と後悔する。

山奥のキャンプ場に入ると、まあ、確かに心地よかった。久しぶりに空を見たような気がして、清々しい気分になった。

でも、寮の連中がいる。「これから3日間こいつらと会話しなければいけないんだよな」とキャンプのスケジュールを考えると、気分が重くなった。

夜になると、心理学のグループミーティングが始まる。

「えっ？　そんな話聞いていないよ！」

私は焦った。

グループミーティングでは、自分のつらかった経験や苦しかった思い出などを正直に話して、感情を吐露する。そんな心の準備はできていない。

そんな私の困惑には関係なく、12人のグループが一つの輪になって、一人一人が順番に語っていく。

私は、話を聞きながら「へー、そんなことを思っていたんだあ」と、みんなの中に自分との共通点を見出すようになっていた。

私の順番が近くなってくる。「何を喋ればいいんだろう……」と緊張する。

すると、私の手前のお馬鹿なウエインがなんとおばあちゃんの話をし始めた。

「こりゃ、やばい！」

私の中で何かの感情が動き出してしまった。

ウエインは突然話を切ってしまった。もっと長く話をしてくれると思っていたら、落ちのないまま尻切れトンボで終ってしまったのだ。

突然、私の順番になった。

「変な話をしたら、みんなから嫌われる……」

私はいよいよ焦る。

ウエインの話のつながりから、「私のおばあちゃんは……」と話し始めた瞬間に、涙がドワーッと流れてきてしまった。

「やばい！　こんな姿を見られたら、みんなから嫌われる」

私はよりいっそう焦る。必死になって涙を拭いながら、話を続ける。

おばあちゃんの死から、自分は誰も信じる事ができなくて「もう疲れてしまった」と話したとたんに、涙が止まらなくなってしまって、声が出なくなった。嗚咽が止まらず、顔を上げられなくなった。

内心で「みんなの時間を無駄にしている！」「なんとか話を終らせなければ！」と気がせく。でも、嗚咽が止まらなくて、言葉が出ない。

「こんな姿、心理学の教授に見られたら成績が下がる～」とくだらないことも頭をよぎる。

どれくらい時間が経っただろう?

私がふっと我に返ってみると、背中に温かい手が乗っていた。

それだけじゃなくて、私の椅子のまわりに人の気配がたくさんある。

背中に乗っている手は一つだけじゃなかった。

顔を上げてみると、みんなが私の肩や背中に手を優しく乗せていてくれていた。そして、みんなの顔を見たら、みんなの顔も涙でいっぱいだった。

「私が求めていたのはこれだったんだ！」

その瞬間、大きな安堵感に包まれた。そして、また熱い涙が溢れ出した。

次の朝は、妙に恥ずかしかったが、誰も何も語らなかった。

寮に帰ってからは、みんなが私の部屋へ来ていっしょに勉強するようになった。何も語らずに、ただ、みんなそれぞれが自分の勉強を淡々としている。でも、なぜかそれが心地よい。

すると、それまで理解できなかった教科書が理解できるようになり、勉強の効率が格段に上がった。それまでどんなに努力しても無駄だった成績がぐんぐん上がって、クラスでも上位になった。

そして、私はみんなといっしょに勉強をし続け、それを心から楽しめるように変化した。そこには、以前の怯えきった私はいなかった。

第2章

自分自身の人生を生きられるようになるメカニズム

自由になるメカニズム

おおげさに振り返るほどの大層な人生ではないが、こうして書いてみると面白い。自分が自由になるプロセスと、その転機が見えてくる。

一度目の転機は、祖母の死である。

祖母の死の場面で感情を吐露しない両親に対して「こんな人たちのようには生きたくない！」と怒りを感じ、心の中で両親と自分を切り離した。

それまでは「両親が望んでいる良い子にならなければ」と必死に努力し、失敗して母や父に殴られ、両親を悲しませる、という繰り返しだった。

でも、祖母の死をきっかけに、そんなことは一切関係なくなった。

「両親が望む子」を捨てた時に、少し自由になって、それまでできなかったことに挑戦できるようになった。それまでは頭の中でしか冒険できなかった自分が、実際に行動に移せるようになる。「口ばっかりで何もできない、ほら吹きの自分」から解放され、有言実行になる。

そんな具合に、祖母の死をきっかけに行動的にはなったものの、結果が伴わない。「もっと自分は勉強に集中できるはずだ」と思っているのに、実際には集中できない。スポーツでも自分の身体を思うように動かせない。自分の本質が変わっていないことを思い知らされる。

二つ目の転機は、寮の連中とのキャンプの場面である。

みんなの前で感情を吐露した時に、みんなが私の背中に手を置いてくれて、何も言わずにいっしょに泣いてくれた。この時から、私は、勉強に集中できるようになり、テストでも結果を出せるようになった。自分の集中力や気力などをある程度コントロールでき、楽しめるようになった。

これは余談だが、高校時代に、昼休みになると体育館で他のクラスの男子グループとバレーボールの試合をやっていた。

私もクラスのバレーボールのチームメンバーに加えてもらっていたのだが、スパイクが打てない。友達は私がトスを上げるとタイミングよくジャンプして、まるで空中で静止しているかのような状態で上体がゆっくりとエビ反りになって、そこから鋭いスパイクを繰り出す。一方で、私は友達が上げてくれたトスの真下でジャンプして、そのジャンプもあまりにも低くて意味をなさず、ボールは私の顔面を直撃し、チームメイトから「あーあ」とあきれられてしまう。

キャンプのあと、私は大学のバレーボールのチームに入ることになるが、その時は面白いように自由に身体を動かすことができて驚いた。刑務所での慰安試合に行った時も、ごっつい受刑者のブロックよりも高くジャンプして、上体を反らしてスパイクをばしばしと繰り出す。そこには運動音痴の私の姿はなかった。

二つ目の転機では、私の中では〝幻想の愛〟からの解放が起きていた。

「両親のようには生きたくない！」と怒って家から飛び出しているが、心のどこかでは「両親から認められたい」という思いがある。「アメリカで心理学を勉強して、両親から認められるような立派な人間になったら、自分を愛して欲しい」と。

私が求めていたこの〝愛〟というのが、ポイントである。

仏教的には〝愛〟は〝執着〟になる。両親から愛されることを求めている私は、両親に執着していて、両親から切り離されてはいなかった。

でも、自分の苦しみを吐露して、みんながいっしょに泣いてくれた時に、私は生まれて初めて人との一体感と安心感を得た。その時に、私が両親に求めていたのは〝幻想の愛〟であることがわかってしまった。それによって「愛されたい」という執着を手放すことができた。そして、私は、本格的に親から切り離されて自由になる。

なぜ親の〝幻想の愛〟から解放されて自由になると、自分の思うように生きられるようになるのか？

その点を考えてみよう。

相手の脳に影響される

人の脳にはミラーニューロンがある。このミラーニューロンというのは1996年にイタリアの脳神経学者によって発見された、脳の物真似をする細胞である。

猿の脳の腕を動かす際に活動する部位に電極を刺し、猿が手を動かしたら脳の電極が反応してモニターできるようにしていた。本来は、猿が手を動かさなければ電極が反応しないのに、実験者が猿の目の前でジェラートを食べている時、まるで猿が手を動かしているように脳が反応するのを発見した。

これってすごいことで、私たちが「緊張している人のそばにいると緊張する」というのが「相手の緊張している脳の状態をミラーニューロンが勝手に真似してしまうから自分も緊張してしまう」ということであることが科学的に証明された。それまでは、自分も緊張しちゃうというのは思い込みか感情移入し過ぎと思われていた。でも、実際は「脳のミラーニューロンが発達しているから、相手の脳を的確に真似て自分も緊張してしまう」ということなのだ。

相手を意識すると、脳は相手の真似をしている。手や足の動きだけじゃなくて、緊張感なども勝手に真似をしてしまって、自分の脳の中では相手と同じ状態になってしまう。

この現象を考えていくと、もっと面白いことが見えてくる。

人間の脳の中には、自分の姿のマッピングがある。自分の等身大の姿が脳の中でイメージとして作られていて、それを脳内で動かすことで身体や表情が動く。この脳内の自分の等身大の姿のマッピングも常に相手を意識することで相手の姿を真似してしまう、という恐ろしいことが考えられる(ひえ〜!)。だから「犬が飼い主に似る」というようなことが起こる。

もっと恐ろしいことがある。夫婦が長年いっしょにいると同じ顔になってしまう。

ＭＥＧ（脳磁図）を使った実験では、脳のミラーニューロンは相手の行動を観察しているだけでも活発に活動するが、相手と同じ行動をするとさらに活発になる。夫婦そろって同じ行動をしたり食事をしたりしていると、ミラーニューロンはさらに活発に活動して、脳内の等身大の自分の姿のマッピングが相手の真似をしちゃって、同じ姿や顔になってしまうわけだ。

とはいえ、現実には、人の姿ってそんなに簡単には変わらない。

それは、なぜ？

バックアップで書き換えられちゃう

それは、自分の姿のバックアップがあるから。だから、人の真似をしてもそんなに簡単に外見は変わらない。

自分の姿は、たいてい親の脳にデータとして保存されている。だから、ミラーニューロンを使って誰かの脳を真似して、容姿が変わったとしても、家に帰ってきて親と接触した段階で、親の脳内にある元データに書き換えられて元の姿に戻る。そんな便利なシステムがあるから、そう簡単には容姿や性格は変わらないようになっている。

ある人が恋をする。いつも相手のことばかり考えることで、脳のミラーニューロンは相手の脳の真似をするから、容姿は美しく変わっていく。そんな時に外で鏡を見て「自分は変わったかも？」

とか「もしかして、いけてるかも!」と一瞬嬉しくなるが、家に帰って親に接触した瞬間にぶっさいくな顔に戻る。あらためて鏡を見ると、外で見たのとはあまりにも異なる姿に驚愕する。

親の脳内に「この子はぶっさいくなかわいそうな子」というイメージが保存されていると、いくら自分のイメージを変えようと努力しても、親の脳にミラーニューロンでつながった時に親のイメージの「ぶっさいくなかわいそうな子」に引き戻される。

私にも、それが起きていた。

かっこいい友達の真似をして、かっこいい喋り方をする。相手の真似をするとミラーニューロンが活発になり、相手の脳のマッピングまで真似をするので、相手と同じ表情になる。それまでのおどおどと怯えている顔から、自信がみなぎっている顔へと変化する。すると、それまで話しかけてこなかった女の子が話しかけてきたり、友達から遊びの誘いを受けたりする。

でも、家に帰って母親と接触したとたんに、怯えて鼻水をたらした汚らしい子供の表情に戻る。なぜなら、それが母親の中にある私のイメージだから。そのイメージに書き換えられて、私は鼻水の付いたティッシュやはがれた皮膚などのゴミにまみれて、勉強も運動もできない駄目な子に堕ちていく。

ここからが面白い!

私の第一の転機である祖母の死で、母親に怒りを感じて、反抗するようになって、行動的には自由になってやりたいことをやれるようになったが、自分の容姿や集中力、あるいは運動能力についてはまったく変わっていなかった。

だから、意志の力で「母親を切り離して自分らしく生きよう！」としても、母親の脳とつながってしまえば、母親の脳内にある「駄目人間」のバックアップデータに書き換えられてしまう。

もっとすごいのは、距離である。

私は、地球のほぼ反対側のアメリカにいたが、どんなに変化する努力をしても「駄目人間」のバックアップデータに書き換えられてしまう。脳科学者の実験では、同じ部屋で暗くして相手が見えないようにしても、ミラーニューロンは働き相手の真似をする。でも、1万5000キロ母親から離れてもミラーニューロンは相手の脳の真似をしてしまう、という実験はされていない。

双子の研究では、こういう例がある。第二次世界大戦後に、お互いの存在を知らずに育った双子がポーランドとアメリカで暮らしていて、犬の名前も奥さんの名前も子供の名前までも同一であった。さらに、趣味も一日に吸うタバコの本数も同じだった。もっとすごいのは、同じ時期に庭の木のまわりに同じようなデザインのベンチを作っていたことだ。これは遺伝子の力を証明するための研究だったが、私は、遺伝子が似ているからミラーニューロンで相手の脳の真似をしやすくなるという証明だと考える。

この研究を見ると、どうやら距離は関係ない。私がいくらアメリカで「変わろう！」と努力をしても「駄目人間」に引き戻されてしまうのは、母親の脳内にある私の駄目人間のバックアップデータで書き換えられてしまうから。私の努力はすべて無駄になっていたのだ。

脳内のミラーニューロンが距離を越えて作用し合い、人の嗜好や行動、性格にまで影響を与え合う

でも、第二の転機の時に「みんなが温かい手を自分の背中に置いてくれていていっしょに何も言わずに泣いてくれている」という体験をしたあとに、私は明らかに変わり続けることができるようになった。勉強の集中力がどんどん伸びていき、運動能力も上がって自分のイメージ通りに動けるようになる。掃除や整理整頓ができなかった私の部屋の絨毯の目は同じ方向にそろっているようになって、誰が見てもきれいな部屋へと変わっていった。

第二の転機で、これまでどんなに距離を開けても切り離せなかった母親との脳のつながりを切り離すことが可能になり、母親の脳内にあるバックアップデータに引き戻されなくなった。母親の脳のつながりから解放されるための重要な鍵は〝幻想の愛〟にあった。

〝幻想の愛〟とは何か？

♪母さんが～夜なべ～をして　手袋～編んでくれた～

この歌が私のテーマ曲だったような気がする。

体調が悪いのに、いつも母親は一生懸命に食事を作ってくれている。そんな母親を悲しませてしまう自分がいる。私はいつも「自分が母親を悲しませて身体に負担をかけて苦しませている」という苦衷があって、それを思うと涙が出てきていた。

いじめられている時も、その母の悲しむ姿が脳裏に浮かんで、情けなくて涙が出てくる。いじめっ子に喧嘩を売られて反撃しようとした瞬間に、母の苦しむ姿が浮かんできて、身体に力が入らなくなってしまう。人はそれを「弱虫の言い訳」と蔑むかもしれないが、実際に私の頭の中にはとても悲しそうな母親の姿が浮かんできて、かわいそうになって暴力を振るうことなんてできない。

私は、自分を犠牲にしてまで子供のために尽くす母親から愛されてはいるが、その母の愛に値するような子供ではない。だから、母の愛に応えられるように「いつか変わらなければ！」と必死に努力をするが、なかなか変わることができない。

ここがポイントである。

実は「母親が自分を犠牲にしてまで子供のために尽くして愛する」というイメージには罠がある。そこには「誰からも受け入れられない駄目な子供だから、自分自身を犠牲にしてまで尽くして愛してあげなければ」という裏のメッセージが潜んでいる。

私は汚くて醜くて、運動音痴で勉強もできず、生意気でいじめられっ子で誰からも受け入れられない子供、というキャラクターが母親の脳内で作られている。だから、私の頭の中では何か失敗すると悲壮感いっぱいの母親のイメージが浮かんできてしまう。

その私の頭に浮かぶ母親のイメージは正しかった。母親は「こんな駄目な息子でも私は愛している」という自己犠牲的な精神で私を愛していたから、悲壮感にあふれる母親が浮かんでいたのだ。

問題はここである。

私が何かで失敗して、悲壮感いっぱいの母の姿を頭に浮かべた時に、ミラーニューロンで母の脳につながり、母親の脳内にある私のバックアップデータで元の醜い姿にリセットされてしまう。私が「人から受け入れられたい」「人から認められたい」と思って失敗した瞬間に、私はその失敗から学習するんじゃなくて、こんな駄目な私を愛してくれている母親の悲しむ姿が浮かんできて、その瞬間にミラーニューロンは母親の脳にアクセスして、母親の脳内にある私のバックアップデータで私の姿を元の醜い状態に戻す。

私は、母親の私に対する自己犠牲的な精神が〝愛〟と信じてそれまで生きてきた。でも「自己犠牲を払わなければならないくらい醜い子供」という私のイメージが母親の中に作られていて、そのイメージデータによって私は変わろうと思っても常にリセットされていたなんて気がつきもしなかった。

なぜなら〝愛〟はこの世で最も美しいもの、と信じていたから。親の〝愛〟こそは世の中で唯一大切なものと思っていたから。

こんな汚くて醜くて駄目な自分は、自己犠牲を払ってくれる母親にしか愛してもらえないと思っていた。そんなかわいそうな母親を喜ばせようと、必死に母親が求めているような姿へと変わろうと努力し、失敗して、母親を悲しませるイメージが浮かんできて悲しくなる。その瞬間に、私は元の醜い姿にリセットされていた。

キャンプの時に、駄目な私が涙を流していたら、醜くて汚い私の背中にみんなが手を置いてくれて、みんながいっしょに涙してくれた。その瞬間に「こんな醜い自分を受け入れてくれるのは母親だけ」というのが幻想だったと気がついてしまった。

母の自己犠牲的な〝愛〟が、私の求めている〝愛〟ではないと気づいた時に、私は母親の脳から切り離されて、母親によって作られた元データにリセットされることがなくなった。

プレミアがついた〝愛〟

ある女性が鬱状態になって、旦那さんに付き添われてカウンセリングにやってきた。

女性は「結婚してから、怖くて外に出られなくなり、身体もだるくて、痛くて、動けないので家事も何もできない」という状態になって何年も経過していた。近所でも評判の旦那さんは、調子が悪い奥さんのために、時折り仕事を休んだりして献身的に面倒を見ていた。誰が見ても「この旦那さんは、奥さんをものすごく大切にし愛している」という夫婦であった。

奥さんのカウンセリングを始めて、身体の症状の訴えを聞いていて「何かおかしい……」と感じ始めた。奥さんは刺すような目の痛みを訴えたり「身体の節々が痛い」と言う。まるで家庭内暴力を受けているような症状なのである。

医者は「検査で何も問題はないので自律神経の問題でしょう」と奥さんに伝えた。あるカウンセラーは「奥さんの発散されていない怒りが身体症状へと転換されている」と分析した。でも「刺すような目の痛み」というのがものすごく引っかかった。「これは奥さんのストレスの問題だけじゃないな」と思い始めた。そこで、旦那さんを呼んで、旦那さんのカウンセリングをしてみることにした。

旦那さんは「結婚するまでは会社でも優秀な人材だったのに、結婚してから駄目な妻になってしまったのは自分の責任だから、なんとか自分が立ち直らせることができるよう努力をしているけど、精神的にもう限界である」と語っていた。

朝は子供たちの食事の用意もしないでだらだらと寝ていて、口を開けば「身体の調子が悪い」「自分はこのまま駄目になってしまう」「孤独で寂しい」というようなことばかり訴えている。旦那さんは「確かに、この先私が妻を見捨ててしまったら、こんなだらしがない妻だから子供たちからも見捨てられて、孤独死してしまうと思うんですよ」と冷たい怒りを込めながら語る。その瞬間に「あぁ、この旦那さんのイメージが奥さんの頻繁に訴えている孤独の元になっているのね！」と理解した。

そこで、思いきって旦那さんに「ストレスが溜った時に、もしかして頭の中で奥さんに暴力を振るっていないですか？」と聞いてみた。すると旦那さんは「えっ、どうしてわかるんですか？」とびっくりしている。

さらに、「もしかして頭の中で奥さんの目を何かで刺していませんか？」と聞いてみる。旦那さんは再び驚いて、しぶしぶそれをしていることを認めた。頭の中で奥さんの目を鋭利なフォークなどで刺していたらしい。

「実際に暴力を振るっているわけじゃないし、頭の中だけだからやってもいいと思ってしまって……」

こんなに献身的に駄目妻に尽くしているのに、相手は変わるどころかちっとも感謝せず「あたりまえのことをしてもらっている」という態度。つい腹が立ってしまい、頭の中で暴力的になってしまうのだ。

「まさにこれが愛憎というものだね」と納得した。愛しているが故に、その愛に応えてくれない相手に対して憎しみを感じてしまい、暴力的になる。旦那さんの「自分以外には誰も彼女をこれほどまでに愛せないだろう」という思いがますます憎しみを増幅させていく。

とりあえず、旦那さんには頭の中で奥さんに暴力を振るうのを止めてもらった。

そんな旦那さんとのやり取りは奥さんには一切伝えていない。しかし、医者から難病扱いされていた目の痛みが治まり、炎症もなくなってしまった。さらに、長年消えなかった身体の痛みや怠さが治まり、動けるようになって、仕事にも復帰できるようになった。

こんなケースを実際に体験すると、しみじみと「ミラーニューロンっておっかない！」と感じる。どんなに離れていても、頭の中で振るわれた暴力が身体に影響してしまうのだ。そして、相手の脳にある「ぼろぼろになっていて、変わることができない自分」のイメージによって、変わろうとした自分の努力が瞬時にリセットされる。あんなに努力したのにあっというまに元の駄目人間に引き戻されてしまう。引き戻されるというよりも、自分を愛してくれている人間によって駄目人間というキャラクターに書き換えられ、自分が勝手に作り替えられてしまう。

それでも相手は、献身的に愛を実践する人を演じ続ける。その相手の愛に応えられない駄目な自分は、愛してくれる相手に対して「申し訳ない」と〝罪悪感〟を感じる。そして相手の愛を意識した瞬間に、ミラーニューロンで相手の脳につながって、相手の脳内にある醜い姿の自分のバックアップデータに書き換えられてしまう。相手によって醜い姿に書き換えられているのに、相手はそんな醜い私でも愛し続けてくれる、という構造ができ上がり、変われないまま時間はどんどん経過していく。

経過する時間とともに、相手の脳内ではどんどん私を醜くしていく。相手の中では「時間が経過して醜くなっていくそんなあなたでも愛している」という構造を作っているからである。それにより〝愛〟のプレミア感が増す。

こんな構造が、親子間だけじゃなくて、男女間にもあふれている。みんなはそれに気がつかなくて「私がおかしい」と思って必死に変わる努力をしている。

でも、本当はこの〝愛〟に問題がある。

〝愛〟から解放されて

私は、母親と父親の自己犠牲の愛に育まれてきた。

世間的には、両親の美しい愛という話になるのだろう。でも、私にとっては「自己犠牲を払わなければならないほど駄目な子供」のイメージで私の脳内の学習データは書き換えられ、常に元の駄目な自分に引き戻される。

こんなことを言うと「自分の駄目さ加減を両親のせいにするなんて卑怯者！」と罵倒される。しかし、私自身は「こんな駄目な自分のために一生懸命にやってくれて申し訳ない」という気持ちで生きてきて、そんな両親の愛に応えられない自分の愚かさにさんざん涙を流してきた。それでも、私はちっとも変わることができなかった。自分の思うように動けずに苦しんできた。

友人たちが、言葉も出せずに涙と鼻水まみれになって動けなくなっている汚い私の背中に手を置いてくれた時に、私は〝自己犠牲の愛〟から解放された。「自己犠牲の愛に応えられなくて両親に申し訳ない」という罪悪感からも解放され、自由になった。自由になったら、勉強も掃除も人とのコミュニケーションも楽しくなった。運動能力ですらそれまでの自分とはまったく違うものになっていった。

この〝愛〟とはなんだろう？　と不思議に思う。

仏教の世界では〝愛〟は、迷いの根源として否定的に扱われている。ブッタは出家をした時に、家族を捨ててしまった。「確かにそれが一番悟りの道に近いんだろうな」と、今になってよくわかる。

ミラーニューロン的に考えれば、もしブッタがいくら修行して悟りに近くなっても、家族の脳とつながってしまったら、家族の脳内にあるブッタのバックアップデータに書き換えられ、戻されてしまう。「あーあ！　また初めからやり直しだ」とがっかりした表情で一から修行を始めなければならなくなる。その繰り返しになってしまう。それを繰り返しているとそこから抜け出せなくなる。ブッタはそんな面倒臭いことはすべてスキップして、初めから家族を捨てて出家した。

キリスト教では〝愛〟は非常に大切なものとされている。

「互いに愛し合いなさい」と聖書に書いてあって、私は「愛し合う」というのは「相手に優しく親切にする」ことだと思って、友達に優しく接した。すると、みんなから気持ち悪がられ、馬鹿にされて、いじめられた。「愛さなければ」と思って行動したのに、私の中ではいつのまにか憎しみに変わっていて、相手を傷つけたい衝動でいっぱいになっていた。愛を実践できないそんな私は「地獄に堕ちる」と怯えていた。

留学から帰ってきて、ある朝、教会で礼拝に出席していた。その日は子供たちのための特別な日で、大人の礼拝にいっしょに参加していた。

牧師さんも、子供向けにこんな話をした。

イエスが説教をしている時に、子供がやって来た。弟子たちがその子供を「来ちゃ駄目だよ」と制止した。イエスは弟子たちをいさめて「神の国はこのような者たちのものです。子供のように神の国を受け入れる者でなければ、決してそこに入ることはできません」と言った。

そんな話をしている最中も、子供たちは騒いでいて牧師さんの話を聞いちゃいない。「まあ、なんとうるさい！」「私が子供の頃だったら、母親から鼻血が出るまで平手打ちを食らわされていただろう」と過去の嫌な思い出が浮かんできて、いらいらする。たぶん、牧師さんも子供たちの騒がしさにいらいらして、話に集中できてはいなかった。

その瞬間、私はたいへんなことに気がついた。

「あ！　自分の中には〝愛〟がない」

いらいらしているに違いない牧師さんにも、そのほかの大人たちにも〝愛〟がないんだ、とわかってしまった。

うるさい子供たちを前に「天国はこのような者たちのためにあるのです」なんて〝愛〟に満ちた言葉が語れるのはイエスだけなんじゃん！

これは私にとってものすごい発見だった。なんだか私の中でこれまで気がつかなかった〝愛〟の真実が見えてきた。

ところで〝愛〟って何なのよ！

騒がしい子供たちを目の前にして、かわいいとは思えない自分がいる。「本当の私の中には〝愛〟がないの？」という疑問が浮かぶ。

それって、私が親からさんざん引っぱたかれて性格がねじ曲がってしまったから？　それもあるかもしれない。

私の〝愛〟の定義は「どんな相手でもそのままの姿を受け入れられる」こと。

子犬を見てかわいいと感じるのと同じように、子供を小動物に見立てて「まあ、かわいいい！」と頬をすり寄せたくなるのは、そのままの相手を受け入れるという〝愛〟とは別の種類の〝愛〟になる。ギリシャ語ではフィリアという。日本語では愛という言葉は一つだが、ギリシャ語では愛の種類は4つに分かれていて「自分の好ましい相手に対して、相手のためにできる限りのことをしてあげたい」と思う〝愛〟はフィリアと呼ばれている。

おそらく、騒いでいる子供たちの親は、自分の子供は好ましいから好きなようにさせてあげたいと思うのが〝愛〟だと思って放置している。

私にしてみたら、静かにしていて欲しい場面でギャーギャーと騒いでいる子供はかわいいとは思えず「かわいくなくてアホな子だな」と怒りがきざしてくる。でも、子供がすやすやと眠っていると、さっきまであんなに怒りを感じたのに「かわいい！　天使みたい！」とフィリアが湧き上がってくる。

子供の立場からすれば、相手が好む行動や容姿だった場合にだけ愛してもらえる、というなんとも差別的な愛だ。それには、私が求めているような本当の〝愛〟は感じられない。

友情もフィリアに入る。自分の好きな友達に対しては、大切にしたいという気持ちが湧く。でも、それって、自分に好ましい相手だからそのように感じるだけであって、好ましくない相手には湧かない。だから、やっぱり差別的な愛になってしまう。

師弟愛にしても「自分が尊敬できる師匠を慕う」ということになり、師匠から弟子へは「自分を

“愛”にはいろいろな姿がある。その本質を考えてみると、意外な答えや新たな疑問が湧いてくる

尊敬してくれる弟子を大切にする」ということになる。師匠に対しての尊敬の条件は、何かに卓越している存在であり続けること。

「え？　師匠がボケちゃって尊敬できる技術を失っても、師弟愛は存在しているけど？」と言う人がいる。それって、今のボケたお師匠さんを尊敬しているわけじゃなくて、過去の素晴らしい技術を持ったお師匠さんの記憶を尊敬していることになるから、やっぱり「自分が好ましいと思うものを持っている相手」という条件付きの愛になってしまう。

男女間の愛なんて、もっと面白い。

男女関係では、自分が相手に優しくしたら相手も優しくしてくれることを求める。したがって、ギブ・アンド・テイクの愛になる。男性が女性に優しくするのは、自分が優しくされて受け入れられたいから。自分が優しくして相手に〝愛〟を与えていても、相手から何も〝愛〟が返ってこなければ、それは怒りになり、やがて憎しみへと変化していく。

相手に魅力を感じる時って「この素敵な人が自分に足りないものを充足してくれる」という幻想を抱くものだ。相手の容姿が美しければ、自分に足りない自信を補ってくれるのでは？　という幻想が湧く。だから「自分に足りないものを補ってもらう」ために相手を大切にし、相手に尽くす。

相手に尽くす事ができるのは「自分が足りないものをこの人が補ってくれるかもしれない」という脳内麻薬が生み出す幻想からである。この幻想を生み出す脳内麻薬がフェニルエチルアミン。恋をした瞬間に分泌され、一人の相手に対して4年間分泌し続ける、といわれている（鶏だと一羽に対して一回の交尾で分泌されなくなる)。

脳内麻薬であるフェニルエチルアミンが分泌されることで「あばたもえくぼ」になって、自分の足りない部分を補ってくれる素晴らしい存在として相手を大切にするようになる。フェニルエチルアミンが互いの脳に分泌されている場合は「あのカップルは愛し合っている」という認識になる。

しかし、フェニルエチルアミンの賞味期限が来てしまうと、相手の顔を見た瞬間に「なんじゃこれは〜!」ということになってしまう。ちゃんとギブ・アンド・テイクが成立していたと思っていたのに、自分がものすごい損をしていることに気がつく。そして、ものすごくみじめな感覚に陥ってしまう。

それでもなお相手といっしょに居続けるためには、妥協と忍耐が必要である。この妥協と忍耐を〝愛〟と定義する人もいる。でも、それも「相手のそのままを受け入れて愛する」という〝愛〟とは違っている。

こう考えていくと「愛って存在しないの?」と疑問になってくる。

いろんな本に愛の大切さが記されている。文学でも映画でも親子愛や男女間の愛の美しさを描写している。しかし、そうやって表現されている〝愛〟には一定の条件付けがなされていて、時間の経過とともに形が変わる。

自分の好ましい相手は大切にできるけど、好ましくない相手は愛せない、ということになると、愛される側は「えっ、このままの自分を受け止めてくれないの?」と〝愛〟に疑問を感じ、それが怒りへと変わる。

自分のすべてをそのまま受け入れてくれるような、無条件の〝愛〟は存在しないの？

私が大学の寮のキャンプでみんなといっしょに涙を流したあの感覚は〝愛〟だったの？

ここで、私がこの本の冒頭に書いた「真実は一つだと思っていたけど一つじゃなかった」という答えが出てくるわけだ。

第3章

3つのタイプのそれぞれの真実

3つのタイプとは？

〝愛〟の真実は一つではなかった。人は、みんな同じように見えて、決して同じではない。これは、考え方や文化、宗教など、生まれ育ってから学習して習得したものを指すのではなく、そもそも生まれた時から中身が違うという意味だ。

3つのタイプとは、生まれつきの肌の色や人種とも異なり、中身がまったく違うタイプで生まれてくるのだ（ここではあえて「人間のタイプ」とは書かない理由がある）。同じ親から生まれ、親子で同じ遺伝子系列を持っていても、実は、中身はまったく違う。その違いは「鳶が鷹を生む」なんて生易しいものじゃない。

親子でも違ったタイプで生まれてくると、親と子でそれぞれの真実が違ってしまう。タイプが違っていると〝愛〟の真実も親子で矛盾をきたすことになる。

さっそく、その3つのタイプを説明していこう。どうやってこの3つのタイプを見つけたのかは、あとで詳しく述べることにする。

まず、一つ目のタイプ。

この人にとっては唯一の神が存在していて、その神の愛だけが真実である。それは〝無条件の愛〟

で、裁くことも罰を与えることもない。その愛の中に生きて、神の意思を求めることだけが生きる目的となる。このタイプを〝光の人〟と呼ぶ。

二つ目のタイプは「自分の中に愛がある」と信じている人。

このタイプは「自分が神で人を支配する者」という認識が真実になる。一つ目のタイプが「神のみが愛」であるのに対して、このタイプは自分の愛を実践するために、人を罪に定めて裁き、罰を与える。そして「こんな罪人を救うことができるのは自分しかいない」という神の愛を演じている。

このタイプを〝支配者〟と呼ぶ。

三つ目のタイプは「愛も何も存在しない」という〝無〟が真実になる。

幻想の愛の執着を二つ目のタイプの〝支配者〟から与えられ、裁かれ、孤立させられる。でも「これは自分の真実ではない」と幻想の愛から脱した時に〝無〟となり、自由となり、自分と同じタイプと一体になる。〝無〟になり、すべての〝無〟と一体である、ということがこの人の真実である。

このタイプを〝虚無〟と呼ぶ。

この虚無の人たちとっては「愛は存在しなくて、愛は執着である」というのが真実であり、支配者たちはそれを否定する。なぜなら、支配者が愛であり、人を支配する神であることが真実であるから。そして、光の人の真実は唯一の神の無条件の愛であるが、それは、支配者からも虚無からも否定されて卑下される。

肝心なのは「どれが正しいの？」ではなく「どのタイプなの？」という問題だけ。

真実の神や愛は一つじゃなくて、タイプによって違っていていいんだ、ということがはっきりと見えてくると、自分の中の矛盾が解消されていく。そして、自分の真実で生きることによってより自由になり、孤立することもなく、これまで求めても得られなかった一体感が得られちゃう。それが面白い。

では3つのタイプを一つ一つ説明していこう。

自分の真実で生きるために知っておきたい「3つのタイプ」……1

虚無の真実

求めていた一体感があった!

こんなタイトルは面白味も魅力もないように思えてしまうかもしれない。でも〝虚無〟の真実を知った時、私は「おっ、これはすごい!」と感動した。そして、それまでの自分がなぜ〝虚無〟に魅力を感じていなかったのかがよく理解できた。

高校生の頃、私が一番好きだったのは「Vanity of vanities; all is vanity」という言葉であった。日本語に訳してしまうと「空の空、すべては空」と味気のない言葉になってしまう（もちろん「空」は「くう」と読む）。

当時は、嫌なことがあるとこの言葉を唱えていた（暗〜い!）。その頃の私は、みんなが楽しそうにしていても仲間という気がせず、一人で孤立しているような感覚があった。「みんなが楽しんでいること自体がむなしい」と自分を慰めていた。振り返ってみれば、みんなといっしょになれないから「そんな楽しんでいるふりをしたって、むなしいんだぜ!」とひがんでいたのだ。

この「空の空」という言葉にみんなといっしょに楽しめる鍵が隠されているなんて、その当時は思いもしなかった。

私は「すべてむなしい空である」と言いながらも、心のどこかでは「みんなから好かれたい」とか「みんなから認められて尊敬されるようになりたい」と思っていた。そして「自分が何かすごいことをやることによって、みんなから受け入れられて愛される」と信じていた。

でも「みんなから受け入れられて、愛されたい」と思って努力すると、たいがい失敗し、関係は続かなかったりする。努力すればするほどかえってみんなから馬鹿にされ、蔑まれて、仲間外れにされてしまう。そして、私はいじけて「空の空、すべては空」とひたすら唱えていた。その本当の意味も知らずに。

大学のキャンプでみんなの前で泣いてしまうまでは「がんばって、いつかみんなから認められて愛されたい！」と努力していた。そして、その努力に疲れてしまって「自分はもうこれ以上がんばることができない！」と泣いたのだった。みんなから認められることなんてどうでもよくなってしまい、ただ自分の心の中にある本音を吐露したのだ。「自分の中には何もない！」と。

それまでは「何もない自分を見せたら、みんな自分から離れていく」と思い込んでいた。でも、目を開けてみたら、それが間違いだったことがはっきりとわかった。みんなの涙を見て、生まれて初めて人との一体感を感じることができた。愛されることを捨てて空になることで、初めて安心感を得ることができた。その瞬間「自分がこれまでずっと求めていたのはこの感覚だった！」とはっきりわかった。

「空の空、すべては空」の中にある〝空〟は私が長年求め続けてきた〝一体感〟である〝愛〟だった。

自分が求めてきた〝愛〟が〝空〟であると気がついて、愛されることを手放したとき、愛でしか得られないと思っていた一体感がそこにあった。

「その場でいっしょに泣いてくれている友達に感謝しなければ」などというよけいな気遣いが一切必要ない世界。互いがつながって一体で、上下関係やギブ・アンド・テイクも一切存在しない世界。〝空〟だからこそ、そこには無限の安心感が存在していた。

すべてがつながっている世界

虚無のタイプを例えれば、空気と同じ感覚である。空気は「ここからここまでが空気」という区切りがない。すべてがつながっている。閉鎖された空間に空気を閉じ込めても、戸を開けてしまえば外の空気と一体になる。だから虚無の人たちは、もともとみんなと一体だ。一人一人の隔てはない。

この虚無が神の愛を演じる支配者たちの〝幻想の愛〟で隔離されてしまうと「自分はみんなとつながっていない」と苦しみ始める。隔離され「みんなとつながっていない」という感覚は「自分は愛されていない」とか「大切な人から見捨てられてしまう」という感覚に変えられ、大きな不安に包まれる。

元来が自由で、みんなとつながっていて安心なのに、支配者から「私だけがあなたを愛しているのよ！」と隔離されてしまうと「自分を愛してくれるのはこの人だけかも？」と思い込むようになる。そして、支配者からの〝幻想の愛〟を求めて努力するのだが、本来の空の安心につながる一体感は得られない。求めれば求めるほど、他者とは隔離されていく。隔離されれば、ますます一体感が得られなくなり、苦しみもがき、さらに支配者からの愛を求めてのたうち回る。

〝幻想の愛〟には「良い子でなければ愛されない」とか「学校でみんなから好かれなければ愛されない」という条件が付けられる。でも、良い子を演じれば演じるほど、〝幻想の愛〟のコーティングが厚くなり、他者との一体感はますます得られなくなる。

すると今度は「こんなに努力して良い子になろうとしているのに愛されない」という怒りが湧いてくる。怒りを感じると、支配者は「そんな汚い怒りを持っているからあなたは愛されない」と裁き、怒りに対して罰を与える。そうなると、虚無は無力感に苛まれて「自分は誰からも愛されない」という恐怖で怯え、ますます支配者にすがるようになっていく。

こうして虚無は、支配者の〝幻想の愛〟なしでは生きられないような感覚になって、求めている一体感が得られずに、生きる目的すら見失っていく。

ある朝、引きこもりになった子供を連れてきた母親が「この子は私がちゃんと面倒を見てあげなければ何にもできないんです！」と熱弁している。その横でうつむきながら、子供の魂はめらめらと燃えたぎって、怒りに満ちているのが感じられる。

母親は、何もできない子供のために一生懸命に働き、子供の心を癒すためにいろんな機関で相談を受け続け、子供のためだけに人生の時間を費やしている。これほど母親は子供を愛している、ということをアピールするたびに、子供の魂は〝幻想の愛〟にコーティングされ、怒りの炎はいつのまにか消えている。

「そうか、密閉されて空気がなくなれば、炎は燃え続けられないもんね！」

子供の目から光が消えていく。〝幻想の愛〟でコーティングされて酸欠になり、魂の炎を燃やし続けられない。何もする気力が湧かない。生きる目的が感じられない。

「絶望なんてあたりまえ！」

ここから抜け出すのは不可能なように感じられてしまう。そのことだけは、よく理解できた。

心の中で、子供とそんなやりとりをする。

どんどん〝幻想の愛〟で縛られてしまう

虚無の心には、怒りも憎しみもなく、〝無〟だから罪なんかも存在しない。

本来の虚無は〝無〟であるから、すべてにおいて自由であって、感情的な制限や縛りは一切存在しない。だから、虚無たちが感じる恐怖、怒り、憎しみ、苦しみ、罪悪感などの感覚はすべて支配者によって作られたものであって、本人のものではない。

ある虚無の子供が、親からお小遣いをもらう。親が一生懸命に自分のために働いて稼いでくれた〝お金〟は〝愛の象徴〟になる。支配者の親は心の中で「私はあんたのために犠牲を払って稼いできたお金を渡しているのよ！」と〝幻想の愛〟を注ぐ。そして「無駄遣いをしちゃ駄目よ！」と手渡す。

お金を受け取った時点で、子供は〝幻想の愛〟でコーティングされていく。友達に駄菓子屋に誘われて「何か美味いものを食べようよ！」と言われるが、心から喜んで「うん、行く！」とは言えない。だって、親が自分のために犠牲を払ってくれたお金で駄菓子みたいな無駄（文字通り！）な物を買ってしまうなんて申し訳ない。

他の友達はみんなで楽しそうにしているが、自分は〝幻想の愛〟にコーティングされているから、その輪に加わることができない。駄菓子を買ってしまうことに後ろめたさを感じ、罪悪感にさいなまれる。みんなと同じように「楽しい！」と感じられないから、さらに「楽しい！」という感覚を得たくてお金をどんどん使ってしまう。すると、後ろめたさがもっともっと増して、もっともっと楽しめなくなる。

家に帰ってきてから「何に使ったか聞かれたらどうしよう」と怯えてしまう。そんな気配を親が察して、やっぱり「あんた、お小遣いはどうしたの？」と聞かれる。「親が苦しんで稼いできてくれたお金を無駄に使ってしまった」という罪悪感があるから、とっさに嘘をついてしまう。「本当のことを言ってしまったら、自分はもう親から愛してもらえなくなるかも？」という恐怖があるから。

でも、嘘はすぐにばれてしまう。「嘘をつくような子供は将来、盗人になるよ！」と罪人扱いをされてしまう。そう言われると「自分は将来盗みをして刑務所に入ってしまうかも？」と薄汚れた気分になる。親から「お前が将来刑務所に入らないようにするために、今のうちに叱って罰を与えるんだよ！」と殴られる。そうやって、子供は本物の罪人にされてしまう。なぜなら、実際に親が定めた罪のために罰を受けているのだから。

虚無には本来、罪は存在しないし、怒りも無い。

でも〝幻想の愛〟にコーティングされることによって、友達とは一体感が得られない。孤独にさいなまれる。孤独を解消するためにお金を使ったら、罪悪感で苦しめられる。親に正直に状況を伝えることができず、親から罰を与えられ、罪の意識がますます強くなる。

すべては「求めている一体感が得られない」ことが誘因なのだが、親にはそれを理解してもらえない。自分を理解し、自分の将来のために罰を与えてくれている親とでさえ一体感が得られない。それがすべて怒りとなって滞留していく。親や自分を受け入れてくれない世の中への怒り。

そうなると「自分のために犠牲を払って愛してくれている親に対して怒りを感じている」という罪の意識を植え付けられて、ますます薄汚れた気持ちになり、誰とも一体感が得られない駄目人間へと堕していく。

そうなって学校や仕事に行けなくなってしまったら、ますます親は「何もできない問題を持った子供のために自己犠牲を払っているかわいそうな親」を演じ〝幻想の愛〟を注ぎ、虚無をどんどんコーティングして、いびつな形へと作り変えていく。醜い、汚い姿にされてしまい、ますます他の人との一体感が得られずに苦しむ。

かくなる上は、虚無に残された唯一の選択肢は、自分に幻想の愛を惜しみなく注ぎ、自分を駄目人間として裁き、罪人として罰を与える支配者に頼るしかないような気がしてしまう。

〝幻想の愛〟から解放されるために

虚無の人が自由になるモデルは、ブッタである。

ブッタは29歳で家族を捨てて出家をする。それこそ〝幻想の愛〟のコーティングから解かれる最良の方法だとブッタの生き方は教えてくれている。

聖書のイエスは、ユダヤ教の指導者のニコデモに「よくよくあなたに言っておく。誰でも新しく生まれなければ神の国を見ることはできない」と言った。馬鹿なニコデモは「人は年を取ってから生まれることがどうしてできますか。もう一度母胎に入ることができましょうか？」と質問している（おい！　おい！）。

イエスがニコデモに言ったことも〝幻想の愛〟を理解しているとなんとなくわかるような気がする。そして〝幻想の愛〟から抜け出すことの大変さも「新しく生まれなければ」という言葉から読み取ることができる。

自由になるために親から離れても実際は自由じゃない、という体験をかつて私はした。どんなに親から離れていても、私の脳はミラーニューロンを使って親の脳とつながってしまう。脳が母親の脳とつながった瞬間に、私は元の醜い、汚れた罪人に引き戻される。両親に対しての罪悪感が湧いてくる。

普通に考えたら「ちゃんと勉強していないから罪悪感が湧いてきちゃうんじゃない！」と、勉強ができない私が一人で自己反省をして鬱状態に陥っているように思われてしまう。自分の行動の結果に伴う負の感情に苦しんでいる、という考え方になる。

でも、遠く離れていても脳はつながっているので、勉強机に座っている私のすぐ横に母親がいて駄目出しをしているのと同じことになる。脳の中で「なんであんたはそうやって勉強に集中しないの！」とか「どうして一度読んだだけで内容をちゃんと把握できないの！」と叱られている。

普通の人がこの現象を体験したら「自分が一人駄目出しをしている」ということになる。自分で自分に駄目出しをしてしまって、勉強のやる気がなくしている、と思ってしまう。しかし、その駄目出しは〝幻想の愛〟でつながっている母親の脳から実際に送られてくる駄目出しなのだ。母親は「こんな駄目な子供でも私は自己犠牲を払って愛している」という〝幻想の愛〟を実践するために脳内で私に駄目出しをして「駄目な子」を作り出している。私は「こんな勉強もちゃんとできない、誰にも相手にされないような子供はあの母親しか愛してくれない」ということになって、母親を思い出して涙する、という状態になる。

私は、寮の連中にいっしょに泣いてもらって一体感を感じた時に「あの求めていた母の愛は幻想だった！」と解放された。〝幻想の愛〟から解放されたら、勉強をしていても頭の中には駄目出しは聞こえてこなくなった。

寮の連中といっしょに勉強していると一体感が得られて、みんなの脳がつながって勉強の効率がどんどん上がっていく。みんなとつながっていくと、いろんな可能性が見えてきて、ものすごく楽しくなっていった。

脳のつながりは〝幻想の愛〟によって条件付けられている。そこから解放されれば、求め続けている無限の一体感は得られる。

それは非常に簡単なように見えて、ものすごく難しい。それが簡単にできたのはブッタである。

普通の人は、それほど簡単に捨てることはできない。そこが問題になる。

脳のコントロールから抜け出すには

なぜ虚無は〝幻想の愛〟から簡単に抜け出す事ができないのか？

それは、虚無の脳は支配者とつながってコントロールされて、考えたくないことを考えさせられたりやりたくないことをやらされたりして罪悪感を植え付けられ、罪に縛られ幻想の愛から抜け出せなくさせられるから。

虚無に罪はない。

こう書くと「じゃあ、盗みをしても人を殺してしまっても罪がないんですか！」と支配者たちは聞いてくる。「そんなのおかしいじゃないか！」と裁き、責め立てる。

虚無はもともと空で何もないから、怒りも憎しみも恨みも欲望も存在しない。でも、支配者はミラーニューロンで虚無の脳をコントロールして罪を犯させ、罰を与え、罪悪感でコントロールする。

ミラーニューロンで脳を支配するなんて意外に簡単だったりする。

私が幼児の時に、母親がなけなしの金をはたいてバースデーケーキを買ってくれた。私は無邪気に喜んだ。母親は「ろうそくに火をつけるから台所からケーキを持ってきて」と言う。私はケーキを落とさないように慎重に、そーっと運んでいく。そんな時に母親が「落とさないように気をつけてね！」と声のトーンを上げて言う。その瞬間に私の足が固まり、つまずいてケーキを落としてしまう。私はみじめな気持ちになってワーンと泣き出す。すると母親が冷たく「やっぱりそこでつまずいて落とすと思った！」と言った。

母親の頭の中には、ドジで間抜けな私が敷居でつまずいてケーキを落とすイメージが完璧にでき上がっていた。私が母親に「落とさないように」と声をかけられた瞬間にミラーニューロンで母親の脳とつながって、私の身体は母親のイメージ通りに動いてしまう。だいたい「落とすかもしれない」とわかっているんだったら、子供にケーキを運ばせるなよ！　と今だったらツッコミを入れたくなる。

子供の私は「自分が無邪気に楽しんだら、みんなに迷惑をかけて、みんなから責められみじめな思いをする」と怯える。そして、せっかく両親が買ってくれたケーキを無駄にしてしまった罪悪感で、申し訳ない気持ちでいっぱいになってしまう。そして「こんな駄目な子なのに両親は愛してくれている」と〝幻想の愛〟に沈んでいく。

ミラーニューロンを使って相手の脳をコントロールして失敗させるなんて簡単。

親が「うちの子は暴力的なところがあるから、学校で人に怪我をさせてしまったら、と心配なんです」と言ったら、案の定、子供は友達に怪我を負わせてしまう。そして、子供は人を傷つけてしまった罪悪感で縛られていく。

親が「暴力的」というイメージを脳内で作り上げると、それが子供の脳に移り「自分って暴力的なのかもしれない」と不安になり、突然キレて人を殴ってしまったりする。本来は虚無だから、他人のことなんてどうでもいいし、関係ないのだが、支配者の脳で作られたイメージでその通りに動かされてしまい、罪悪感で縛られてしまう。本人は「すべて自分の意志で動いている」と思っているが、母親が「心配」と称して暴力的なイメージを作り上げたら、本人は「それが自分の求めていること」と勘違いしちゃって、その通りに動いてしまう。

虚無の魂が喜びを感じ、自由になって〝幻想の愛〟から抜け出そうとした時に、必ず支配者は罪を感じさせるようなことをやらせて〝幻想の愛〟へと引き戻す。変な思考が頭に浮かんだその時に、虚無が「それは自分の思考ではない」と気がつけば〝幻想の愛〟に縛られなくなる。支配者に罪を感じさせられるようなことをやらされたとしても「自分はやらされただけ」と自分で責任を負わなければ、罪悪感で縛られて自由を奪われる心配はなくなる。

そんな時に、頭の中には「そんなの人のせいにして責任逃れをしている！」と責めの声が聞こえてくる。でも、この声こそが支配者の脳とつながっている。支配者が罪悪感で縛るための声なのだ。そんな声が聞こえたら「おっと、支配者の脳とつながってるじゃん！」と気づいて、支配者の脳とのつながりをぶった切る。（注1）そうすれば、虚無は自由になって一体感が得られるようになる。

私は、かつて会社で営業の仕事をしていた時に、きれいな女性社員とバディ（相棒）を組んでいた。男性のお客さんが来たらバディに頼んで契約を取ってもらい、若い女性のお客さんが来たら私が代わりに接客して、二人で協力し合って営業成績を上げていた。そんな風に仕事をしているとものすごく楽しくて、成績もぐんぐん伸びていく。

そんなある夜、事務処理で遅くなってしまって、二人だけになってしまった。

「そろそろ帰ろうかな？」と思った瞬間に、突然私の頭の中にバン！　とその女性社員にキスをしているイメージが湧いてきて「キスがしたい！」という衝動に駆られた。

「なんじゃ、これは〜！」

私は逃げるようにして、あわてて部屋を立ち去った。

帰りのバスの中でも、心臓がばくばくして顔が火照っている。「あぶね〜！」と安堵と後悔が入り交じる。

次の日は、ちょっと緊張したけど、すぐに元の仕事の関係に戻ることができた。

何ヶ月か過ぎた頃に、私が転勤することになった。その送別会の席で、彼女が突然「あの夜、私あんたにキスをしたくなっちゃったんだよね！」と告白された。

その瞬間「おっ、セーフ！　やっぱり、あれって俺の感覚じゃなかったんだよね！」と安心。

その時に、やりたくないことをやらされて、それに縛られてしまう怖さを実感した。

一体感を得るためにどうすればいいのか

脳にミラーニューロンがある限り、本当の自分は何を感じているのかがわかりにくい。

ミラーニューロンで常に誰かの脳につながっていて、その人の脳に影響されていると考えたら、何が自分のオリジナルなのかがわからなくなる。でも、人は、ほとんどの思考は他人から伝わってきているのに「自分の頭に浮かんできたのだからこれは自分の考え！」と思い込んでいる。ほとんどの人は「これって、もしかして、あの人から伝わってくる思考なのかも？」なんて疑うことをしない（たまに「あの人の思考が飛んできている」とか「宇宙人に思考を操作されている」なんて言う人がいるけどね！）。

「自分の頭に浮かんでくることはすべて自分のものである」と思っているけど、そこには矛盾がある。

ある日、夫婦関係の問題から鬱状態になってしまった旦那さんの相談を受けることになった。彼は朝仕事に行くのも億劫になって「このままじゃ、仕事を続けられないかも？」という最悪の状態だった。

記入してもらったインテークシートには「夫婦関係の問題が……」と書いてあったので、カウンセリングには奥さんも同席してもらった。

確かに旦那さんは鬱状態で、いらいらしていて、殺気に満ち満ちている。

「うわー、これは大変な状態だ！」

旦那さんは3年前から家でまったく会話をしなくなり、会社でもどんどん仕事ができなくなっていた。3年前に何があったのかを聞いてもはっきり答えなかったので、奥さんに尋ねてみた。すると、奥さんは淡々と「彼が私を裏切った」という話をした。旦那さんは認めていないのだが、それが発覚した時から様子がおかしくなり、会話がなくなってしまったのだった。

「ふむ、ふむ」

旦那さんは「夫婦関係がこじれてから鬱状態になってしまったから、なんとかカウンセリングで夫婦関係を修復したい。そのためだったら何でもする！」と感動的なせりふを吐露する。一方で、それを聞いていた奥さんはしらけた顔をしていた。

夫婦カウンセリングを続けて3ヶ月が経過して、旦那さんに明らかな変化が見られた。それまで清潔からはほど遠い格好をしていたのが小綺麗になって、体重もかなり落としてすっきりとした顔立ちになった。奥さんに指摘されたマイナス要素を克服しようと努力してきたのが見て取れた。それまではできなかったのに、ちゃんと奥さんの顔を見て話すようになっている。自分の間違いを認めることもできるようになった。初回は殺気立っていて鬼みたいだったのに、みごとに紳士へと変化していた。

奥さんに「何か変化はありましたか？」と聞いてみたら、彼女は目線を左斜め下に移動して「何も変わっていません」と言う。「え～！」と私は心の中で叫ぶ。

「どこらへんが変わっていませんか？」と聞いてみた。奥さんは再び視線をずらして「本質的には何も変わらないんです。この人、自分のことしか考えていないんです」と言う。「ほ～興味深い！」と面白くなってきた。

旦那さんに話を聞いてみると、気持ちは明らかに変化している。そして、家族の関係を修復するために努力していると話す。そんな旦那の話を聞いている奥さんに意見を聞いてみた。すると奥さんは目線を上に向けながら「私が別れることを決断できないのが悪いんです！」と言い出した。「ひえ～！」私は心の中で固まった。奥さんのコメントが旦那さんの話の内容とまったく噛み合ないからだ。

どうして今のコメントが出てきたのか奥さんに聞いてみた。すると、再び視線を左下にずらして「この人は自分のことしか考えていないんです」と繰り返す。目の前の旦那さんはまったく目に入っていないようだ。

3人の女性の姿が私の頭の中に浮かんできた。「もしや、これは！」と嬉しくなる。「もしかして、旦那さんのことを何人かの人にいつも相談しているでしょ！」

奥さんは「えっ！　どうしてわかるんですか？」と驚いた表情。

一人は遠方に住んでいる幼なじみの友達で、電話で相談すると「そんな駄目な旦那は死んでも変わらない」と繰り返し言われていた。もう一人は母親で「そんな旦那といつまでも別れられないあんたがおかしい！」と責められていた。残る一人も親身になって相談に乗ってくれていて、会話の最後にはいつも「早く別れちゃいなさいよ！」と言われていた。

奥さんは自分の気持ちを喋っているのではなく、明らかに相談に乗ってくれている人たちを思い出し、その人たちのコメントをそのまま発言していたのだ。それが自分の気持ちである、と信じて疑っていなかった。

なぜ私が、奥さんが3人に影響を受けているとわかったかというと、奥さんが「旦那は変わらない」と語るときは、視線が右横に動いたから。視線が右横に動くときって、誰かに言われた事を思い出している時。「旦那は変わらない」と遠方の友達に電話で言われた事を思い出している時にその動きとなる。奥さんが「別れる決断が出来ない自分が悪い」と話しているときは、視線が右上に動いた。眼球が右上というのは、誰かに何か言われたときの相手の姿を思い出している時。そうして「別れられないお前が悪い」と責めている母親の姿を思い出したときに母親の脳とつながってしまう。旦那さんの発言をきっかけに、奥さんの脳は、その場にいない人たちの脳とつながって、その人達の思考に影響されてしまう。だから、その場の旦那との会話が全く意味の無いものとなっていた。

奥さんに旦那さんの問題を母親や他の人に相談するのをやめてもらった。すると、夫婦の会話ができるようになった。「旦那が自分を裏切った」というのも、友達に相談した時に作られてしまった話であることがあとになってわかった。「親身になって話を聞いてくれる」と思っていたのだが、結果的にはそれが迷いと苦悩の世界を作り出していた。

こんなエピソードから「〝虚無〟は何をすれば〝一体感〟が得られるのか?」が見えてくる。

一時的に脳を麻痺させても孤立が深まるばかり

アルコール依存症患者は「人から見捨てられる不安」から逃れる為に酒を飲む。人と一体感が得られない感覚が襲ってくるから、酒を飲んで酔っ払って脳を麻痺させて一体感を得ようとする。摂食障害患者は、たくさん食べて吐いた時に分泌される脳内麻薬で脳を麻痺させ一体感の陶酔を得ようとする。そして、いつのまにかそれが止められなくなる。

3つのタイプの中の〝虚無〟は〝空〟だから、空気のように本来はみんなとつながっているはずなのに、支配者からの〝幻想の愛〟でコーティングされ、つながりを遮断され、苦しくなって、一体感を求めて酒を飲んだり、食べ吐きをする。

どうして酔っ払ったりすると一体感が得られるような気がするのか？

人の脳はミラーニューロンで支配者とつながって〝幻想の愛〟を流し込まれて、幻想の愛でコーティングされ、孤立してしまう。支配者とつながっている脳が麻痺してしまえば幻想の愛のコーティングから解放されて、無の一体感を感じることができるのだ。

臨死体験をした人が、光の世界について「究極の一体感を得た」という報告をするのは、脳が麻痺して、支配者との脳のつながりから解放されて自由になった瞬間の〝虚無の一体感〟がそこにあるからだ。

「だったら、ずっと酔っ払って脳を麻痺させていればいいじゃん！」ということになる。

でも、酒や脳内麻薬を使って麻痺させたあとの脳は普段よりも過剰に活動してしまうから、逆に支配者との脳のつながりがますます強力になる。酔ったあとに支配者の脳とのつながりが強くなって、さらに〝幻想の愛〟でコーティングされるから、もっと孤立感が酷くなる。だから「酔って麻痺すればするほど脳は過活動を起こして支配者とのつながりが強くなり、孤立させられ〝見捨てられ不安〟が強まり、一体感を得るための酔いが必要となる」という悪循環が完成する。

虚無は一体感を求めて酔っているのに、逆に支配者とのつながりを強くして、見捨てられる不安を増幅させる。これも、支配者による虚無のコントロールになる。

ちなみに人は〝怒り〟でも脳内麻薬を分泌させ、酔うことができてしまう。前出の奥さんも、旦那さんに怒りを感じ、友達に話をすることで、その友達がさらに怒りを煽るので怒りは増幅して苦痛となり、その苦痛を麻痺させるために脳内麻薬が分泌される。分泌されて脳が麻痺し、一瞬、一体感が得られた感覚になる。だから、「私は友達に話をして一体感が得られた」と勘違いする。そして、奥さんは脳内麻薬をさらに求めて、旦那への怒りを友達に話すことが止められなくなる。旦那の悲観的な話を友達にすればするほど、苦痛から脳内麻薬で脳を麻痺させて一体感が得られるからである。

でも、それも飲酒や摂食障害と同じで、脳内麻薬の麻痺から冷めたら脳の過活動が起きて、ますます支配者の脳によって孤立させられる。「私は夫といっしょにいても孤独である」と、酔いを求めて友達に旦那の怒りをぶつけてしまうのである。

こうして酔いの中に陶酔しているうちに、現実的にすべてを失って、本当に社会的に孤立させられ、支配者しか頼りにできなくなってしまう。

〝何もない自分〟をさらけ出せないから

虚無の愛について考えてみると、ものすごく面白くなってくる。

元来の姿である〝空〟でみんなつながっているのだから、虚無にとっての愛は一体である。それが支配者の〝幻想の愛〟でコーティングされ、孤立させられてしまい、一体感である愛を求めてさまよい歩くはめに陥る。

虚無が求めているのは一体感だ。「どんな自分でも受け入れてもらえる」というのが、本来の虚無が求めている愛の姿だ。でも、支配者からの条件付けで「勉強ができなければ愛されない」とか「きれいでなければ愛されない」とか「お金を稼がなければ愛されない」などと吹き込まれている。

男女で恋愛関係になったとしてもしばらくすると「この人は私の外見だけを求めている」とか「こいつは俺のお金だけを求めている」などと思って、一体感が得られなくなる。「どんな自分でも」と〝何もない自分〟を受け入れてくれる相手を求めているのだが、どこに求めても必ず〝幻想の愛〟の条件付けがあるので、どうしても〝何もない自分〟をさらけ出せない。だから虚無が求めている愛である一体は得られない。

唯一、脳が脳内麻薬などで麻痺した時には、支配者との脳のつながりが遮断されて、一時的な一体感が得られる。でも、脳内麻薬の効果が消えたあとは脳が過活動を起こすので、さらに支配者との脳のつながりが強くなり、さらに強い孤立感で苦しめられる。

恋をした時の脳内麻薬であるフェニルエチルアミンが分泌されれば、支配者からの条件付けである「きれいでなければ愛されない」から解放されている状態になる。「あばたもエクボ」となる。脳が麻痺していれば、支配者とのつながりがなくなるので「どんなあなたでも好き」なんて虚無の一体感的なことが言えてしまう。人はこれを〝無条件の愛〟と勘違いしてしまうが、恋のホルモンの影響なので〝無条件〟ではない。

虚無の真実は〝空〟だから、本来、一体感を得るための条件はまったくない。

それぞれのタイプの真実を知る目的とは?

別にここで哲学的、宗教的な議論を展開しようとしているわけじゃない。単純に「人がどうしたら楽になれるのか?」という問いに対して、その方法を論じているのだ。そして、楽になる方法は生まれつきのタイプで違っている、ということを説明しているわけだ。

もし苦しんでいる人がいたら、医者は「身体的に、脳的に、栄養的に問題がないか?」と問診や検査でチェックし、問題がなければ「ストレスでしょ!」と苦しみの原因を診断して薬を処方する。

苦しんでいる人は、処方された薬を飲むことで眠れるようになったり、緊張がほぐれて気楽に考えられるようになり、苦しみから解放される。

と、そこで、疑問が浮かぶ。「何がストレスの原因だったのよ？」

職場や学校での対人関係のストレス、家庭内の夫婦関係や親子関係のストレス、金銭的なストレス……その原因を突き止めて、改善するように試みる。そこで、同じ方法を使っても簡単に改善できる人と改善するのが困難な人に分かれる。

なぜなら、生まれつきのタイプが違うから。

それぞれのタイプによって求めている真実が違うから、自分とは違うタイプの真実を使って自分のストレスの原因を改善させることは不可能である。自分のタイプの真実に合致した改善方法が必要となる。人が「苦しみ（ストレス）から解放されていない」というのは、自分のタイプの真実に基づいて行動していない、という意味になる。

苦しみから抜け出すには、自分と他のタイプの真実の違いを知り、自分の真実だけを追求すること。それによって、自分のまわりで起きているさまざまなことがクリアに見えてくるようになる。すると簡単に、的確に、その苦しみから抜け出せてしまう。

自分のタイプが虚無であれば、苦しみの原因は支配者の脳からミラーニューロンを通じて入れられる〝幻想の愛〟になる。求めているのは、そこから解放されてすべての虚無と一体に戻ること。

この真実は、虚無以外のタイプには意味がなく、批判の対象となる。支配者からすれば「親や人の愛をなんだと思っているんだ！」と攻撃の対象となる。親の愛を踏みにじって感謝しないやつは罰が当たって後世まで苦しむ、と脅してくる。

でも、もちろん、それは支配者の真実であって虚無の真実ではない。

光のタイプからすれば「神の意志を求めないなんて虚しくて意味のない人生」になるかもしれない。でも、それも虚無の真実とは違っている。

「真実は一つ」と思っていると「どれが本当なの？」と混乱するが、それぞれのタイプで真実が違っていることがわかると矛盾はなくなり、自分の真実をだけを追求することで、自分が本当に求めているものを得られるのだ。

虚無のタイプの真実は〝幻想の愛〟から解放されて〝無〟に返り〝一体〟を得ることになる。虚無の本来の〝一体感〟が得られないから「自分は誰からも理解されない」とか「自分は誰からも認められない」と、人から認めてもらう為に努力しては求めているものが得られなくて苦しむ。「自分以外の人たちは仲良くしているのに、自分はその輪に入れない」とか「自分は人と楽しく会話をする事が出来ない」と周りの人に嫉妬して怒る。

〝虚無〟が求めているのは〝一体感〟なので、どんなに努力をしても、求めている虚無の真実である〝一体感〟が得られない限りは、この苦しみから解放されることはない。

では、そのために何ができるのか？

虚無が支配者から自由を奪われるとき

「死にたい！」という言葉をよく聞く。支配者の真実からすれば「親の愛に酔って生かされている大切な命を粗末にする罪人」として「親からもらったせっかくの命なのに、甘ったれたことを言って！」と軽蔑し、その罪を責める。

でも、虚無の世界では「死にたい！」というのは「本来あるはずの一体感が得られなくて苦しい！」という意味である。自分の脳は支配者の脳とつなげられていて、思考が完全にコントロールされて自由を奪われている。支配者の思考によって「自分は何をやっても人と同じになれないし、どんな人といっしょにいても一体感が得られない」という絶望がある。

虚無の人は常に支配者とつながっていて、行動が監視されているような状態になっている。たとえば、それまで家に引きこもっていた人が仕事を探し始めると、意欲を持って動き出した脳の状態が支配者につながって伝わる。その瞬間、その支配者は子供の事を心配して「このまま、この子は社会にちゃんと適応できないのでは？」と考える。するとその心配は支配者の脳から「お前みたいに何もできないやつはろくな仕事に就けない！」という言葉に変換され伝わっていく。すると、虚無の脳は「自分みたいな駄目人間はまともな仕事に就けるわけがない！」と思い込んでしまう。支配者から流れてきた思考なのに「自分の考え」と思い込んで「自分は何をやっても駄目だから自信がない」と自分に合った仕事を選ぶことができなくなり、苦しい仕事を選んでしまう。「もっと楽しい仕事があるはずなのに！」とまわりは思うのだが、支配者からの思考で難行苦行のような仕事を選択させられる。

仕事に就いたら就いたで、支配者は「この子が心配」と称して呪いの思考を入れてくる。表向き「うちの子はずっとまともに外に出ていなかったから、仕事をしても他の人とうまくやっていけるのかしらね～」と心配するが、その思考は「お前みたいな社会性のないやつは他の人とうまくやれない！」と変換されて虚無の子の脳に伝わり、虚無の子は「自分は誰からも好かれない」と思い込む。

こうなると、ちょっとでも職場の人から仕事のことで注意されたら「やっぱり自分はみんなから嫌われている！」という考えになってしまう。すると注意された時点からふてくされた態度になってしまう。そのふてくされた態度によって、職場の人から目を付けられて、集中的に指導されるようになり、ますます「自分はダメ人間で嫌われている」と落ち込むようになってしまう。

そんなとき支配者は「やっぱりうちの子は簡単な仕事も続けられないのかしらね～」と心配する。その心配は虚無の脳に「お前は何をやっても根性がないから続かないんだ！」と変換して伝わって、虚無の子は「自分はやっぱり仕事は怖くて続けられない」と辞めてしまう。

すると、支配者は「やっぱりこの子は何をやっても駄目だから、私がこの子のために頑張らなければ！」と〝幻想の愛〟を目一杯注ぐことになる。注がれた虚無の子は、誰とも一体感を得られず、支配者にコントロールされ続ける人生に絶望する。あげくの果てに、誰とも一体感を得られない苦しさから「死にたい！」と考えるようになってしまう。

一方、支配者は「自分の愛が足りなくてこの子が死んでしまったらどうしよう？」と万一を想定して、死んだあとでもその子を想ってずっと愛を注ぎ続けようと考えたりする。そうやって、虚無の子を〝幻想の愛〟でべたべたにコーティングする。

解放されるには死んでしまうしかない？

虚無の脳に否定的な思考が湧いてきたら、それはすべて〝幻想の愛〟でつながっている支配者の脳から伝わっているもので、虚無のオリジナルの思考ではないのだ。
「自分はまわりの人よりも劣っている」「自分は誰からも受け入れられない」「みんなと同じことができない」などはすべて支配者から入れられた思考になる。この支配者からの思考を「自分がそう思っている」と思い込んでしまうと、思考だけではなく身体も支配者の脳でコントロールされて思うように動けなくなる。肝心な場面で思うように身体が動かなくなって失敗するし、だるくなって集中力がなくなり、失敗して人から注意されてしまう。物忘れがひどくなって、他の人に迷惑をかけてしまう、などが起きる。

あるいは、悪夢の中で体験したようなことが実際に起こってしまう。悪夢の中では、わかっちゃいるけど身体を自由に動かせない。それが実生活で起きてしまう。自分では「こうやればいいのに！」とわかっているのに、そんな簡単なことさえ身体を動かして実行する事ができない。

ミラーニューロンを通じて注がれる支配者の「幻想の愛」は、あなた自身の思考を封じ、行動まで制限してしまう

ミラーニューロンは、相手の真似をすればするほどミラーニューロンが活発に活動するという特徴がある。それって、支配者の思考を自分自身のオリジナルの考えとした時点で、ミラーニューロンが活発になり支配者の脳とのつながりが強くなって、身体までコントロールされて自由が奪われてしまう、ということ。

こうして虚無は、思考も身体も自由が奪われた状態で求めている一体感が得られず「死にたい」と思ってしまう。その「死にたい」ですら支配者から「甘ったれている！」と責められ罰せられてしまう。

でも〝虚無〟が「死にたい！」と思うのは、決して間違っていない。支配者の世界では死を語るのはタブーになっているが、虚無には死に本当の自由があり、一体感はそこにあると感じられる。なぜなら、死によって〝一体〟を邪魔する支配者とつながるミラーニューロンの脳から解放される感覚があるから。死を経る事で、支配者の脳とつながって支配者の思考でコントロールされてしまうミラーニューロンのネットワークから解放されて、本当の一体感を得ることができる。そんな風に感じるから。

臨死体験をした人がそのあとの人生を自由に生きられるようになった、という話がある。それは、臨死体験の時に支配者とのミラーニューロンのネットワークがいったんリセットされるから。支配者との〝幻想の愛〟のコーティングから解放されて、虚無の本来の〝一体〟で喜びの中に生きられるようになるから。逆にいえば「臨死体験ほどのショックがなければ〝幻想の愛〟のつながりを切り離すのは大変！」ということになる。

でも「なかなか支配者の脳から解放されるのは難しい！」というのも否定的な思考なので、支配者によって作り出された幻想だったりする。そう考えると、逆に面白くなってくる！

臨死体験を使った実験（おおげさな！）

ある虚無の男性に「臨死体験と支配者からの解放」の話をしたら、頭の中で何かひらめいたみたいで、嬉しそうに帰って行った。

その男性は「友達はみんな結婚したり、職場では役職に就いているのに、自分には何もない」とそれまで嘆いていた。緊張症だから女性とも会話が成立しないし、ドラマの中ですぐに殺されてしまう脇役みたいな顔をしているから、今まで女性とお付き合いをしたことがないのだと。

その男性が、臨死体験の話を聞いたあとに、いきなりお見合いパーティーに参加して、ふだんなら絶対に話せないような美人にいきなり声をかけた。

話しかける前の緊張感を「すべて支配者からの幻想」と捉えて、臨死体験の話を参考にして「死んだ気になってしまえば関係ない！」と、自分の中に起こる恥ずかしさや劣等感を死の概念で打ち消していった。

「死んでしまえば関係ない！」とすべてのマイナス要素を吹っ切ることができた。〝死〟を意識しながら美人に話しかけてみると「相手は自分を嫌っているかも?」という思考は気にならなくなる。じっと女性の目を見ながら死を意識した時に「おっ、この人と通じ合っている!」という感覚が初めて得られた。容姿とか話の内容とかは一切関係なかった。ただ「この女性とつながっている!」という感覚が得られた。そんな風に男性は興奮気味に報告してくれた。

その話を聞いて「それは恋のホルモンである脳内麻薬で酔っ払ったあなたの思い込みでしょ!」と一瞬疑った。でも、美人と撮った証拠写真には確かに二人の偽りのない笑顔が写っており、電話番号もゲットしている。ちゃんと次のデートの約束までも取り付けていた。

「えっ、支配者から解放されるって難行苦行が必要なんじゃないの?」と、あまりにも簡単にこなしてしまった男性にちょっとびっくり(まあ、実のところは、嫉妬していたんですけど!)。

男性は「臨死体験の話から〝死〟を意識すれば自分が抱えてきた自己否定的な感覚がすべて幻想に見えてくると思ったから、それを実験してみたかった」と話してくれた。そして、自己否定的な思考が浮かんでくるたびに死を意識して、支配者からの縛りを排除した時、女性の目を見ているだけで、会話の内容とは関係なく、それまで不可能だと思っていた人との一体感を体験した、というのだ。

死を意識して、本来の自分を知る

死を意識した時に、それまで縛られていた劣等感や疎外感から解放されて、本来の自分の姿を体験できる。——これは非常に興味深い。

自分がもし知らない女性と話をしようとすると、やっぱり「自分は話が下手で相手に嫌われちゃう！」とか「ダサい男だから相手から興味を持ってもらえない」とかいった否定的な思考が真っ先に頭に浮かんできて「やっぱり、ヤーメよ！」とあきらめる。この現象（あえて現象と言う）をみんなは「自信のなさ」と呼び、「自信のなさは自分自身で克服するもの」と思っている。

でも、本当は〝自信のなさ〟と思っている思考は、支配者の脳からリアルタイムで伝わってくる支配者の駄目出しなのである。支配者は「あ～ら、うちの子なんていつも汚くてみっともない格好をしているから、女の子からなんて相手にされないわよ～」と言っている。その支配者の思考が自分の脳の中で「自分みたいにダサい男は相手にされない」と変換されて「自分なんか誰にも相手にされるわけがない」と思い込んでいる。

男性は〝死〟を意識することでそんな否定的な思考から解放された。女性の目を見た瞬間に一体感を得た。支配者との脳のネットワークは遮断されて、頭の中は静かになり、女性の目の底にある静けさを感じ取り、女性との間に深いつながりが生まれた。別にことさら興奮するわけでもなく、ただ大きな安堵感が女性との間に湧き上がり「いっしょにいて楽」という感覚が生まれた。劣等感や疎外感から解放された本来の自分の姿を実感する。

それまでは「相手から好かれよう！」とか「相手を不快にさせないようしなければ！」なんていう余分な気遣いをし続けてきた。「嫌われちゃったらどうしよう……」と不安になってあわててしまい、落ち着きがなくなり、結局相手は自分の前から去ってしまう。その結果から「自分に落ち着きがないから相手から嫌われちゃう」と思っていたが、それも支配者の脳から伝わってくる駄目出しだったのだ。

死を意識して支配者との脳のネットワークを遮断してしまえば、不安は消え去り、落ち着きを取り戻し、そこには淡々とした元来の自分の姿がある。

ここで、面白い疑問が生じる。

支配者の脳から駄目出しが伝わってくるんだったら、支配者が死んじゃえば支配者との脳のつながりが断たれて呪縛から解放されるの？

その答えは、残念ながら「ＮＯ！」である。

なぜなら、ミラーニューロンの脳のネットワークは、時空を超える可能性があるからである。

時空を超えた脳のネットワーク

脳のミラーニューロンが発見されてから、その研究はあまり進んでいない気がする。

私は、ミラーニューロンは相手の動作を見ている時に同じ動作を脳の中で真似するだけじゃなくて、相手が遠くに離れていても、相手を意識した時に相手の脳の状態を真似てしまう、と考える。携帯電話で地球の裏側にいる人に電話がかけられるように、どんなに離れていても、相手を意識しただけで、ミラーニューロンを通じて相手の脳とつながって相手の脳の状態を真似してしまう。

携帯電話や無線ＬＡＮの周波数は器械で測定できるけど、ミラーニューロンのネットワークの場合、測定できない周波数でつながっている可能性がある。ミラーニューロンのネットワークは、もしかして光よりも速いのかも？　という仮説が立てられる。

もし、本当にミラーニューロンのネットワークが光よりも速ければ、時空を超える可能性が考えられる。日本とアメリカくらい離れていてもリアルタイムでつながるし、過去でも未来でも相手を意識すればミラーニューロンのネットワークでつながる可能性がある。

役者さんがすでに亡くなった人の役を演じている時に「その役が降りてくる」と表現したりする。それって、亡くなっている人を意識した時に、時空を超えて、その人が生きていた時の脳にミラーニューロンでつながって、相手の脳の状態を真似するからじゃないだろうか。実際に亡くなった偉人の真似をすれば「すげ～。今の自分は自分じゃない！」という感覚になる。これは私のミラーニューロンの仮説から「死んじゃった人の霊が憑依する」のではなくて「時空を超えて生きている時の脳の真似をしている」ことになる。

そうなると、自分に駄目出しをしてくる支配者の脳がこの世に存在しなくなっても、その支配者を意識しただけで、ミラーニューロンのネットワークは時空を超えて支配者の脳とつながってしまう。支配者が生きていて自分に対してさかんに駄目出しをしている時の脳につながって、自己否定感と罪悪感で苦しめられてしまう。支配者がこの世に存在していないので、この駄目出しこそ「自分は自分自身を否定している」と思い込む。

支配者がこの世からいなくなっても支配からは解放されない理由がここにある。〝幻想の愛〟で条件付けられていて、時空を超えて支配者が元気だった頃の脳とつながって苦しめられる。

「死を意識する」ことを実験した男性は、ミラーニューロンのネットワークのスピードが光よりも速く時空を超える、と仮定して、未来の自分とつなげている。自分がまさにこの世から消え行く瞬間に、すべての支配者からのネットワークから解放されて自由になっていく。まさしくその瞬間の自分自身の脳とつなげていくわけである。

支配から解放される瞬間、恐怖は猛威を振るっておらず、一体感の安堵だけがそこに存在している。「みんなつながっている！」と「みんないっしょ！」とが喜びとして溢れてくる。そして〝虚無〟である〝安心〟を体感する。

注1　支配者とのつながりを切る方法は、第5章の「心に聞いて支配者から自由になる」で詳しく解説している。

自分の真実で生きるために知っておきたい「3つのタイプ」……2

支配者の真実

支配者は〝偽りの神〟

支配者は、自分が神だと思っている。実際は〝偽りの神〟である。でも、ここで〝偽りの神〟という言葉を使うと、支配者の真実じゃなくなる。なぜなら、支配者は「自分が神だ！」と思っているから。

ほとんどの支配者は「自分が神である」という事実を表に出さず、神とはまったく違ったキャラクターを演じながら、水面下で神の役割を果たしている。支配者が演じる神の役割は、人を裁いて罪に定め、罪を犯させて罰を与え、恐怖で怯えさせて、偽りの愛で相手を救って支配することである。

たとえば、支配者が母親だったとしたら、虚無の子供に対して「なんであなたはお金の管理がちゃんとできないの！」と叱りつける。このまま管理ができないと、将来借金まみれになって、人様に迷惑をかけるようになって、社会的に落伍してしまう。「そうならないように、今のうちにあなたを叱って、罰を与えて、私があなたを救ってあげる」と言う。

子供は、友達といっしょに好きなものを買っただけで「お金の管理ができない！」と罪意識を植え付けられて「来月のお小遣いはあげません！」と罰せられる。すると、お金を自分の好きなことに使うのに罪悪感を感じるようになる。また、罰せられてお小遣いをもらえなくなるので、ますますお金に対する執着が増す。

お金の執着が増せば増すほど子供は「自分はお金に意地汚い駄目な子」と罪悪感を持つようになる。「将来自分はお金で人に迷惑をかけたり、捕まって刑務所に入れられてしまうかもしれない」と怯えるようになる。

支配者が作った〝罪〟である「お金にだらしない」というのは〝暗示〟になる。だから、お金を使う場面になると罪悪感が湧いてくる。すると、罪悪感を植え付けている支配者の脳につながり、行動をコントロールされる、という条件付けができる。支配者は「あんたはお金の管理が出来ない」という思考をミラーニューロンを使って入れるから、支配されちゃう人は「自分はお金使いが荒い」と思い込み、実際にお金のコントロールができなくなる。

支配者の目的は「罪悪感で子供を苦しめて楽しい！」とか「子供の自由を奪うのが快感！」とかいった快楽目的ではない。裁いて罪に定めて自由を奪って、憎しみや罪悪感で支配者に執着させて支配する。ただそのことだけが目的だ。それが〝偽りの神〟である支配者の役割だから。

支配者の内面では淡々と罪を作り出して裁き、罰を与えて、恐怖や怒りや罪悪感で支配者に執着させる。「神である自分が人を支配するのが当然だ」と支配者は言う。そこには、対象への罪悪感も怒りも憎しみも存在しない。表面的には存在するように演じるが、それはすべて相手に罪意識や怒りを与えるための演技でしかない。支配者は、演技によって相手の言動をコントロールしている。

意外性に満ちていて、支配者のタイプに典型はない

支配者にも、いろんなタイプがある。必ずしも「嫌な人」「失礼な奴」など性格的に問題のある人が典型的な支配者というわけではない。

ある時はカリスマ的な宗教家や治療者を演じている。また、引きこもりや不登校の子供を演じる場合もある。暴力の被害者が実は支配者で、相手に暴力を振るわせているケースもある。だから「このタイプが典型的な支配者だ！」と相手の性格特徴から判断するのは難しい。

そもそも、支配者を特定しようとした段階で、ミラーニューロンで脳が乗っ取られてコントロールされてしまう。だから、頭で考えて「この人、もしかしたら支配者かも？」と疑うことすらできなくなる。実際に「自分がこんなに尊敬していると思っていた人が支配者だったなんて！」というケースはよくある。

ある時、先生に「サンフランシスコで研修旅行があるから付いてきなさい」と言われた。私は、参加者が誰で、どんなスケジュールで行動するのかをまったく聞かされないまま付き添うはめになった。

「研修旅行というぐらいだから、参加者はみんな精神科やカウンセリングをやっている専門家なんだろうな～」と思っていた。

私は一生懸命に食事の手配をしたり、車の運転や通訳をして、みんなのお世話をしていた。でも、

一生懸命にお世話をすればするほど「自分って才能がないかもしれない」と不安になり、みじめな気持ちになっていた。

「え？　なんでこんな感情が湧いてくるんだろう？」とまったく理解できない。

参加者のみなさんを乗せて車を運転している時も、急に「自分はこのまま死んでしまいたい」というような気持ちになる。みんなといっしょに過ごせば過ごすほど、どんどん気分が落ち込んでいく。身体もどんどん疲弊していく。

別に、参加者から駄目出しされたわけでもない。みなさんからは表面的には「ありがとう」「あなたは気が利くわね～」と感謝をされていた。なのに、クラスのみんなからいじめられていた小学校の時のような泥まみれの気分になって、全身が鉛のように重くなる。そんなみじめな気分に浸っていると集中できなくなり、通訳してもみごとに失敗してさらに気分は落ち込んでいった。

ある夜、先生に「この研修の参加者はみんな専門家の方なんですよね？」と聞いてみた。すると先生は「あんた、何を見ているの？　参加者の中に患者さんの家族が混じっているのをどうして見抜けないの？」とあきれた顔をされてしまった。

先生が企画した研修旅行だから参加者は専門家だけだと思っていたら、摂食障害やアルコール・薬物依存症者の家族も参加していたのだ。そのことを先生から教えられるまでちっとも知らなかった。

表面的には批判も否定もしないのだが、参加者の中にいた支配者は頭の中で私の行動を裁き、罰を与えていた。上っ面はにこやかだったり、真面目だったり、ドジで間抜けなキャラクターを演じているけれど、心の中では支配者はきちっと神を演じていて、私を罪に定めて、罰して、死ぬことでしか救われないような気分にさせられていた。その時、初めて患者さんの気持ちになれたような気がして、「こうやって、人は病気になっていくのね！」と強烈に実感することになった。

研修旅行が終わってその人たちから離れてみたら、私は自由だった。まるで足かせが取れたみたいに。空が素晴らしく青くきれいで、人々が輝いて見える。

支配者の威力ってものすごい！

〝無条件の愛〟を導き出すホルモン

支配者は頭の中でどんなことをしているのだろう？　知りたいような、知りたくもないような、複雑な気分。でも、これまであれだけ苦しい思いをしたのだから、やはり何が起きていたのかは知っておきたい。

多くの人がイメージする〝愛〟はキリスト教に発している。「どんなあなたでも愛してる」という〝無条件の愛〟である。これは神にのみしかなくて、神こそ愛である。

「えーっ、私はパートナーのことを無条件で愛していますけど？」

「どこに自分の子供を無条件で愛さない親がいるでしょうか！」

そんな抗議の声が聞こえてきそう。

恋してる人は「なんであんな人を選んじゃったの？」と他人にこき下ろされても「私はあの人のすべてが好き！」と言えてしまう。それって、脳内で恋のホルモンであるフェニルエチルアミンが分泌されちゃって、脳内麻薬で脳が麻痺しているから。だから、無条件の愛と勘違いしちゃう。

親が子供に対して言う「愛している」には、オキシトシンというホルモンが影響している。出産時に子宮を収縮させるために分泌されるオキシトシンは〝信頼のホルモン〟とも呼ばれていて、相手を見た時に分泌されていれば「私はこの人を信頼している」と思えてしまう。出産時に分泌されるから、生まれてきた赤ちゃんを見た時に感じる信頼を愛と認知するようになる。母親が赤ちゃんに母乳をあげる時も、母乳を分泌させるためにオキシトシンが活躍するから、その影響で「私はこの子を愛している」と思える。こうして子供に接触するたびに分泌が条件付けられて「この子がどんな子供であっても愛せる」という感覚になっていく。

だったら、父親はどうなのよ？　子宮もないし出産もしない。母乳が出るわけでもないから、オキシトシンの恩恵は得られないの？

ここで登場するのが、ミラーニューロンである。父親の脳で重要な役割をするのだ。「妻が妊娠した時に夫もつわり状態になる」という現象がたくさん報告されている。夫が妻の妊娠を共に喜んだりすると、脳のミラーニューロンが活発になって妊娠中の妻の脳の状態を真似てしまうから、ホルモンのバランスが変わる。夫の中で「妻といっしょに自分の子供を持つ喜び」が条件付けとなって、夫の脳の中でもオキシトシンが分泌される。互いに見つめ合っても分泌されるので、生まれた子供を抱きしめ、つぶらな瞳を見つめた時にも条件付けがなされて「この子のためにどんなことでもする！」と思えるのである。

逆に、出産時にオキシトシンの分泌量に問題があれば、母親は子供を見ても安心や信頼が感じられなくて「私は子供を愛せない」と思い込んでしまう。でも、それってオキシトシンが出てないだけですから！

人間が〝愛〟と認識する、もう一つ大切な愛は、性行為である。

性行為をすれば、脳内麻薬であるβエンドルフィンが分泌されて脳が麻痺し、相手との一体感が得られちゃう。それを愛と条件付ければ「私はこの人を愛してる！」と思えてしまう。恋のホルモンであるフェニルエチルアミンとミックスすれば最強である。

βエンドルフィンの場合、実際に性行為をしていなくても、それを想像しているだけで脳内に分泌される。想像だけでも脳を麻痺させ、鎮静させるから、安心感と一体感が得られる。

引きこもりをしている子供が長い間外に出て人と交流をせずにいられるのは、性的妄想に耽ってβエンドルフィンを分泌させているから。それによって不安を鎮静し、脳を麻痺させ、一体感を得られちゃうから外に出る必要がない。けれども、脳内のβエンドルフィンが枯渇すると罪悪感とみじめさと不安が襲ってきて、外に出るのが怖くなる。それを打ち消すために性的妄想に耽る。その繰り返し。

こういう説明をしても「いや、人間には愛があります！」と言い切る人たちがいる。その人たちが支配者である。なぜなら、支配者は神だから。神である支配者には愛がある、というのが支配者の真実だ。

献身愛に潜む冷たい暴力支配

支配者は神を演じ、愛を使って支配する。

「何が楽しくてそんなことをするの？」と支配者以外の人たちには理解できない。「人を困らせて快感を得ているの？」「相手の自由を奪うことが楽しいの？」なんて考える。

支配者は楽しさや快感を得る目的で動いているわけではない。ただ「人を支配する」のみの目的で存在し、淡々と遂行している。そして、支配するための手段を選ばない。

ある旦那さんは、病弱な奥さんの面倒を献身的に見ていた。

仕事から疲れて帰ってきても、奥さんは「頭が痛い」「お腹が痛い」と言って、食事の支度を一切していない。でも、奥さんを責めもしないで淡々と食事を作る。掃除、洗濯、子供の世話まですべて旦那さんがこなしている。奥さんが「寂しいから帰ってきて！」と職場に電話をかければ、旦那さんは上司に状況を説明して、すぐに帰ってくる。

それなのに、奥さんはいつも不平不満ばかりで、ちっとも旦那さんに感謝しない。「なんでもっと早く帰ってこないの！」「どうして私の気持ちをもっとわかってくれないの！」と怒りをぶつける。

奥さんの親からは「あんたは感謝の気持ちが足りない」「あんたは昔から自分のことしか考えてない」と責められる。でも、実際に体調が悪いし、鬱的な気分が抜けないからどうしようもない。

そうするうちに、どんどん体調は悪くなり、鬱症状がひどくなって「死にたい」と思うようになる。それを人に話すと「旦那さんに献身的に尽くしてもらっているのに、なんで？」と怪訝な顔をされる。

奥さんは「誰も自分の苦しみを理解してくれない」と孤独感に苛まれる。すると、ますます旦那さんへの怒りが湧いてきてしまう。そして、怒れば怒るほど鬱状態から抜け出せなくなり、外に出るのが怖くなる。かと思えば「こんな駄目な自分でも彼から愛されている」「私は彼の愛がなければ生きていけない」と考えたりする。

この奥さんの場合、誰もが「奥さんの性格が悪い！」「献身的に尽くしている旦那さんがかわいそう！」と思ってしまう。

私も支配者の存在を知る前だったので「なんで奥さんは旦那さんの愛に応えられないんだろう？」とアホなことを思っていた（若かったのね〜。自分で言うな！）。

この奥さんが精神科から紹介されてカウンセリングに来た時、私は体調不良の原因を探るために催眠療法を使うことにした。目を閉じてもらって、無意識への扉を開け、無意識への階段を下りていってもらった。すると――。

奥さんはとんでもない光景を目にした。なんと、鬼のような形相をした旦那さんが、転がっている奥さんの腹に尖った靴で繰り返し蹴りを入れている。無意識の中の奥さんは蹴りを入れられるたびに転げ回るが、旦那さんは容赦なく罵倒しながら蹴り続ける。それを見ている奥さんにも全身の痛みが走り、パニックになりそうになる。

そこで、そこに転がっているもう一人の自分に話しかけてもらった。

「いつからこんなことをされているの?」

「結婚する前からいつも暴力を振るわれていた」と蹴られて地面に転がっている自分は言った。

その時だった。奥さんはすべてを思い出した。二人が付き合い始めた時、一生懸命に楽しい話をしているのに、なぜか彼の目は冷たい。その冷たい目を見るたびに「自分は駄目なんだ」と思うようになっていった。

催眠から戻ってきた奥さんは「旦那のやっていることには愛はない!」と言い切って、さわやかに帰っていった。

私は「えっ、なんのことですか?」と意味がわからなかった。

それから奥さんは体調が良くなり、鬱症状もなくなり、元気に動き始めた。旦那さんに一切頼らなくなり、やがて自立して、いきいきと輝き始めた。

頭の中の暴力と支配の仕組み

頭の中で暴力を振るうだけでも、相手にダメージを与えることができちゃう（悪用しちゃ駄目よ！）。優しい旦那さんはニコニコと奥さんの世話をしながら、頭の中では「この頭が悪い駄目女！」「お前には愛がないから俺が罰してやる！」と暴力を振るっていた。

実は、奥さんの体調が悪いのもそのためだ。ただ寝ているだけなのに身体がだるくて、疲れやすく、起き上がれない。外の世界が怖くなって、出られない。自分がなんでそんな状況に陥っているのかがわからない。

頭の中でやられていることがわかれば「そりゃそうなるよ！」と納得できる。毎日、旦那から罵倒されながら蹴りを入れられていりゃ、身体が動かなくなるのは当然だ。そして、罵倒されているから自分に自信が持てなくなるんでしょ。表面的にはニコニコしているのに、その陰で鬼の形相になって暴力を振るっちゃうんだから、人が怖くなって外に出られなくなるんでしょ。

「えっ？　でも脳内で暴力を振るっちゃって奥さんが動けなくなったら、旦那さんがひたすら大変になるだけじゃん？」

支配者以外の人はそんな風に疑問を抱く。

「なんで自分の状況が大変になるようなことをわざわざやるの？」

そこが、支配者と一般人との違い。

支配者は人を〝幻想の愛〟で支配するために存在している。支配者は人を罪に定め、罰を与え、その罪を償わせる。そして「この罪深い人を救い出せるのは自分しかいない」という〝神の愛〟を演じる。

この旦那さんは結婚前、デートの最中に奥さんが芸能人の噂話をしていたら、ニコニコしながら頭の中で「お前は他人様の不幸を喜ぶ罪人だ！」と奥さんを罪人にしてしまう。その瞬間、奥さんは「自分は薄汚れた存在」と自信を無くして落ち込んでいた。

ここで注意しておきたいのは「虚無には罪がない」ということである。虚無が人の悪口を言っていても、それは言いたくて言っている訳じゃなくて、支配者から言わされているだけ。支配者は、悪口を言わせておいてそれを罪として裁いて、罰を与える。

奥さんはデートのあとに罪人として裁かれているが、それは頭の中でやられていることなので、具体的には何が起こっているのかわからない。でも奥さんは「私、何かこの人に悪いことを言っちゃったかな？」と罪悪感が湧いてくる。そして、帰ってからデートの時の会話を検証して一人反省会をやらずにはいられなくなる。

この時にすでに「神と人」の関係ができ上がっていて、奥さんは「この人に償わなければ！」という思いから、彼に尽くしてしまう。でも、相手は支配者としての神である。奥さんからがプレゼントをもらっても、ニコニコしながら頭の中では「無駄遣いをしやがって！」と罵倒し、頭の中で暴力という罰を与える。料理を作ってもらっても、おいしいおいしいと食べながら頭の中で「こんなに食材を無駄に使いやがって！　神から与えられたものを冒涜する罪人め！」と罵倒して暴力を振るう。奥さんはだんだん料理の自信をなくしてしまい、料理を作る意欲がなくなる（そんなことを頭でされていれば当然だよね！）。

奥さんが家事をできなくなれば、旦那さんはニコニコしながら家事をやってくれる。でも、頭の中では「この怠け者の罪人が！」と罪に定めて罰を与える。すると、奥さんは動けない罪悪感で苦しみ、肉体的にも苦痛で、死にたくなってしまう。でも、そんなことは誰も理解してくれない。

この罪悪感と肉体的な苦痛が、支配者のポイントとなる。

支配者って思い込みじゃないの？

「ところで、どうして支配者が頭の中でやっていることがわかるの？」

「そもそも支配者の根拠って何よ？」

「ただ悪役を作って、自分の問題を人のせいにしているだけじゃないの？」

そんな疑問が湧いてくるのは当然である。なぜなら、人の思考は脳のネットワークで左右されているから。

催眠療法を使って脳のネットワークの中で何が起こっているのかを探った時に、奥さんは眠りの中で夫からの虐待シーンを目撃した。これを学会などで発表すれば「あなたの勝手な思い込みが奥さんに伝わったんじゃないですか？」という懐疑的な質問が飛んでくる。でも、この質問は実に興味深い。

確かに、科学的な実験に際して、実験者の思い込みが結果を左右することが心理学的な研究でも報告されている（ホーソン効果など）。実際、私がもう一人の実験者と唾液採取のストレスホルモンの値を使ってトラウマのストレスへの影響を調べた時に、同じ人数で同じ実験したにもかかわらず、私のサンプルの方が明らかなトラウマの影響を確認することができた。でも、もう一人の実験者の結果ではトラウマのストレスへの影響を確認するのは難しかった。その実験者は、私ほどその実験の意義を感じていなかった（まあ、やる気の問題なんだけどね！）。

その結果を見て「えっ実験者の思い込みってこれほど影響するんだ！」とびっくりした。これもミラーニューロンで互いの脳に影響し合っているから、私の思い込みが相手に伝わって実験結果に影響していることになる。明らかに「頭の中で思ったことは相手に影響する」という証明になる。はっきりと自分の考えを言葉で表現しなくても、ちょっとした態度や表情で相手に伝わるのだ。

先ほどの学会の質問者は、その延長で「あなたの思い込みが催眠療法を使っている時に奥さんの脳に影響して、優しい旦那さんが奥さんに暴力を振るっているイメージを作り出させている」と言っているのである。

それは同時に「人の脳内のイメージは確実に相手に影響を及ぼす」ということになる。治療者の思考が暴力の場面を作り出せるのだったら、ニコニコ世話をしている旦那さんの脳内でやっていることも確実に奥さんに影響を及ぼしていることになる。その結果、奥さんは罪悪感で苦しみ、身体はボロボロになり、外出もままならなくなってしまう。

でも、かいがいしく奥さんの世話をしている旦那さんを見て「あの人が脳の中で奥さんに対してそんなことをする訳がない！」と誰もが否定する。

支配者の概念は、もともと〝虐待者〟の研究から始まった。子供が親からの性的虐待を訴えているケースで、両親を呼んで話を聞いてみると、「まさかこの人が虐待を？」と思っちゃうような優しくて理解のある親を演じている。「子供の言っていることはすべて妄想である！」と言い切って「どこの親が子供に対してそんなことをするんだ！」と無表情で首を振る。

1896年に精神分析のフロイトが精神疾患と性的虐待の関連をウィーン精神医学神経学会で発表したが、完全に無視された。フロイトは「10人に1人の女性が性的虐待を受けている」とも発表したが、それも全否定されてしまった。「そんな性的虐待なんかある訳がない！」と学者たちは彼を頭のおかしい人扱いした。フロイトは、その批判を受けて説を完全に覆して「幼児性欲による幻想」にしてしまった。子供が性的なファンタジーから作り出している虐待のイメージであるということにして、フロイトはますます変態扱いを受けることになる。

1948年のアメリカのキンゼイ報告では、調査の対象者の4分の1近くの女性が子供時代に大人と性交渉をしたか、あるいは性交渉を求める男性に迫られた、という数字が出てきた。そして、1976年の医学の教科書には、父娘の性的虐待は100万分の1の確率と書いてあった。その後、多くの雑誌が性的虐待の恐ろしさを伝える記事を書くと、父娘の性的虐待の数字が急伸し「数人に一人」というキンゼイ報告と同じような調査結果が出てきた。

立派な身なりをしていて「わたしは娘のことを愛しているからそんなことはしない」と無表情で語る父親を見て「確かにそんなのあり得ないよね」と思わされそうになる。相手の脳の影響を受けて、水面下で起きていることを否定したくなる。フロイトおじさんは水面下の問題に気がついていたけれど、世間様の表面のきれいさで潰されてしまった（ひ〜え〜！）。

「表面で見えることと水面下で起きていることは全然違うじゃん！」と、表面的な情報だけじゃなくて脳のネットワーク内で起きていることを頼りに調査をしていくと、いろんな情報の仕分けができてくる（脳のネットワークの調査方法はのちほど詳しく説明していく）。

表面的なきれいさだけじゃなくて、水面下で起こっている虐待の情報などをたどっていくと、そこで浮かんでくるのが支配者の姿になり、その支配の方法になる。

他の虐待者たちの違いはどこにある？

虐待する加害者がみんな支配者？

いや、それは違う。一般の虐待者は性的行為でβエンドルフィンを分泌させ、脳の麻痺によって一体感という快感を得ようとしている。でも、支配者が虐待する時は相手に苦痛を与え、その苦痛を麻痺させるための脳内麻薬の分泌を促す。分泌させて一体感を得させて、それを〝支配者の愛〟へ条件付けする。虐待で苦痛なのに、脳内麻薬で麻痺して「自分は支配者から愛されているかも〜！」と条件付けられてしまう。

支配者は、苦痛を与えて脳内麻薬を分泌させ〝幻想の愛〟を自分に条件づけるために虐待する。決して快感を求めて虐待しているわけではない。

よく見られることだが、暴力夫は妻に「お前がちゃんとしていないから俺はお前を殴るんだ！」と言いながら暴力を振るう。掃除ができていない、片付けができていない、と妻を罪に定めて、罰を与える。すると、妻の脳では、暴力を振るわれる恐怖と同時に、暴力の肉体的苦痛から脳内麻薬が分泌されて麻痺して、一体感が暴力夫に条件付けられる。そして、暴力のあとに夫から「いつもお前のことを考えているんだから」と言われてしまうと、妻は「私は夫から愛されているかも？」と、この愛なしでは生きていけないような感覚になってしまう。

苦痛を受けて愛を感じるのはサディスティックとかマゾヒスティックと勘違いされてしまうが、支配者は暴力を振るって性的快楽を得るためではなくて、〝愛〟を自分に条件付けて自分に執着させるために裁きと罰を意図的に使う。なぜなら、〝愛〟があるのは神だけだから。支配者の愛は脳内麻薬を分泌させて支配者に条件付ける〝愛〟を条件付けて執着させる事で、相手にとっての唯一の神になる。

だから、支配者である暴力夫から妻が逃げられないのは精神面が弱いからではない。神である支配者から離れることで「神から見捨てられて、この世で生きていけない恐怖」に襲われるから逃げられなくなるだけである。

支配者に愛の条件付けをされてしまうと支配者が唯一の神となるので「この人から離れてしまったら誰からも愛されない」と思ってしまう。実際は、支配者の〝幻想の愛〟でコーティングされているから、まわりと遮断されて一体感を得られなくなっているだけである。支配者から虐待されている妻は近所付き合いができなくなり、人との交流がまともにできなくなってしまう。社会で孤立すればするほど「私には支配者しかいない」という感覚になり、逃げられなくなる。

支配者が虐待するときは、相手の怒りを自分に条件付ける目的もある。虐待を受ける怒りが強ければ強いほど、脳内で怒りは苦痛と同じ感覚になり脳内麻薬が分泌されて脳は麻痺してしまう。暴力と怒りの苦痛で分泌される脳内麻薬により一体感の快感が支配者に条件付けられて、支配者に執着してさらに怒り続けてしまう。支配者に向かって怒っているはずなのに、怒れば怒るほど〝愛〟が条件付けられて、支配者のことが頭から離れなくなってしまう。支配者に執着して支配者を思い浮かべればミラーニューロンのネットワークで支配者につながってしまい、脳をコントロールされて支配者の思い通りに操られてしまう。

「自分はあんな虐待するような親になりたくない！」と親に向かって怒っていたら、いつのまにか自分も親のように子供を虐待するようになってしまった、というのは、まさに怒りで条件付けられて脳のネットワークが支配者とつながり続け、支配者の脳と同じにされてしまうから。支配者の脳にコントロールされ虐待させられてしまっている。そして、支配者は「子供を虐待するような愛のない罪人め！」と脳のネットワークでつながって裁き、脳内で罰を与える。その苦痛でますます怒り、支配者に執着させられていく。

男女が恋愛をした時に、恋のホルモンであるフェニルエチルアミンが分泌される。フェニルエチルアミンで脳は麻痺して「どんなあなたでも好き！」という一体感を得て、それを愛と認識する。でも、フェニルエチルアミンは一人の相手に4年しか持たないので、すぐに一体感は消えてしまい「愛は冷めた」となる。

この4年の間に子供を出産すれば、出産時の妻のオキシトシンの分泌がミラーニューロンで夫の脳にも起き、夫婦が互いに見つめ合った時に「この人は信頼できる！」という錯覚に陥る。母乳をあげている時にも分泌されるので、それを眺めている夫の脳にも分泌されて「この人を愛している！」と思い込む（お～愛が味気なくなってきた）。

子供と妻のオキシトシンの条件付けが切れてくると、夫婦喧嘩が始まる。だいたい妻の生理周期に条件付けられ、怒りが爆発する。そして、脳内で怒りを苦痛と認識して、その苦痛を麻痺させるためのエンドルフィンを分泌させ、脳は麻痺して酔っ払いになる。この夫婦喧嘩の時に分泌される脳内麻薬の一体感で「私はこの人を愛している！」という感覚になる。夫婦喧嘩のあとに夫婦生活を持てばβエンドルフィンも分泌されるので、脳内麻薬のカクテル状態となって、しばらく〝幻想の愛〟に酔っていられる。

「私は夫を憎んでいるだけで、愛は感じていない」と言う妻も必ずいる。でも「夫に怒っている」というのは「夫に執着している」というのと同義だ。怒って脳内麻薬を分泌させ続けることが条件付けられているから、自分では怒りに酔って一体感を得ていることに気がついていない。

支配者は、これらのテクニックを意図的に使って〝幻想の愛〟を演出している（怖〜い！）。

作り出される〝罪と罰〟の幻想

子供の私は「人に嘘をついたり傷つけるようなことを言ってしまったら、神様に裁かれて、死んでから地獄に堕ちる」と怯えていた。この「何か悪いことをしたら神から愛されなくなってしまう」というような罪と罰は支配者が作り出した幻想である。実際には罪は存在しない。

この支配者が作っている罪という概念は、支配者が作り出す幻想の中でもっとも矛盾している。もし神がいて、神は愛ならば、「どんなあなたでも愛している」という無条件の愛でなければ〝神の愛〟は成立しないはずだ。そして、もし、愛が無条件であるならば、神の前では罪なんて存在しないのだ。でも、支配者は〝偽りの神〟を演じて人を罪に定め罰で支配している。だから、支配者はいつでも支配者以外の人の中に自由に罪を作り出し、脳のネットワークを使って人を操作して罪を犯させ、それを脳の中で罰して怯えさせ、自由を奪う。

私の場合、支配者が作り出した「キリスト教の神から愛されるように清く正しく生きていないか

「罪と罰」は、支配者が私たちを操作しコントロールするために作り出された、存在しない幻想に過ぎない

ら、その罪の結果としてクラスの子から嫌われていじめられる」という思い込みで怯えた。私は「自分が清く正しく生きていれば、みんなから好かれるし嫌な思いもさせられないはず」と本気で思っていた。だから、学校でいじめられると「ほら！　お前が罪を犯したからだ！」といじめがまるで神が作り出した罰のように感じられた。

実際は、神からの罰に〝怯えて〟、〝緊張している〟からいじめのターゲットになってしまうだけ。いじめられればもっと罪を意識するようになるので、ますます緊張してみんなの仲間に入ることができない。「みんなの仲間に入ろう！」と思っても「罪人の仲間になって罪にまみれて地獄に堕ちる」と支配者は新たな罪を作り出すので、身動きがとれない。結局、仲間はずれになり、孤立して「自分は罪人だから誰からも愛されない」と思う。「勉強ができないのも、みんなから嫌われるのも、人生失敗だらけなのも、すべて自分が罪人だからだ」と信じて疑わなかった。

支配者の作り出した〝罪と罰〟でみじめな思いをすると、今度は怒りが湧いてくる。すると、自分が支配者のように罪を作り出して、人を罪に定めて頭の中で罰してしまう。外食をしていると「なんで客に対して思いやりがないんだ！」と店の定員に怒る。頭の中で暴力を振るう。店のレジで並んでいる時に「なんであの人はみんなが並んでいるのに横入りをするんだ！」と心の中で罵倒する。

支配者からの〝罪と罰〟で不幸になって「清く正しく生きなければ」と思えば思うほど、今度は人の罪が気になってしまい、心の中で相手を罪に定めて罰してしまう。「自分は正しい事など一つもできていないのに」「自分は罪に汚れているのに」と思いながらも、人の罪が許せない。罪を意識する事で支配者の脳とつながり、支配者によって〝偽りの神〟を演じさせられて、人の罪を裁いて心の中で罰してどんどん心の中がダークになっていく。支配者は私の頭の中で「人の罪を裁くなんて、そんな愛のないことをしているからお前の人生は不幸になるんだ！」と裁き、ますます自分の罪に怯えさせて、自由を奪う。

そんな時に、私の脳内では苦痛を麻痺させる脳内麻薬が分泌されていた。〝偽りの神〟である支配者との一体感＝愛を感じて酔っ払っていた。支配者に罪を裁かれ罰せられて苦しくなればなるほど、脳内麻薬が分泌されて〝偽りの神〟との一体感＝愛が得られる錯覚から、私は〝罪と罰〟の世界から抜け出せなくなっていた。他人の罪に対しての怒りも、怒ることでの苦痛から脳内麻薬が分泌されるので脳が麻痺し、一体感＝愛を求めてさらに怒る。こんなことを繰り返していた。

「自分ではこの悪循環を止められない」と思っていた。でも、この「止められない」というのも支配者が作り出している幻想。支配者が脳内のネットワークを使ってやらせている。そんなことに気がついちゃったら、世界がまったく違って見えてきた！

相手の正体に気づくと本来の自分を取り戻せるんだ

ある男性が他のカウンセラーから紹介されて「身体がだるくて動けない」という鬱症状で相談室にやってきた。

全身の重苦しい感覚が2年以上も続いていて、仕事に行くのも辛い。動けないからか、それほど食べてもいないのに体重が増えてしまう。朝も起きられないので、しょっちゅう会社を休んでしまう。だから給料が減って、母親から金銭的に援助してもらって生活を続けている。病院で一通りの検査を受けたが、なんの異常も見当たらない。医者からは「ストレスでしょ」と催眠薬を処方されて終わった。身体のだるさについて一切、説明はしてもらえなかった。

2年前に何があったのかを尋ねたら、男性は恥ずかしそうに「失恋しました」と答えた。それまでオクテだった男性が職場のある女性に恋をして、突然その女性をデートに誘った。すると、それまで優しかった女性の態度が豹変して、男性を無視するようになり、それから鬱状態になって身体がだるくなり動けなくなって、会社に行きづらくなった。

誰にでも優しい女性の態度を「もしかしたら自分に好意があるのかも?」と勘違いして愛を告白。その結果ストーカー扱いされて、みじめのどん底に突き落とされた。普通に考えたら、失恋のトラウマ(心の傷)で鬱状態になってしまったということになる。「だったら他の女性を好きになってみては?」というのが通常のカウンセラー対応になる。

でも、この男性のケースで興味深いのは、身体のだるさを訴えている点である。そして、あまり食事を摂っていないのに太るという症状である。もちろん気分的な落ち込みややる気のなさは男性の状態から窺えるが、それよりも身体的な症状が顕著にでて、その原因が理解できないのである。

そこで、催眠療法を使って男性の中で何が起こっているのかを探ってみた。無意識の扉を開けて、その階段を一段一段降りていってもらう。――そこで男性が見たのは、ものすごい光景であった。なんと、優しいはずの女性が巨大なフライパンを持って、鬼の形相で激しく男性のことを殴っているではないか！　男性は苦痛に耐えられなくなって嘔吐をする。すると、そばにいる母親がその嘔吐物を手ですくって再び男性の口に詰めこむ（食事中には読まないでね！）。母親が詰め込み終わると、再び女性が殴りまくる。まるで地獄絵図。

「なんですか、あれは？」と、催眠から戻ってきた男性はびっくり！　どうやら、男性が愛を告白したのも、支配者である女性に脳のネットワークで支配者にやらされてしまったもの。そして、突然冷たくされるということで男性は女性に執着させられ、常に女性の脳のネットワークにつながるようになってしまった。

支配者である女性は頭の中で男性を虐待して苦痛を与え、脳内麻薬を分泌させる。脳を麻痺させると〝一体感からの愛〟を感じて、ますます女性に執着させられる。身体が辛くなればなるほど女性のことが頭から離れなくなってしまい「自分はストーカーになってしまうのでは？」という不安に襲われる。それが支配者の作り出している幻想だとは気がつかなかった。

それにしても、どうして母親が出てきたの？　男性は失恋してから、毎日のように母親に電話で職場の愚痴をこぼしていたというのだ。母親はいつも話を聞いてくれるが、最後には「やっぱりあなたがしっかりしなくちゃね！」というコメントを返されて嫌な思いをしていた、と話してくれた。あーそれが嘔吐物を口に戻すということか！

男性は母親に電話をするのをやめた。そして、職場の女性の正体を知ってしまったから「あの人はあんなに恐ろしい人なんだ」と距離を置けるようになった。すると、みるみる元気になって、体重も減っていった（脳内でやられていることって体重にも影響するんだ！）。

男性が痩せて元気になったら、再びその女性が近づいてきた。にこやかに、優しく、それまでの冷たい態度がなかったかのように。男性は「鬼のような正体を知っているから、もうだまされないもんね！」と関わらない。すると、他の女性社員たちが近寄ってきて男性と会話をするようになって、楽しく仕事ができるようになった。

それまで男性は「自分が努力して変わらなければ女性から好かれない」と思っていた。でも、それは間違っていた。支配者と関わらなければ本来の自分の姿に戻り、みんなと楽しくつながることができるようになる。「こんなに簡単なんだ！」と男性は気がついた。

脳内セクハラだってミラーニューロンの働き

支配者は「それって男性の思い込みじゃない！」と真っ向から否定する。あるいは、スピリチュアル系の怪しいカウンセラーの思い込みが催眠時に男性の無意識に影響して作り出した幻想である、ということにしてしまう。百歩譲って、カウンセラーが催眠療法の時に女性が男性を虐待している場面を作り出せるんだったら、支配者も脳内で虐待の場面を作り出して相手に影響を及ぼせることになる。

最近、職場で男性社員が女性社員をいやらしい目で見るだけでセクハラ行為になると認められた。これって当然だと思う。脳内で性的行為をすればミラーニューロンを伝わって相手に影響を与える。だから、性的な目で見ていたら女性は当然、精神的にも身体的にも不快な状態に陥る。それで体調を崩して仕事を続けられなくなってしまうケースもたくさんある。

ひと昔前だったら「それって女性社員の自意識過剰じゃない?」と頭の中でのセクハラは女性社員の問題にされてしまっていた。女性社員の思い込みから症状を作り出している、と頭のおかしい人扱いを受けていた。

問題は、支配者の脳内の虐待は周囲にはわかりにくいことである。優しそうできれいな女性社員がまさか頭の中で男性社員を虐待しているなんて誰も想像しない。普通だったら女性社員の方が「勘違い男に告白されてデートに誘われて気持ち悪い目にあって、かわいそ〜」と同情さてしまう。

でもふたを開けてみると、支配者の女性が脳のネットワークを使って男性に性的妄想を抱かせて、ミラーニューロンで脳内を乗っ取り、デートに誘わせてセクハラの加害者にしていた。そうやって罪人に仕立て、脳内で罰を与えて男性を支配していく。これは頭の中で起きているわけだから、誰にも理解されず、自分でも気付かずに支配者の術中に溺れていく。

でも、このケースで面白いのは、男性が支配者の内面でやっていることに気付いたときに、支配者との距離を空ける事が出来るようになり支配者の脳のネットワークから解放された時に、心も身体も自由になって楽しめるようになるということである。気がつけて自由になった時に「あっ、本当にあの人、私のことを虐待していたんだ！」と確認できちゃう。

まあ、虐待が支配者の仕事だからしかたがない。支配者の真実は、人の罪を裁き罰を与えて、それを支配者が救い愛を実践すること。支配者にとって、虐待はあくまでも人を支配するための手段にすぎない。

無言でダメージを与えるおばあちゃんの記憶

支配者を外見や態度で見分けることはできない。長年いっしょにいても、言動から支配者を特定するのは困難である。

一見すると優しそうで尊敬できるような人が実は支配者だった、というケースはめずらしくない。私の父方の祖母がそうだった。

私にとって祖母は「おもちゃを買ってくれる優しいおばあちゃん」だった。でも、買ってもらうたびに罪悪感が湧いていた。おばあちゃんは「いいわよ、いくらでも買ってあげるわよ」と言ってくれるのだが、笑顔が見られない。その瞬間、私は本当に欲しいおもちゃが選べなくなってしまう。そして、友達が持っているのと同じおもちゃが買いたかったのに、選んだのはまったく別のおもちゃ。「お金を使わせておばあちゃんに申し訳ない」と思いながらも「あっちを選べばよかった」

と後悔する。その瞬間に「意地汚い、お金遣いの荒い駄目な子！」というキャラクターができ上がる。

成人してからも、私は欲しいものを買う場面になるとおばあちゃんを思い出す。すると、お金を使うことへの罪悪感が湧いてきてしまい、本当に欲しいものが買えなくなって、後悔して、あとになってまたよけいなお金を使ってしまう。

このお金の使い方の問題が支配者のおばあちゃんのしわざだなんて想像すらできなかった。表面的には優しく、両親が買ってくれないものを買い与えてくれるおばあちゃんで、私を遊園地にもよく連れて行ってくれた人であった。でも、よくよく考えてみると、母親は私を連れておばあちゃんの家に行くと、最初は引きつった笑顔だったのが、最後は悲しい顔になっていて、帰りの電車の中では泣いていた。

ある時は、おばあちゃんの家から私の家まで電車で2時間かかるのに、突然おばあちゃんが玄関に立っていた。そして、玄関の引き戸の桟に溜っている埃を人差し指でなぞって、口元でふっと息を吹きかけて埃を舞い散らし、そのまま玄関を閉めて帰って行った。

その後、母親は真っ青な顔になって倒れ、泣きながら寝込んでしまった。私は「自分が悪いことをしたからおばあちゃんが帰ってしまった？」と不安になる。そして、母親が倒れたのも、私が悪い子でおばあちゃんから責められたからかも？　と重い罪悪感を背負うことになった。

でも実際は、支配者であるおばあちゃんはあの瞬間に母親の脳につながり、脳内で母親を虐待し、精神的にも身体的にもダメージを与えていた。支配者には言葉は必要ない。脳内で罵倒し虐待すれば、相手に確実にダメージを与えることができちゃう。

その調子でおばあちゃんは母親を虐待していたから、母親は私の兄の妊娠中に体調を崩して、死産してしまった。そのまま母親の脳には出産時の恐怖が条件付けられてしまい、私の出産の時ものすごく大変な思いをしたという。

その結果、母親の中で苦痛が子供に条件付けられる。子供をおばあちゃんの家へ連れて行くたびに虐待され泣かされるので、ますます「子供が苦痛」と条件付けられ「子供を愛せない親」にされてしまう（もともと愛なんて存在しないけど、支配者が「愛がない」という罪を作る）。

おばあちゃんは私におもちゃを買い与えて、母親に「あんたが愛情を与えないから、こんなに物を欲しがる卑しい餓鬼のような子供ができちゃったじゃないの！」と母親を罪に定めて、脳内で虐待し罰を与えていたのだ。祖母は「欲しかったらいくらでも買ってあげるよ」と笑顔で言っていたのに、母親には「あんなわがままな子供を作って！」と言葉に出して責めていたことをのちのち聞かされた。

何の目的でそんなひどいことをするの？

もし支配者が本当に脳内で虐待して体調を崩させ、死産のような不幸な目に遭わせているとしたら、支配者に「何がしたいの？」「何が目的なの？」と問いつめたくなる。

支配者の目的は、神を演じることである。それによって人を〝幻想の愛〟で支配することが支配者の真実となる。

私の祖母の場合、母親に言語的にも非言語的にもひどいメッセージを伝えて「お前はだらしがない駄目な嫁だ！」という裁きを入れる。この「だらしない」というのはジョン・ミルトンの『失楽園』に描かれた7つの大罪からすると「怠惰」の罪だ。祖母はそう定めて、母親を頭の中で虐待し罰を与える。罪を作り、罪に定めて、罰を与えるのも神の役割になる。

母親は祖母から罪に定められ罰を与えられることで、精神的にも肉体的にもダメージを受けて苦痛を感じる。その時に脳内では苦痛を麻痺させるエンドルフィンが分泌され、一体感を得ることで愛に変換される。「祖母は愛」となって、支配者の偽りの神がここに成立する。

母親の脳では「あんなひどい姑が神なんて思っていない！」と祖母に対して怒る。でも、怒りを感じれば感じるほど、ミラーニューロンの「注目を向けた相手の脳とつながる」という特性から、より強く祖母の脳とつながってしまう。それによって、母親は脳内で確実に祖母から責められ虐待されて、ますますダメージを受け、再び脳内麻薬を分泌させるという悪循環に入る。

最近の精神科医療の研究に「人は頭痛があるから鎮痛剤を飲むが、それを繰り返していると、鎮痛剤を飲んで脳を麻痺させたいから『頭痛を作り出す』ことになる」というのがある。それと同じメカニズムで、母親が祖母に対して怒るのは、ミラーニューロンで祖母の脳とつながって虐待され、苦痛を感じて脳内麻薬を分泌させて一体感からの愛を感じたいから、ということになる。これは母親の意思でやっているわけではなく、支配者が脳のネットワークでコントロールしてそのようにさせ、自分から出る愛で執着させるためにやらせているのである。

支配者は人から愛を求めて執着された時点で神となる。「神は愛」だから、愛を提供している支配者は神を演じることができるのである。

祖母は、私の母親に対して子供との関係を死産や妊娠時の苦痛を条件付けて切り離し、私の父親に対しても「妻である私を姑から守ってくれない」と不信感を抱かせて孤立させた。そうやって怒り、執着させる。脳内麻薬で脳を麻痺させて愛を提供する。その循環を作り出して、支配者の目的である神を演じる。

目的は〝孤立〟させて支配すること

支配者は、ミラーニューロンのネットワークを使って責め、裁き、そして罪悪感で孤立させる。なぜなら、その人の〝唯一の神〟になるために〝孤立〟させる必要があるから。「みんなつながっていて、みんな一体で、誰にも罪がない！」となってしまったら、支配者の存在意味がなくなってしまう。だから支配者は「人との脳のつながりなんかありえな～い！　すべての思考、行動の責任はお前にあって、罪はお前自身が犯したもの！」と人を責めて裁き、罪を犯させ罰を与える。

電車に乗っていて、突然目の前に立っている男性に怒りが湧いてきて、ぶん殴りたくなったことがある。他の人から見たら「突然なんで?」とびっくりされてしまうが、頭の中では「こいつ、俺のことを馬鹿にしやがって!」と一瞬肩がぶつかっただけなのに、怒りが収まらなくて、アドレナリンが全身に回って自分をコントロールできなくなるような感覚だった。

この状態の自分を客観的に分析すると「ストレスが溜っていて、すぐに暴力的になってしまう頭のおかしい人!」となる。そして「自分はちょっとしたきっかけで暴力を振るってしまい、人を傷つけて警察に捕まって刑務所に入ってしまうのでは?」と怖くなる。「みんなとつながっている」という一体感や愛はまったくない、という孤立感でますます目の前の男性に対する怒りがつのっていく。「俺を孤立させるとんでもない奴!」と破壊したくなる。

でも、次の瞬間、隣に立っていた女性が電車を降りたら、怒りが消えてなくなる。目の前にはそのまま男性が立っているけれども、さっきまでの怒りはもうどこにも見当たらない。「えっ、なんで俺、あんなことを考えていたの?」と自分でも不思議になる。

電車から降りて冷静に状況を振り返ってみると、私がぶっ飛ばしたくなっていた男性は、あの女性に迷惑行為をしていた可能性が見えてきた。「あ! そういえば、あの男の立ち位置おかしかったもんな!」と理解できる。迷惑行為をされていた女性の怒りがミラーニューロンで私の脳に伝わってきて、ちょっと肩がぶつかっただけの私の脳が相手の男性を殺したくなってしまう。「あれって俺の怒りじゃなかったんだ!」と思ったら全身の力が抜けていく。そして、なぜか私は気持ちが軽くなって、さっきまでの汚れた気分が自分の中から抜けている。

あまりにも嬉しかったので、この話を支配者にしてしまった。すると支配者は「そんなのあんたの思い込みでしょ！」と一笑した。その瞬間に、またあの男性に対する怒りに引き戻されて、罪に汚れた感覚へと沈んでいく。

「あんたの思い込み＝執着」と支配者は私に暗示を入れてくる。「あんた自身が怒りに執着していて、あんたが罪を犯している」と私の罪を責めて裁く。

そんな時に、悟りを開くために瞑想をしていたブッタに近寄ってきたマーラのことが浮かんできた。マーラは釈迦の瞑想を邪魔するために、美しく技に長けた3人の娘たちを送ったり恐ろしい形相の怪物を見せたりする。武器や岩石が降ってくるのを見せたり、暗闇の中から出られないような状態を見せたりもした。ブッタは、それらには一切反応をしなかった。

今考えれば、性的な妄想や恐怖から作り出される怒りもブッタ自身の思考ではなくて、マーラが作り出している幻想であると気がついていたから。ブッタは「自分自身のものは何一つない」と知っていたから、それらに執着させられずに自由になれた。

支配者の存在が見えてくると、自分の中のいろんなものから解放されていく。それらはすべて〝孤立〟させ〝支配〟するために支配者が作り出している幻想だから。

支配者は一体感＝愛をことごとく打ち壊す！

支配者は人の一体感を許さない。なぜなら、その人の唯一の神にならなければならないから。人が一体感を手に入れてしまったら支配者の存在意義がなくなってしまう。だから、人が支配から自由になって自由に生きようとすると、必ず邪魔をする。

ある男子大学生が鬱状態になって、母親に連れられてきた。失恋をしてから動けなくなり、家で引きこもり状態になっていた。母親は「息子をなんとかしてください！　先生にすべてをお任せします！」と言う。

しばらくカウンセリングをしているうちに、彼は学校へ行けるようになった。すると、母親は「なんであんなカウンセリングに通っているの！」と息子に言ってしまう（あなたが連れて行ったんでしょうが！）。さらに「あんたにお金かかりすぎなのよね！」と文句を言う。友達と遊びに出ると「あんた勉強もやらないで遊んでばかり！」と嫌みを言う。家から一歩も出られなくて、誰とも友達になれなかった息子が、やっと外に出てみんなと遊べるようになったのに、それをみごとに打ち壊そうとする。

いったい何が起こっているのだろう？　と疑問になって、母親を呼び出した。すると、神妙な顔をして「先生にお任せしていますから、私は一切口を出しません」と言う。息子が以前と比べて変わったことを認めない。息子の精神状態や治療方針の詳細を説明しても、ただひたすら「先生にお任せしていますから」と繰り返す。

家に帰ると、支配者の母親は「あの先生、頭がおかしいんじゃないのかしらね！」と息子に話す。「あんな話は意味ないんじゃない！」と息子に伝えてしまう。それを聞いてちょっとしたショックを受ける。

「だって、先生にお任せします」と神妙な顔で言ってたじゃん！　カウンセリング内容の詳細を説明すると母親は完璧に理解して納得したふりをしていたのに、息子には真逆のことを伝えていたなんて！

「だって、息子が自由になっちゃったら支配できなくなっちゃうんだもん！」という支配者の声が聞こえてくるような気がする（支配者はそんなかわいいことは言わないか！）。支配者は、人が支配者から自由になるような要素はすべて邪魔をして打ち壊す。なぜなら、支配者は人を支配する目的で存在しているから。それが支配者にとっての真実だから。

でも、この事がわかると面白い事も見えてくる。支配者が邪魔してくるようだったら、そこが人にとって支配から自由になるための糸口だってことがわかってしまう。だから、支配者の反応というのはとっても興味深い（ただし遠くで見ていたらね！）。

どこまで行っても決して正解がない

支配者は「脳のネットワークなんてあり得ない！」と否定する。

いっしょにいると、まるで自分が間違ったことを喋っているような気になり、罪悪感が湧いてくる。そして、あとになって「あんなことを言わなければよかった……」と反省させられる。それは、支配者との接触で脳のネットワークでつながり、支配者の脳内で罰を与えられるから苦しくなっているだけ。

「でも、私が本当に間違っていることを言っているのかも？」と不安になる。支配者はどんなことからでも間違いを作り出してしまうから。聖書の中では、神の子が地上に降りてきても、罪人に仕立てて死刑にしてしまった。

ある研修旅行先でのこと。上司から「水を買ってきなさい」と言われて、真夏の炎天下を20分かけて歩いて、4.8リッター入りの水のタンクを買ってきた。汗だくになって帰ってきて「先生、水を買ってきました！」と伝えると、上司は「お前、馬鹿か！　なんで正直に水を買ってくるんだ！」と怒り出した。「俺が水を買ってこいと言ったら、ビールを買ってくるんだろ、普通は！」と、私は場の空気が読めない駄目な奴という扱いを受けてしまった。普通なら笑い話で済むところだが、その時は真剣に落ち込んでしまった。

それからは、言われた通りじゃ駄目だから、上司の考えていることを先読みして行動しようとする。すると今度は「先読みし過ぎで落ち着きがない」と叱られる。私はその言葉に反応して「自分は落ち着きがない駄目な奴なんだ」と気持ちが暗くなる。「上司の前では落ち着かなければ」と思って静かにしていると、今度は「なんで人に気を遣うことができないんだ！」と叱られる。

私は「この先自分は成長できないのでは？」「カウンセラーをやっていけないのでは？」と絶望的な気持ちになってしまう。その様子を見ていた同僚の先生からは「よくあんなことを言われて耐えているね！」と感心される。でも、私は上司から不当なことで叱られているとは一切思えない。本当に「自分は場の空気が読めなくて、落ち着きがなくて、人に気が遣えなくて駄目な奴なんだ」と思い込んでいた。

ある時、その上司がみんなの前で私の部下に駄目出しをした。私はその部下が努力をしてがんばっているのをよく知っていたから、不当に部下の悪口を言っている上司に怒りを感じて「あなたは間違っている！」と怒った。そして、それからは上司に何を言われても無視し、話を一切聞かなくなった。すると、なんと！　無視をして何もしない私を上司はみんなの前で褒め始めたではないか。「これまであんなに一生懸命にやっていた時は褒めないで、なんでこんな時に！」と驚くと同時に、「あっそうか、支配者に正解はないんだ！」と気がついた。

上司に向かってAと言えば、上司はBと言う。Bと言えばCと言う。決して正解がないのだ。支配者に関われば、すべて間違いにされ、駄目人間にされて、気分が落ち込むような罰を受けてしまう。よく「揚げ足を取る」というが、まさにそれ。支配者に認められようとすればするほど、揚げ足を取られて駄目出しされてしまう。

これを見ている支配者たちは「あなたの成長のためにそれをしてくださっているのに、なぜそれに気がつかないの！」と私を責める。でも、これがポイントになる。

要するに「私がすばらしい人間になるために、駄目出しをして成長させてくださる愛のある方」が支配者になる。この愛を求め、支配者に執着させられて、自由を奪われる。

自由とは何か？　支配者にとっての自由は、人を思うがままに支配することである。虚無の自由は、すべてのものと一体になることである。支配者の自由を優先することで、自分の自由は奪われる。

いろんな誹謗中傷ってすべて妄想なの？

こんな風に支配者の特徴を書いていくと、誹謗中傷を浴びせられるはめになる。

「あんたの思い込みで書いていて、科学的な根拠はないだろ！」

「妄想で勝手に作り上げた世界をみんなに押し付けている！」

「あんたが支配者と称して両親を嫌うような呪いの暗示をかけている！」

「読んでいて気持ち悪い！」

そんな言葉が次々に頭に浮かんでくる。そして、気分がものすごく落ち込んで、自分が罪人のような薄汚れた感覚になる。

「脳のネットワークなんてあんたの妄想でしょ！」

「そんなのあんたが勝手に思い込んでいるだけでしょ！」

一昔前だったら「本当に私の思い込みかもしれない！」と納得していたかもしれない。でも、最近は脳のネットワークに限りなく近いインターネットの世界で、私の脳内に起きていることを検証できちゃう（便利！）。インターネット上でこの文章についてのコメントをオープンにしてみると、私の頭に浮かんできた誹謗中傷が妄想ではなかったことが実証される。

私には、この文章を書いている意図がある。それは「変われずに苦しんでいる人たちがちょっとでも楽に自由に生きられますように！」。

「人がカウンセリングを受けても、精神科医の処方する薬を飲んでも、宗教にすがっても自由になれないのはなぜ？」という疑問がきっかけで、カウンセラーの仕事に就くようになった。そして、これまで「どうやったら確実に最短で自由になれるか？」ということをクライアントさんたちといっしょに追求してきた。その過程で見えてきたことを紹介し、さらなる自由を追求していきたい。――それが現在の目的になっている。でも、この意図は支配者によって確実にねじ曲げられていく。

支配者のことを書いていると「自分は妄想的なのでは？」「単なる私の思い込みでは？」という不安と恐怖に襲われる。これは脳のネットワークでつながっている支配者から流されてくる誹謗中傷。支配者からは「それもあんたの思い込み！」と言われるが、実際にインターネットでそれを検証できちゃうから、脳のネットワークは確実に存在している。支配者はそれを否定して、みんなから隔離したいのだ。

いくら虚無の真実を説明しても、支配者は決して理解しない。ある時なんて「あいつ、同じことを繰り返して、馬鹿じゃない？」と陰口を叩かれて悔しい思いをした。説明を求めたあんたが納得した表情をしないから、角度を変えて何度も説明したんじゃないか！

支配者が理解しないのは、虚無の真実は支配者にとっては不都合だから。「間違っているもの」や「妄想」として勝手に処理され、打ち消されるのもそのためだ。でも、逆に考えてみれば、支配者が打ち消したい理由にこそ「支配から自由になれるヒント」があるからじゃないの？

これを書いていて、支配者からの誹謗中傷が激しくなればなるほど「もしかして本当にここなんだ〜！」とちょっと嬉しくなってくる。やっぱり支配者に不都合なことが書いてあるから、激しく攻撃するのよね。こりゃ面白くなってきた。

支配の方法は多種多彩

「あの人は意地悪だから、絶対に支配者だ！」という単純な話ではない。

病気の奥さんのために仕事まで休んで献身的に尽くしていたご主人が実は支配者だった、という前に紹介したような例もある。逆に、か弱い病気の子供を演じながら母親を「子供を病気にし不登校にしてしまう駄目な母親」と罪悪感を与えて支配している子供もいる。「親を支配するためにわざわざ病気になるの？」とびっくりするが、相手を支配するためには手段は選ばない。親の脳につながって操作し、自分に暴力を振るわせて罪悪感で支配する、というケースもある。

その方法で支配されている親は、突然取り憑かれたように子供を殴りたくなる衝動に駆られてしまう。それがまさか子供から流し込まれているなんて想像すらできないから「私は子供を衝動的に虐待してしまう罪人である」と苦しむ。ややもすると「私は子供を駄目にしてしまった」という十字架を一生背負って生きることになる。「脳のネットワークでそんな衝動を入れられるはずがない！」と支配者の声が聞こえる（幻聴か！）。

支配者は、脳をコントロールして加害者に仕立て、相手を罪悪感で支配することもある。「そんな……被害者になったらみじめじゃん！」と思うよね。でも、支配者は神だから「みじめ」なんていう感覚はない。神は万能だから苦しみ、絶望、孤独などの感覚は一切ない。神様が「寂しい」「苦しい！」とか言ってたらおかしいでしょ！　人を支配するために寂しさや苦しさを演じているだけ。

支配者は神だから、いくらでも病気を作り出してみじめな状況を演出できる。「苦しんでいてかわいそうに」と近づいて手を出してしまったら、罪悪感を植え付けられて支配されてしまう。

病気を演出している支配者に近づいたら「自分が関わらなければ相手の病気がひどくなる」という焦りの感覚を植え付けられる。そして、関わらないことへの罪悪感に苦しむようになって「なんでもっと献身的に関わらないんだ！」と支配者から脳内で責められ罰せられる。そうやって関わってしまったら、今度は「あんたのせいで病気が悪化した」という責めを受ける。「私がもっとしっかり関わっていたら、あの人はあんなに苦しまなかったのに」という罪悪感を入れられて、執着させられ支配される。そうなると脳とつながり続け、支配者にコントロールされ続けてしまう。

支配者は〝理解者〟を演じる場合もある。まわりの人間に支配対象を嫌わせることで「この人だけが私の唯一の理解者」と思い込ませる。支配されている方は「だってこんなに理解してくれて優しい人なのに……」と疑問を抱かない。表面的にはいささかの害もないように見えるから。私もこの〝理解者〟の支配に苦しめられていたことに長年気がつかなかった。

理解者を演じる支配者

私の母方の祖父はキリスト教の牧師で、誰から見ても立派な人であった。私は子供の頃から「おじいちゃんのような立派な人になりたい」と思っていた。だから、私は祖父の前では良い子を演じていて、暇さえあれば祖父母の家の床に座っていた。

日曜日は朝から教会学校に参加し、そのあと祖父の一時間半の説教を毎週聞いていた。聞いていると「自分がどんなに悪い子なのか」を反省させられ「自分はこのままだったら地獄に堕ちる」と怯えた。

祖父母の元にいるときは「罪を犯さないように」と一生懸命になって良い子を演じるのだが、それを学校でやってしまうと、みんなから仲間はずれにされていじめられる。そして「みんなから嫌われるような子供は罪人で地獄に堕ちる」という恐怖と孤立を感じ、そこから逃れるために脳内麻薬を求めて性的妄想に耽る。すると「自分は罪を犯している」という罪悪感が湧いてきて「こんな罪を犯す自分は地獄に堕ちる」とますます恐怖に怯え、そこから逃れるためにまた妄想に耽る、という悪循環に陥っていた。

その時、私の中で何が起きていたのだろう？　祖父の娘である私の母親を見ると、それがよくわかる。姑からいじめられ、健康を害して寝込んでいた母親だが、私と同じく祖父を尊敬していた。母親は、私がお小遣いを無断で使うと「罪を犯した」と罰を与えた。罰を受けるのが怖くて正直に言わない時は「嘘という罪を犯した」と罰を与えた。私が清く正しく生きなければ地獄に堕ちるから、そうならないように私の罪を神に代わって裁き、罰して地獄に堕ちる前に救うつもりだった。

ここで興味深いことがわかる。

もし人に罪が存在するならば、それを罪と定めて罰を与えられるのは神しかいない。その神に代わって罪を裁き、罰し、それによって救う、という構造を作っているのは支配者にほかならない。ということは、祖父を尊敬して祖父のように清く正しく生きようとすると、人を裁いて罪に定めて、相手を罪から救う為に罰を与えるのは支配者の真似をしていることになる。支配者のように人を罪に定めて罰を与え、救いを与える神を演じさせられてしまう。

私も「祖父のように清く正しく生きよう」と思えばこそ、いじめっ子を罪に定めて頭の中で裁いていた。「こんなことをしている罪深いお前は地獄に堕ちる！」と頭の中で地獄に落として罰していた。「正しく生きよう」と思えば思うほど祖父の脳につながって、いつのまにか人の罪を裁く支配者の役割を演じていたのである。

私が支配者の脳につながっていじめっ子の罪を裁いて罰していると、脳のネットワークを通じていじめっ子の脳にも必ずダメージを与える（頭の中で暴力を振るっても相手にダメージを与えられる）。いじめっ子は、私の脳から伝わってくるその不快感からさらに私をいじめる。

いじめっ子に殴られる私が無抵抗なのを見ていた教師から「お前は卑怯者だ」と言われて、ショックを受けたことがあった。でも、今だったらそれがよくわかる。

いじめっ子に手を出さない私は頭の中で相手を地獄に堕として業火で焼いていた。そして、いじめっ子が地獄に堕ちないように私が神に祈って救ってあげなければ、なんて気持ちの悪いことを思っていた。

支配者でなければ「人をその罪から救って愛を与えて支配する」ことは求めている真実ではない。それをすればするほど、人から疎外され孤独になるから、私が本当に求めている一体感は得られない。孤独になって一体感が得られず苦しくなって私は脳内麻薬を求め、支配者が罪と定めている性的妄想をさせられてしまう。すると再び脳内では、支配者から「性的な罪を犯しているお前は地獄に堕ちる」という罰を受ける。地獄に堕ちる恐怖から私は支配者である祖父に救いを求め、祖父に執着させられる。祖父に執着すればするほど祖父の脳とつながり、みんなの中で罪を裁く支配者を演じさせられる、という悪循環になっていた。

私は祖父から「お前は特別な存在だから」というメッセージを入れられていた。だから、よけいに「自分は祖父のように立派なクリスチャンにならなければ」と思っていた。その努力をすればするほど私は支配者の脳とつながり支配者を演じさせられて、本当に求めていた一体感が得られなくなっていたなんて想像すらできなかった。

支配者のまとめ

私は支配者である祖父を尊敬して「祖父のように生きなければ」と努力をすればするほど祖父の脳とつながり、私の脳は祖父の真似をして〝偽りの神〟を演じさせられていた。頭の中でいじめっ子の罪を裁き、制裁を与えていた。

支配者の真似をしていじめっ子に頭の中で暴力を振るっている時に、私の脳内では怒りが渦巻いていて、怒りがあまりにも強烈すぎて苦痛のレベルにまで達すると脳内麻薬のエンドルフィンが分泌される。脳が麻痺して一体感を得て、まさに「自分が神になった快感」に陶酔する。一度神を演じさせられ、罪を裁く怒りによる脳内麻薬で陶酔してしまうと、その陶酔感を求めてみずから神を演じ、人の罪を裁くようになってしまう。

「あの人は間違っている！」

「あの人はマナーがなっていない！」

「どうしてあの人はちゃんと正しいことができないんだ！」

「なんであの人は人に気を遣えないんだ！」

「どうしてあの人はあんなに失礼な態度なんだ！」

人の中にいると、人の罪が気になってしまって、不快な気分に溺れてしまう。相手の罪を頭の中で裁いて罰することで快感を得ている、なんてことが起こっているとは夢にも想像しなかった。陶酔感を求めて人の駄目な部分に注目している、なんてちっともわからなかった。

家に帰って一人になった時に、それまで分泌されていた脳内麻薬が切れる。すると、今度は自分が孤独でみじめな存在であることに直面する。孤独を感じれば感じるほど支配者にすがりたくなる。すると、支配者は脳内のネットワークでつながり、私の罪を裁き、罰を与える。

「お前は誰からも好かれない！」

「お前は気持ち悪い存在でみんなから嫌われている！」

「自分は何もできないくせに他人を裁いている愚か者！」

「そんな愚か者は、不幸な目に遭って破壊される！」

これらの思考は自分のオリジナルであって、自分で自分を責めていると思っていた。でも本当は、すべて支配者の脳から流されてくるのだ。支配者は私の罪を裁き、脳内で罰を与えて恐怖に陥れる。

私は罪からの罰の恐怖と不安に耐えられなくなり、逃れるために二つの選択肢からどちらかを選択する。一つは、過去のいじめっ子や嫌な奴を思い出して〝神〟を演じ、相手を裁いて罰して怒りに酔って脳内麻薬を分泌させる。もう一つは、性的妄想に耽って脳内麻薬のβエンドルフィンを分泌させる。どちらを選択しても、脳は麻痺して陶酔感が得られ、一時だけ恐怖を感じずにいられる。

しかし、脳内麻薬の効果が切れた時に支配者の脳とつながり、再び罪を裁かれる。

「誰からも受け入れられない変態野郎！」

「みんなに嘘の姿をさらし、内面は変態だ！」

「お前は、性的に変態で汚れた罪人だから地獄に堕ちる！」

罪を裁かれる恐怖から、人から裁かれないように清く正しい人を演じるために、支配者の真似をする。支配者を真似して〝偽りの神〟を演じて人を裁き、孤立する。それを繰り返して、よりいっそう強固に支配される。

ちなみに、その性的妄想は自分のオリジナルなのか？　自分が支配者の作り出す幻想の恐怖から逃れるために勝手に作り出しているのか？

いや。残念ながら、性的妄想も支配者が作り出しているものである。支配者は〝神であるための愛〟を条件付けるために脳内での性的虐待を使う。被害者は虐待者への怒りが苦痛となり、その苦痛から分泌されるエンドルフィンが支配者に条件付けられ、一体感となって執着させられ、それが愛とされるのである。

心理学の臨床で性的虐待を扱う時に「フォルスメモリー（過誤記憶）」という問題が出てくる。催眠療法を使って摂食障害や鬱病のクライアントの過去のトラウマを探ると性的虐待されている場面が出てくるのだが、実際に家族を調査してみるとそんな虐待は起きていなかった、というケースがある。

支配者たちはこのフォルスメモリーを「性的欲求から自分たちが勝手に作り出したファンタジー」として片付ける。でも本当は、支配者が脳内で性的虐待をしているからその記憶が存在するのだ。脳内で虐待しても実際の性的虐待と同じ効果があり、支配者に執着させるだけの脳内麻薬を分泌させられる。だって、実際に肉体を使って性的行為をしなくても、性的妄想に耽っているだけでβエンドルフィンは脳内で分泌されるのだから。

もちろん、脳内でやられていることだから証拠はない。だから、わかりづらくて厄介である。性的妄想に耽るという行為は、虐待者である支配者の愛を求めるように条件付けられている。私の場合、支配者の罪の裁きの恐怖から逃れるために性的妄想に耽って〝支配者の愛〟にすがるよう絶妙に条件付けられていた。だから、すがればすがるほど支配者の脳につながり続けて苦しくなっていた。

ちなみに支配者が性的虐待をする際、支配者自身は性的行為から分泌される脳内麻薬の快感を求めてやっているわけではない。ただ人を支配するためだけ。支配者は、「汚れた罪を罰して罪から救う」という概念で性的虐待という罰を使う。支配者が人を罪に定めて裁き罰を与える時も、エンドルフィンの快感を求めてやっているわけではない。支配者に執着させて相手の神になるだけのためにやっているのである。

支配者には「相手を困らせよう！」とか「苦しめてやろう！」というような目的は一切ない。支配者が虐待したり苦しめたりするのは、人を支配者に執着させて人の唯一の神になるためだけである。支配者の真実は支配者自身が神だから。

支配者は脳のネットワークを否定し、それを妄想だと決めつける。なぜなら、支配者が脳のネットワークでしている虐待が暴かれると都合が悪いから。

こんな事を書いている私の脳内では「お前の思い込みだ！」とか「こんなことを書いたらお前は馬鹿にされて誰からも相手にされなくなる！」という恐怖が襲ってくる。支配者は「それもあんたの勝手な思い込みじゃん！」と私を頭のおかしい人に仕立て上げる。

でも、インターネットのコメント欄を読むと、私の脳内に流れてきた「責められて罰を受ける感覚」が私だけの思い込みではないことが証明される。

「うわ〜支配者がものすごいこと書いてるじゃん！」とドン引きする（本当にこの文章を書くのをやめようと何度も思ったぐらいすごい！）。

「よっぽど支配者にとって都合が悪いのね！」

でも、ここに人が支配者から自由になる鍵が隠されている。

支配者の行動やその本質を理解できれば、その支配から逃れ、自由を手にするための方法も見えてくる

自分の真実で生きるために知っておきたい「3つのタイプ」……3

光の人の真実

神の意志に任せて生きる

光の人にとっては神のみが唯一の真実である。だから光の人は自分の意志や欲求はない。すべて神の意志に任せて、何をするにも神に尋ねて聞き従う。光の人の真実であり生きる目的は「神の意志のままに生きる」ことにある。

ここで「神って何よ？」という話になる（光の人以外は〝神〟には真実はないんですけどね）。普通の人が神をイメージしたら、そのキャラクターは支配者になってしまう。人は生まれ育った脳のネットワークで脳は支配者につながっているから、〝神〟をイメージしたときは偽りの神を演じている支配者の脳につながってしまう。そして、長年にわたって支配者が神を演じ続けてきたから、〝神〟のイメージは人の罪を裁き、罰を与えて、その愛で罪の中から救ってくださる方ということになってしまう。

でも、これって、支配者が光の人の真実である〝神〟をねじ曲げて作り上げてしまったイメージである。光の人の真実である〝神〟は人を罪に定めたり、罰も与えたりしない。だから、人々を汚れた罪から救うために宗教を広めたり、難行苦行をさせることもあり得ない。なぜなら、罪は支配者が作り出している幻想だから。

このように光の人の真実を書いていくと、人は混乱してしまう。〝神〟と聞くと、なんだかしらないけれどイライラしたり、神に対する拒絶反応が出てきたりする。どうしてそうなるの？　と聞くと、「いくら宝くじを買って神様に祈ったって当らないから」なんていう理由だったりする（おい！おい！）。

「宝くじが当らないから神を信じない」というのはとてもよくわかる気がするなあ、ウンウン（納得してどうするの！）。というのは象徴的に言っているわけだけど、要するに「神はどうして不幸な私を救ってくれないの！」というのがイライラの本音なのである。「まわりの人たちは幸せそうに暮らしているのに、私ばかり不幸な目に遭っていて、そんな時に神に助けを求めてもちっとも助けてくれない！」というのが神への嫌悪感となっている。

「私はこれまで人にも優しく、誠実に生きてきたのに、それがちっとも報われない！」というのも神への怒りになる。神への怒りから「誰も信じられないし、神の存在も受け入れられない」となり、神からもみんなからも孤立する（光の人限定）。すると支配者がその人の神となる。

「えっ、宝くじが当たらないようにして〝神〟に怒るよう仕向けているのも支配者なの？」（おいおい！　そっちかい！）支配者は「宝くじが当たるかも？」という幻想を与えておいて、お前の罪のせいでくじは当らない、という絶望を与える事で、幻想に対する執着を作り出し、神に怒らせる。

支配者は幻想の夢を植え付ける。そして、その夢が得られない！　という失望から光の人を神という真実から引き離して支配する。

求める価値はこの世では実証できないもの

光の人は〝神〟という科学では実証できないものを信じ、世の中の価値では換算することができない〝神の愛〟を求めて生きている。光の人は、見えるものではなくて、見えないものの意志を求めて生きている。支配者たちは、目に見えないものやこの世の中で実証できないものを異端として蔑み、光の人を陥れて支配する。

こんなことを書いていると「あんたはスピリチュアル系の人でしょ！」と異端児扱いされ、間違った人扱いされてしまう。

イエスが40日間荒野で断食をしていた時、悪魔が来て「もしあなたが神の子であるなら、この石にパンになれと命じてごらんなさい」と言う。イエスは「『人はパンのみで生きるものではない』と書いてある」と答えられた。すると悪魔はイエスを高い場所まで連れて行き「もしあなたが私の前にひざまずくなら、これらの国々の権限と栄華を全部あなたにあげましょう。それらは私に任せられていて、誰でも好きな人にあげてもよいのですから」と言った。イエスは「『主なるあなたの神を拝し、ただ神のみに仕えよ』と書いてある」と答えた。さらに悪魔はイエスをエルサレムに連れて行き、宮の頂上に立たせて言った。「もしあなたが神の子であるなら、ここから下へ飛び降りてごらんなさい。『神はあなたのために、御使いたちに命じてあなたを守らせるであろう』とあり、また『あなたの足が石に打ち付けられないように、彼らはあなたを手で支えるであろう』とも書いてあります」。イエスは答えて言われた。「『主なるあなたの神を試みてはならない』と言われている」（口語訳聖書から）

支配者は「石をパンに変える奇跡を起こして神の子であることを証明しろ！」とイエスを試す。そして「目に見えない神の意志じゃなくて、この世で換算できる栄耀栄華を求めろ！」と誘惑する。さらに「神を試して、神の愛を実証せよ！」と言っている。イエスは「この世で証明や換算できるものに価値を見出さず、この世で実証できない神の意志に従って生きる」と表明している。

光の人は目に見えないものに注目し、目に見えない神の意志に従う。支配者は必ずそれを邪魔する。なぜなら、支配者が人を支配するのに都合が悪いから。支配者にとって都合が悪い事だったら、光の人の真実は必ずそこにある。

目に見えないものこそを確信する

光の人は見えないものを確信し、見えないものに従う。それが光の人の真実になる。人の目では見えないもの。計る事が出来なくて証明できないもの。それは〝神〟である。

支配者はイエスに対して、見えない神の実証を求める。この世で証明できないのだったらあなたの神は本当の神ではない、と光の人の真実に疑いの種をまく。

私が子供の頃、学校のみんなからいじめられ、蔑まれていた。クラスで40人いたら、そのうちの30人は「この子、気持ち悪い！」と私のことを嫌っていた。クラスの4分の3から嫌われるということは、私の性格、生活態度、身だしなみなどに何かの問題があるということになる。

すると私は「神は私を助けてくれない」と自分の信じている見えない神を疑いたくなってしまう。でも「自分が神の前で罪人だから人から嫌われる」と思い直して、必死になって神の前で罪を悔い改める。それでも現実的に嫌われている事実は変わらない。母親からは「みんなからいじめられるようなあなたは神様の名を汚している！」と言われてものすごく悲しくなり、さらに罪にまみれた気持ちになっていた。

キリスト教を信じている父がやっている会社は経営難だったので、家はいつも金銭的に困窮していて、欲しいものはほとんど買ってもらえなかった。キリスト教じゃない他の家の子供たちは裕福で楽しく過ごしているのに、自分の家はいつもみじめである。「信じている神は間違っているのかもしれない」と不安になる。でも、神を疑う勇気がなかったので「この家の子供である私が罪人だから神の加護がなくて貧乏なんだ」と思って、罪を悔い改める。それでも、経済状態は良くならない。

時代は飛ぶ。友人の先生と食事に行った時だ。「なんであなたほどの人がいつまでも師匠の所から独立しないの？」と聞かれて「いや～雇ってもらった恩義があるからきっちり10年間は働いて恩を返さなければと思ってやっています」と答えた。すると、次の日にその先生は師匠に「あの人は独立を考えていますよ」と伝えてしまった。それから師匠の態度が一変して、私は本当に独立を考えなければならなくなった。そして、師匠に「そのうち独立を考えます」と伝えたら、いきなり「あんた、患者さんから訴えられるからね！」と言われた。

「え？」

「あんたが怒鳴りつけた患者さんが訴えを起こすって言っているから」

それは私がカウンセリングを断ったクライアントさんで、その時の状況は面接室のドアを開けながら対応していたので他のスタッフもきちんと聞いていた。

私は師匠に「先生、怒鳴りつけたという事実は一切ないのですが。他のスタッフも聞いていたので証明できます」と真っ青になりながら伝えた。すると、師匠はそこで名言を吐いた。

「事実は作られるものだから、いくらあんたがそれを証明したところで関係ない！」

その後独立してからも、師匠は有言実行だった。何百人も集まるセミナーで「あいつは私に患者上がりのクリニックのスタッフと比べられて『あいつの方がお前よりましだ！』と言われて泣きながら辞めていった」と話していた。それを聞いたクライアントさんが私に「先生は本当に患者さんと比べられて泣いて辞めたんですか？」と尋ねた（おいおい、「患者さん」じゃなくて「患者さん上がりのスタッフ」だろ――ってそこかい！）。

子供の頃のいじめの場面が思い出されて、ものすごく嫌な気持ちになった。自分が世の中の底辺に叩き落とされた感覚になった。

でも、この原稿を書いていて、あらためて気がついた。「事実は作られるもの」は本当に名言であった。事実って支配者が勝手に作り出しちゃうから、実証とか検証って一切当てにならないものなのだ！

書いた本の売り上げがどんどん伸びて「たくさんの人がこの本を読んで自由になるきっかけになったらいいな！」と思っていた。販売部数が「みんなから受け入れられる役立つ本」を証明してくれていると思っていた。ところが、相談室のブログで支配者の説明を書き始めたら、インターネットの本のレビューの欄に突然「思い込みで書いている妄想本！」とか「人の悪口を書いているキモい本！」とかいった書き込みがされて、売り上げが落ちる。「おー、やっぱり事実は作られるものなんだ！」と実に面白い。

これまで支配者が作り出す事実に従って生きてきたから、私には自由がなく、恐怖と不安に怯え続けなければならなかった。そんなことを考えていたら『人はパンのみで生きるのではない』という言葉がものすごく心にしみてきた。

光の人は耳で聞こえない声に従う

光の人の真実を書いたところで、光の人以外は理解するのが難しい。

虚無には虚無の真実があり、支配者には支配者の真実がある。それぞれの真実はまったく違っていて、どっちが正しいかという正解なんてない。だから、タイプが違えば相手の真実は「信じられない！」とか「それって間違っているんじゃない！」と否定したくなる。ましてや光の人の人口的割合は虚無と支配者に比べたら少ない（第五章の「心に聞く」でそれぞれのタイプの人口の算出方法を参照してください）。だから、光の人の真実を書けば書くほど「何を妄想的な危ないことを言ってるの？」と、この世界の一般的な話からはかけ離れているように見えてしまう。

しかし、それぞれの真実を探っていくことで、どこかに楽になる共通点がある。それぞれの真実を書き出していくことで、この世界の構造がより立体的に見えてきて、そこで作られている〝苦しみ〟の仕組みが理解できてくる。

光の人は、生まれた時から〝見えない神〟の意志を求めている。でも、支配者は自分以外が神であることを許さない。だから、光の人の〝見えない神〟を歪めて、支配者に従うようにしてしまう。そのために作られているのが宗教である。

キリスト教は本来〝見えない神〟を信じ従っていることになっている。でも、いつのまにか聖書のルールに従うことがメインになってしまった。

１５１７年にマルティン・ルターが宗教改革をするまでは、免罪符を買えば罪に対する罰が免除されるとか苦行をすれば自分の家族が救われるといったルールが作られていた。聖職者と呼ばれる人たちは〝見えない神〟の意志を聖書から解釈して、罪と罰から逃れるルールを作り出した。そこには支配者が大好きな罪と罰がハイライトされているので、これは支配者が作り出した支配者が人を支配するための真実となる。

免罪符や苦行はお金で現実的に換算できるものだから、人々の感覚として現実的な救いとなる。支配者の支配の仕方は、光の人の〝神〟から自分へと引き離すものだから、常に実証や換算できなければ真実ではない。どれだけ教会に献金したか、どれだけ聖書をたくさん読んで御言葉を覚えたか、などの現実的な価値基準で判断するようになる。

支配者は、光の人の真実である「見えない〝神〟の見えない意思をひたすら信じて従う」という事から引き離すルールを作り出す。

私が留学することを決めた時に、母親から「あなたは留学することを神様にお祈りして決めたの？」と聞かれた。これは、子供の頃から私が何かしようと決めた時に必ず母親から聞かれた質問であった。そんな時はいつも「え？　祈って神様が実際に声で答えてくれるの？」と疑問に思う（聞こえちゃったら聞こえちゃったで精神病の幻聴と言われちゃう）。

母親の言っていた「神様の答え」というのは「神様にお祈りして聖書を読んで、聖書に書いてあることを基準に判断しなさい」ということなのだ。聖書を開けば「両親に従いなさい。これは正しいことです。父と母を敬いなさい。これは約束を伴う最初の掟です」という言葉が出てくる。

私は、自分の決断が自分勝手な親不孝に感じられ、重い罪悪感を背負わされる。結局のところ、両親が理想としていること以外は罪を犯していることにされてしまい、罪人気分から抜け出せなかった。

神の声はやっぱり幻聴なのか？

宗教の教典を読んだって罪まみれになってしまうから「これって本当に神の意志？」と疑問に思ってしまう。私は必死に神の意志を求めて祈り続けた。でも、神からの答えは何も返ってこない。神様って無口なの？　それとも、私の祈り方が間違っているの？　と不安になる。

話はまったく変わってしまうが、カウンセリングには家庭内暴力を起こしている子供たちが連れてこられたりする。家庭内で暴れている時は緊張が張りつめていて精神的な問題は見えないが、両親などに暴力対応をしてもらって緊張が緩んでしまうと精神的な問題が浮かび上がってくる。

「人の声が聞こえてきて『私を助けて！』と言っている」とその子は飛び出して、隣の家の雨樋の塩化ビニールパイプを破壊して持ってきてしまった。「ここから『助けて！』という声が聞こえる」と言うのだ。器物を破損したということで親が警察に通報し、その子は措置入院となった。病院に入ったらますます幻聴がひどくなって「天から声が聞こえてくる！」と暴れて、入院が長引いていった。

両親がカウンセリングに来て「うちの子は精神病の統合失調と診断されてしまいました」と絶望的な表情をしていた。医者から「このタイプの統合失調の子は治らないから、一生薬が必要です」と怖い顔で言われたのが相当ショックだったみたいである。

「いやー、現代だから病気という扱いを受けちゃっていますけど、一昔前だったら予言者とか神の声を聞く能力者という扱いを受けて、地域では重宝されていたんですから」

そう答えると、両親はあっけにとられていた。

有名な精神分析家のユングは、ある統合失調の患者さんの「太陽とペニス」という妄想を聞く。ユングはその妄想が古代アーリヤ人の宗教記述であるミトラ教の古代神話とまったく同じ内容である点に注目した。

私も統合失調と診断されたクライアントさんから「光っている大きな人が見える」と聞いたことがある。その人はあまりにも大きくて、足だけしか見えない。そして遥か上の方から大きな声が響いてきて、その人は「人間の本質である矛盾と葛藤と逆説を理解しなさい」と言った。このクライアントさんはそれまで心理学や宗教の勉強などはしたことはなかったから、この言葉の意味を理解できなかった。

現代では統合失調症は精神病で、彼らが語る妄想は病的なものとされ、現実的ではないと否定してしまう。でも、ユングがやったように「もしかしたらすごいことを言っているのかもしれない！」と真剣に耳を傾けてみると、本当にすごい話が聞けたりする。もし古代のように尊敬されれば、宗教の指導者や予言者になっていたのかもしれない。

大学時代に、研修先のドクターから「あなたたちと統合失調の患者さんの違いは何だかわかりますか？」と質問された。私たちが一生懸命に考えていると、ドクターは「統合失調の患者さんは正面玄関から入ってくるが、あなたたちは裏口から入ってくるだけの違いです」と言った。患者さんも専門家といわれる人も同じような問題を持っているのに、私たちの方がこそこそと裏口から出入りしている、と言いたかったらしい。でも、その時は意味がわからなかった。

後日、大学の試験期間中に三日三晩寝ずに勉強し続け、食事もろくに摂らなかった。すると真夜中に外から声が聞こえてきた。私の名前を呼んでいる。怯えながら窓を開けると、真っ黒い人影が立っていた。その人影はすぐに消えた。「お〜これが幻聴と幻覚か！」と腰を抜かしてしまった。そのとき初めてドクターの言葉がよく理解できた。

よく考えれば、イエスが荒野で悪魔の誘惑を受けた時って、40日間荒野をさまよい歩いて食事も摂っていなかった。その間にイエスが寝ていなかったら、私が体験したような幻覚と幻聴が起きていても不思議ではない。だったら、それも幻覚と幻聴にすぎなかったのだろうか？（たぶん一部の支配者だったらそう解釈する。なんせ支配者以外は神じゃないんだから）。

イエスの体験から考えられるのは、断食や不眠で脳の機能が低下して常にある脳のネットワークが遮断され、特定の支配者（ここでは悪魔）の脳とつながって支配者との言葉のやりとりが幻聴となる。そこには誰もいないけど、遠く離れていても脳のネットワークでつながり、脳内で支配者と会話できちゃう。この場合は、他の人たちとの脳のネットワークが遮断されて、孤立したイエスの脳に支配者がアクセスして、イエスを支配者に従うように誘惑した。

イエスと精神病の人の違いは何？

単純に、イエスは支配者（悪魔）、虚無、光の人を知っていて、誰が自分の脳にアクセスしているかが特定できる。精神病の患者さんは誰が自分の脳にアクセスしているのかを特定できなくて、支配者に脳を操作されて「頭のおかしい人」や「偉大なる予言者」を演じさせられてしまっているだけ（たまに、支配者が統合失調の患者さんを演じて恐怖や怒りで支配する事がありますけど）。

統合失調症の患者さんは、突然声が聞こえてきたり、恐怖に襲われたりする。でも、それは支配者が脳のネットワークを使っているだけなんだ、とイエスのように的確に判断することができちゃえば自由になれる。

頭の中に響いてくる声は誰の声？

こうして書いていると「何を根拠もない適当なことを書いているの！　馬鹿じゃない！」とか「妄想的なことを書いて人を混乱させやがって！」とかいった思考が湧いてくる。あるいは「こんな神を冒涜するような文章を書きやがって！」とものすごい罪悪感に襲われる。

これって、自分で考えていることなの？　だって、誰も私にそんなことを言っていないし、文章で私に送りつけてきたわけでもない。でも、自分の頭に浮かんできた妄想は本当に妄想なのか？とインターネットで検証してみると、同じようなコメントが書き込まれていて、そのコメントを見た私は真っ青になってぶるぶると震える。確かに私の頭に浮かんでくる罵倒、誹謗、雑言などはすべて「やっぱり自分以外の人から流れてきている思考だったのだ！」とはっきり確認できる（便利な世の中になりましたねー！　って違うか！）。

インターネットでは、脳のネットワークで行われていることがちゃんと確認できちゃう。頭に浮かんでくる誹謗中傷は自分の被害妄想じゃなくて、脳のネットワークを使って支配者たちが私を裁き、罰を与えて蔑むために入れている思考であることがはっきりわかる。

インターネット上だと「名無しさん」名義の匿名で誹謗中傷するが、脳のネットワークはもっとたちが悪い。まるで独り相撲をしているような感覚になってしまうから。脳のネットワークを使って流し込まれている誹謗中傷に対応しているうちに鬱状態になり、動けなくなり、自由を奪われ支配されてしまう。

現代では、ちょっとでも目立つことをしてしまえば、学校関係などのインターネット掲示板で雑言が書かれ、無視やいじめという罰が与えられて、不登校児が生み出される。大人でも、精神的ダメージを与えられて罰を受け、鬱病や不安障害になって社会適応できなくなり、自由を奪われてしまう。

インターネットもテレビも存在しない時代でも、有名な作家たちは次々と鬱状態になったり、精神的に病んだりした。なぜなら、インターネット上で行われているのと同じことが脳のネットワーク上で行われているから。でも、支配者はその現象を「天才と狂気は紙一重」としてしまい、脳のネットワークの存在を隠す。有名な作家の本を支配者が読めば、支配者は脳内でその作家の作品を罵倒し、蔑み、罰を与える。読者が多ければ多いほど脳のネットワークでの支配者とのつながりも多くなり、作者の脳内で悪口雑言が次から次へと湧いてくる。それを自分が考えていることにしてしまった時、作者はまるで自分で自分を傷つけているような感覚になり、やがて精神的にも肉体的にも壊れていく。

でも、ここでちょっと考えてみて。

頭の中に響いてくる自分に対するツッコミが支配者の脳から流れてくるものだったら、もしかして、荒野にいたイエスは神の声も脳でちゃんと聞き取っていたのかもしれない。支配者の声がこれだけ脳に響いてくるんだったら、光の人の〝神〟の声もイエスにはクリアに脳に響いているんじゃないの？

もしかして光の人の「神の声に従う」って、そんなに難しくなくて、意外と簡単なことなのかもしれない。

心の声をきちんと聞き分けよう

よく考えてみたら、ブッタもピッパラ樹の下で悟りを得るまで座禅を崩さずに断食を続け、マーラ（煩悩の化身）が出てきちゃって誘惑したり脅したりしていた。現代の西洋医学では、栄養失調から起きる譫妄の幻覚症状、と診断されちゃう。

イエスだって、御霊に連れられて荒野を40日間さまよい歩いたっていうだけで、現代の医学では

「統合失調症かも?」と病気にさせられて措置入院させられちゃう。その状態でイエスが悪魔の誘惑を受けたって「妄想でしょ!」と相手にされなくなる。

昔は、支配者は宗教を使って人を罪人に定め、罰して支配していた。実際に〝神の子〟であるはずのイエスも、ユダヤ教の人たちが罪人にしてしまい、裁いて、罰として磔刑で殺してしまった。

現代社会では、支配者は宗教じゃなく科学や学問と称して人の間違いを罪と定め、人を裁く。そして、インターネットや噂話で悪口雑言を浴びせ「頭のおかしい人」として精神的にも社会的にも重い罰を与える。

なぜ支配者はそんなことをするの? それは、支配者だけが神になりたいから。光の人の真実である神につながって、神の意志のままに生きられたら、支配者が唯一の神になれなくなるから。だから、普段から脳のネットワークを介して「お前の信じている神って間違っているんじゃね?」という疑問の念を光の人の脳内に入れてくる。脳のネットワークを知らない光の人は「自分は神の存在を疑っている」と怖くなってくる。すると、支配者は「神を疑う不信仰者は神から罰を受ける!」とより大きな恐怖を挿入する。

「人の罪を裁き、罰を与える神」というイメージになった段階で、光の人の真実の神から引き離されて〝偽りの神〟である支配者の脳のネットワークにつながって支配されてしまう。光の人の〝神〟は〝愛〟だから罪には定めない。そんな〝神〟から支配者は光の人を巧みに引き離していく。

イエスがやったのは、40日間荒野をさまよって人の脳のネットワークを遮断すること。食事を摂らないというのもネットワークを切り離す大事な手段になる。なぜなら、食物を通じて支配者の脳とつながってしまうから。食物を生産している生産者の中にも支配者が存在しているから「自分が食物を生産している」という創造主の神を演じている。そんな支配者が生産した食物を食べることで支配者の脳とつながってしまう。

さらに、食事をするということは母の愛に条件付けられている。母親のおっぱいをもらう時に、母親の脳内では信頼のホルモンであるオキシトシンが分泌される。赤ちゃんは母親の脳を真似するから、母乳を飲みながら自分の脳内でもオキシトシンが分泌されて、母親から愛されているという幻想を作り出す。成長して食事を母親に作ってもらうようになっても、〝母親に食べさせてもらっている〟という条件づけでオキシトシンが分泌される。オキシトシンは母親の愛に条件付けられ、母親の脳とつながるようになってしまう。

また、食事を摂る時に十二指腸や空腸の細胞からコレシストキニンというホルモンが分泌されて食品を消化しやすくする。この時に脳内ではオキシトシンが分泌されるのだ。食事を摂るたびに母親の脳とつながることになってしまう。

イエスもブッタも、この母親につながる条件付けを断つために断食をする。人から離れて、人のつながりを切って、支配者の脳のネットワークを遮断していくと、最後に出てきたのがマーラであり悪魔の存在であった。

頭の中に浮かんでくる欲望、疑念、不安などはすべて、自分の考えじゃなくて脳のネットワークを通じて支配者が入れているもの。イエスはそれらすべてを遮断して、支配者の存在をちゃんと証明してくれている。「自分の思考じゃないんだ！」と気がついて解放されれば、支配者以外の声がちゃんと聞こえてくる。

神の声っていうとなんか怪しいよね！

確かに、神の声を聞くというのは抵抗がある。

誰かが「私は神の声を聞いた！」と言えば「こいつ危ない奴だ！」と警戒する。「神の声を聞く方法を教えてあげましょう！」と言う人が現れたら「こいつは絶対に詐欺師だな！」と私は信じない（こんなことを書いていながら⁉）。「私は神から啓示を受けて宗教家になった！」と言われたら「ふ〜ん」と冷めた目で見てしまう。

なぜだろう？　〝神〟は光の人の真実であり、虚無や支配者たちにとっては真実ではない。だから嘘っぽく聞こえるのかな？

神が光の人にとって真実ということは、光の人にとって神は存在していてあたりまえで、光の人は常に神とともにある。それは人が空気を吸って生きているのと同じ。〝神〟の存在はごくごく自然なことのである。

だから、誰かが「神の声を聞いた！」と公言しているのを聞けば「私は空気を吸って生きています！」と自慢げに話しているのといっしょ。「なんでそんなことを自慢げに公言するの？」と疑問になり、空気以外の臭いを嗅がされる予感がしてしまう。神の声を聞く方法を語る人がいたら「空気を吸う特別な方法を教えてあげよう！」と言っているのと同じ。だから「詐欺だ！」と思ってしまう。「神から啓示を受けた！」と言う人がいたら「空気が私の生き方を示してくれた」と言っているのと同じに聞こえてしまう（おっ！「お前、それは失礼だろ！」という支配者の声が聞こえる～）。

光の人にとって神は特別な存在ではない。なぜなら、それしか真実がないから。だから、あえて神について語ったりそれを広めようとはしない。〝神〟について議論すること自体が不自然になる。実は、〝神〟の存在を議論すればするほど支配者の脳とつながってしまう。

私は、大学生の時に交通事故に遭った。警察が聴取した目撃者の証言によると、私の車は空中で3回転し、対向車線を走っていた車の上を飛び越え、そのあと地上で4回転して大破した。私はその瞬間に「おかあさ～ん」と叫ぶかな？　と思っていたが、実際にはとっさに「主よ！」と叫んでいた。「俺ってまともじゃん！」と飛んでいる車の中をスローモーション映像で眺めながらそんな事を考えていた。

私は「主よ！」というのは「神よ！」と同じ意味だと思っていた。

神よ！　と叫べば支配者とつながってしまう

目を開けると、私は道路のアスファルトの生温かい血の海に横たわっていた。熊のようなレスキュー隊員が「今、屋根を切って助け出してやるから、起き上がるな！」と叫ぶ。私はレスキュー隊員に向かって「車で誰かを傷つけなかったか？」と尋ねた。レスキュー隊員が大声で「Nobody!」と叫んでくれた。私は安堵で泣きそうになってしまった。

大切に乗っていた愛車の屋根がカッターで切られ、私は車から引きずり出されて「首の骨が折れているかもしれない」と堅い板の上に身体と頭をぐるぐる巻きにして固定された。「なんでこんなことになってしまったのだろう？」――自分のしてしまったことへの後悔よりも「今死ぬかもしれない」という緊迫感の方がまさっていた。死ぬ前に自分の罪をすべて神の前に懺悔しなければ地獄に堕ちる、と必死に悔い改める。でも、救急車が走り出したとたんに神に祈る心の余裕さえなくなった。

なぜなら無数のガラスの破片が後頭部に突き刺さっていたのだ。頭は堅い板の上に固定されているので、ちょっとした車の揺れで頭蓋骨に突き刺さる。私はレスキュー隊員に「タオルを頭に当ててくれ！」と叫んだ。でも、救急隊員は「首の骨が折れているかもしれないから我慢しろ」と言う。「磔刑に遭ったイエスがかぶせられたいばらの冠ってこんな感じだったのかな？」と、ちょっと痛みに浸ってみようかとも思ったが「そんなの無理！」。隊員はしぶしぶタオルを当ててくれた。

意識が遠のいていく。その中で必死に自分の罪を懺悔しようとする。「あとはどんな罪があったかな?」と自分の人生を振り返り、罪と感じるものを片っ端から懺悔しようとする。

病院のER（救急救命室）に運ばれ、首のレントゲンを撮って、結果待ちとなった。隣のベットに運ばれてきた交通事故被害者のまわりでスタッフがあわただしく動き、カーテンの向こうからピーという電子音が鳴り続ける。次の瞬間、死臭が立ちこめてくる。「あー次は私の番だ」と覚悟を決めた。

それから何時間も経過した。私の意識は消えなかった。医者に「首の骨は大丈夫だったから、これから刺さっているガラスを抜いて縫うからね」と言われて、私は静かにうなずいた。「せっかく死ぬ覚悟を決めて懺悔までしたのに……」とちょっとがっかりした気持ちもあった。それよりも「またあの地獄のような大学のレポートと試験の世界に戻らなければいけないんだ」と思ったら絶望的になってしまった。

後頭部を20針縫って、その日の夜に私は退院した。友達がずっと付き添ってくれて、車でアパートまで送ってくれた。私は机の前に座って、コンピュータの電源を入れて、レポートを書き始めた。

――それからの記憶が途絶えている。

車がなくてどうやって大学に通っていたのかがまったく思い出せない。交通事故のショックで記憶が断片化している。一つだけ憶えているのは、意地悪な心理学の教授のエピソードである。

心理学の教授が出した課題図書を8冊すべて読んでレポートを書いたらAがもらえる。私はどうにか7冊まで読み終わっていたので、レポートを完成させて教授に提出し「私の成績はBでいいです」と伝えた。すると、教授は「ノブ、お前はAを取れ」と言う。「えっ、今から残りの1冊を読んでレポートを書き直すんですか？」と頭の包帯を指差しながら尋ねた。「お前ならできる。もう1冊読め」と教授は言う。「それは無理です」と答えるが、教授は「いや、お前はこの本を読むんだ」と1冊の薄い本を手渡す。そして、ニヤッとして去っていった。私は心の中で「鬼教授！」と叫んでいた。

試験が迫っていたので、早く本を読んでレポートを書いて、試験勉強に集中する必要があった。それにしても、こんな薄っぺらな本が課題図書の中に入っていたっけ？

そのあと図書館で本を開き、内容に目をみはった。タイトルは『あなたの神は小さすぎる』――自分のイメージしている神は母親だったり、父親だったり、祖父だったりと、罰や教訓を与えるちっぽけな存在になっているが、実際は違う。そんな内容だった。

私はその時まで「いい気になって調子に乗りすぎていたから交通事故を起こしてしまった」と自分を責めていた。「神が私の傲慢さを罰した」と本気で信じていた。でも、その本には「神は罪を裁き、罰を与え、あなたを試したり苦しめたりするようなちっぽけな存在じゃない」と書いてある。私は読みながら涙が止まらなくなってしまった。事故の瞬間に「主よ！」と叫んだけれど、あれってもしかして、神様じゃなくて祖父につながっていたのかも？

そんな交通事故の体験を含めてレポートに書いて提出し、教授から約束通りAをもらった。教授が私に言いたかったのはこれだったのね！　と、あとになって理解できた。

教会の主任牧師だった祖父は、信徒から「主牧」と呼ばれていた。私も「おじいちゃん」じゃなく「主牧」と呼んでいた。神に祈る時にも「神様！」ではなく「主よ！」と祈るように教えられていた。

すると、自動的に主牧の祖父がイメージされて、祖父に向かって祈っているような感覚があった。

光の人の真実である神ではなく、支配者に向かって祈ることで、私は支配者に自分の罪を指摘されて地獄に堕ちる恐怖に怯えていた。「主よ！」と祈れば祈るほど、自分の罪深さが感じられて、罪が拭えきれないような絶望感に苛まれていた。

同時に「自分は神にとって特別である」という感覚も「主よ！」と祈ることで湧いてくる。だから人を見下して、人の罪を裁いてしまい、のけ者にされていじめられる。

私が「本物の神」と信じていたのは、実は祖父だった。ショックだったけれど、それですべてのことが理解できた。自分がなぜこれほど罪に苦しんできたのかがよくわかるようになった。

ここで支配者は、「お前を大切にしてくれた祖父を支配者扱いして、お前は最低な人間だ！」と私を罵倒する。ここが光の人と支配者の真実の違いである。光の人は〝神〟以外に真実が無い。神の意志以外に意味があるものが何も存在しないのが光の人の真実である。その感覚は光の人のみが理解できるものである。

本物はそこにあるんだけど！

自分の信じていた神が実は人間で、しかも支配者だった。ここがポイントになる。光の人にとっては神のみが真実だから、自分の信じていた神のイメージは間違っていて、本当は神はいない、ということにはならない。

私が神だと信じていたのは祖父のイメージであった。祖父の演じる神は、罪を裁いて罰して人を地獄と天国に振り分ける。私はその神に罪を裁かれ、地獄に堕とされ破壊される恐怖で怯えて自由を奪われ、常に罪を懺悔して神にひれ伏し救いを求める、という関係であった。

「そんなちっぽけな神じゃない！」と教えられて、私は逆に救われた。自分の信じていた神は間違っていた。そう気付くと、神が自分から遠く離れてしまうのではなく、逆に近づいてきた。神の存在が身近に感じられるようになってくる。これなんだよな！

支配者は光の人のそばにいて自分が唯一の神になるために神との関係を邪魔している。その支配者は私の神じゃないと気付いて、支配者を遮断してしまうと、本物の神が近づいてくる。遠く離れていた神が近づいてくるイメージじゃなくて、常にいっしょにいるのを見えなくされていたのが見えるようになってきた感覚。

「なんだ、いつもそこにいたんだ！」

心の中に響く優しい声

私の頭の中では、自分を責める声が響く。といっても、実際に誰かの声が聞こえるわけじゃない。私を責める声は〝私の不安〟とか〝恐怖〟とか〝怒り〟として認識される。「俺のやっていることは間違っているのでは？」「俺が言っているのは妄想で、みんなを混乱させて苦しめているだけなのでは？」「みんなが俺を馬鹿にして離れていき、すべての人から批判され蔑まれるのでは？」……などなど。そして、持っている物すべてを失って路頭に迷う哀れな自分の姿が頭に浮かぶ。

そんな不安と恐怖が湧いてくると、過去に自分を蔑み裏切った連中が頭に浮かぶ。そいつらにやられたことを思い出し、怒りと憎しみでいっぱいになる。薄汚れた気分になり、心の平安などとは無縁になる。人から裏切られ、馬鹿にされて、みじめな思いをたくさんしているのに、神は私を助けてくれない――そんな神に対しての怒りも湧いてくる。なぜ神は私を助けてくれないんだ！

この精神状態を支配者が分析すれば「誇大妄想の反動から起きる被害妄想」と判断される。「脳のネットワーク」とか「支配者から邪魔されている」などと誇大妄想的なことを言っている私をまわりのみんなが見捨てて離れていき、社会的に孤立したため鬱症状になり、被害妄想的な思考に陥るのは当然の反応である、と決めつけられる。科学的に検証できないことを勝手に発言した無責任な言動の結果、自らが蒔いた種で社会的にも精神的にも崩壊してしまった、ということにされる。

私はそれを聞いて「自分は妄想的になってみんなから見捨てられたから、鬱状態に陥って勝手に被害妄想に浸っているんだ」と納得する。そして「二度と妄想的なことを言ってはいけない」と深く反省する。まるで前科者のような気持ちになり、二度と社会でまともに扱われないような感覚に陥ってしまう。すると、この状態に陥れた神に対してますます怒りが湧いてくる。神から見捨てられ、生きている価値がないように思えてしまう。

そんな私の状況を伝えると、光の人はその人の真実を使って語り始める。

「あなたは〝偽りの神〟である支配者から幻想を見せられて、やりたくもないことをやらされているだけです」

「支配者はあなたが支配者と同じような〝神〟になって、人々があなたを尊敬して崇めてくれるような幻想を作りだしているのです」

支配者が作りだす「みんなから尊敬される」幻想に基づいて、私は自分の真実を支配者に認めてもらおうと必死に説明したり書いたりさせられる。支配者はそれを「間違っている！」と裁き「お前の勝手な思い込みであり妄想である！」と蔑み、罰を与える。支配者は「いつかお前は、みんなから認められて尊敬される」という幻想を入れておきながら、それに基づいて行動した私の罪を裁き、罰して、地獄へと突き落とす。

光の人は「それはすべて支配者があなたに見せている幻想ですから」と私に言う。それでも、私には「間違ったことを言っているお前は誰からも受け入れられない」という恐怖は支配者が作り出している幻想には思えない。実際にインターネット上でもそんな書き込みをされているし。私はその書き込みに反論して自分の考えを説明し、支配者にも納得してもらいたくなってしまう。

光の人は、そんな私に「あなたの感じている恐怖に浸りなさい」と言う。実際にそうしてみると、岩のように堅くて存在感があると思っていたその恐怖が、泡のように消えていく。そして、騒がしかった頭の中が静かになって、すべてがクリアに感じられる。そんな時に、頭の中に優しい言葉が浮かんでくる。

「そのままで大丈夫だから」

「いつも私はあなたといっしょにいるから」

「あなたは力を抜いて、あなたのやりたいことをやりなさい」

それまでの苦しみは消え、安堵の感覚が訪れて涙がこぼれ落ちる。

私の頭に浮かんできたこの〝優しい思考〟は懐かしい感じがした。幼い頃に馬鹿にされて「死んでしまいたい」と思っていると、時折りこの優しい声が聞こえていた。この思考が湧いてくると、私は「それはお前が都合のいいように現実から逃げるために作り出している考えだ！」と否定し続けていた。

私の神はそんなに甘っちょろい方ではない！　と信じていた。難行苦行をして自分が変わらなければ神から受け入れられない、と思っていた。だから、私は優しい声に一切耳を傾けなかった。でも、どうやらそれは違っていたみたいである。

作り出された恐怖から離れて耳を澄ませば

頭の中で「お前は間違っていて、罪を犯している!」という声が聞こえてくる(幻聴か!)。「自分は間違ったことをしているんじゃないか?」と不安になって、人に確認をしたくなってしまう。子供の頃、母親に「僕はなんで人から誤解されちゃうのかな?」と話してみた。すると、母親は「あんたが誤解されるようなことをするから嫌われるのよ!」とどん底に突き落とす。

私の心の奥底には「君が悪いんじゃないよ」という優しい声が響いている(幻聴か!)。母親に確認してみると、その優しい言葉は私が都合のいいように作り出した妄想である、と断定されてしまう。

私はこれまでいろんな人に相談して、このことを確かめてみた。でも、誰も私の中に湧いてくる声と同じような優しい言葉をかけてはくれなかった。相談すれば、みんな私の罪を裁き、罰を与えて苦しめる。それによって、私の頭の中に湧いてくる不安や恐怖の方が正しいことが実証されてしまう。素晴らしい宗教家や尊敬できる臨床家に相談しても、結果は同じだった。初めのうちは理解しているように振るまうのだが、やがて私の罪を裁くようになる。私の本質が汚れていて、付き合っているうちに私の本性が相手にばれて、馬鹿にされて蔑まれる、という構造がそこにある。私が悪夢で見て、もっとも恐れている結果が現実となる。

でも、脳のネットワークと支配者の存在を理解した時に、この悪夢の構造から抜け出せる。

以前はこれを実証できなかったので「お前の妄想だろ！」と支配者に決めつけられていた。でも、現代はインターネット上で支配者のネットワークを実証することができる。自分の考えている不安や恐怖が現実なのか？　とネット上で書き込んで確認すると、いみじくも「名無しさん」から「お前は気持ち悪い！」「自己陶酔している変態野郎！」などという心ない言葉が返されてくる。もしや私の心の奥底に聞こえてくる優しい言葉がどこかから返されてくるのでは？　とほかのコメントを探してみるが、どこにも見当たらない。

それは、優しい言葉が神からのものだから。光の人の神は自分の外にはいない。外に神を求めて人に相談したって神の声は探し出せない。

インターネットは便利だが、そこには光の人の真実はない。脳のネットワークから流されてくるものの中に、光の人の真実は埋もれてはいない。

光の人の真実はねじ曲げられちゃう

支配者が演じている偽りの神は現実に存在していて、物事のルールを作り出している。実際に人の罪を裁き、人の罪を罰し、そして人を愛している。このように支配者は神の役割を演じているから、神の存在のみが現実世界で実証可能となり「支配者以外の神は間違っている」と決めつける。そんな世界に生きている光の人は混乱してしまう。

光の人の真実は〝神〟であるから、神の意志を求めてさまよい歩く。そして、支配者の意思につながってしまう。「あっ、これが神の意志かもしれない！」と喜んでいたら「なんだ、支配者じゃん！」とがっかりする。でも、そこで支配者は「光の神の意志と支配者の意志とどこが違うねん！　それを証明してみいや！」と突っ込む。

支配者は人の罪を裁くのが仕事である。だから、支配者の意志に従わない限り、罪とされて罰を与えられる。支配者の裁きと罰に曝される光の人は「支配者の意思に従った方が楽なのかも？」と思ってしまうほど苦しむ。「ある程度支配者の意志の通りに善行を積んだら、罪に裁かれ罰を受けることが少なくなって神の声が聞こえるかもしれない」と思い、良き行いをして清く正しく生きようと努力をする。でも、努力をすればするほど、頭の中には自分を責める声が響く。「お前は偽善者だ！」とか「心の底では人を憎んだり恨んだりして、お前の善行は嘘をついている」などと責めて裁かれる。

支配者の仕事は人を罪に定めて罰することである。だから、どんなに良い行いをしていても、頭の中では責めて罰を与えている。それが脳のネットワークを伝わってくるから「自分は偽善者だ」と思うようになって、汚れた気持ちになり、神の声につながることができない。

光の人は「だったら瞑想や祈りで神の声が聞こえるように努力しよう」とする。瞑想の本や祈りの方法が書いてある本を読んで、神の声を聞いてそれに従おうとする。でも、その本を書いている人が支配者だったら、その支配者の脳につながって「お前はちゃんと瞑想ができていない！」という形で責められる。「そんな中途半端なやり方じゃあ神の意志なんか掴めるわけがない！」とか「そんな一時の高揚感で喜んでいたら、ちゃんとした瞑想は継続できない！」などと脳内で責められる。祈りも同じである。「お前は自己中心的な祈りをしている」と責められる感覚に襲われて、祈りがすべて無駄のように思えてしまい、続けられない。

なぜなら、そこに光の人の真実が存在しないから。光の人の神は支配者ではない。虚無でもない。

優しい声により頼むこと

脳のネットワークを理解した時に、頭の中に浮かんでくる厳しいツッコミは支配者からの声となる。しかし、実際には、その声の後ろに優しい言葉が流れている。

「人のことなんか気にしなくていいよ！」

「いつもどんなときでも私があなたといっしょにいるから大丈夫だよ！」

「自分のやりたいことをやっていいよ！」

これを〝心の声〟としておく。これこそが光の人の真実である神とのコミュニケーションである。もちろん、支配者からすれば優しい声はその人の妄想であり、光の人が自分の都合のいいように作り出している自己中心的な思考になる。

光の人は支配者からの厳しい声が正しいと思わされてしまっていて、優しい声に耳を傾けること

偽りの神である支配者ではなく、心の奥底を流れる「光の人の真実」の優しい声にこそ耳を傾けてみよう

ができなくなっている。

ここで問題になるのはその「正しい」という言葉である。正しいか間違っているかを決めるのは支配者の特徴である。だから「こっちの方が正しいかも？」と思った時点で、支配者のネットワークから伝わってきた思考となる。光の人の神には「正しい」も「間違っている」も存在しない。光の人の真実は「神の意志かそれ以外か」だけ。だから支配者からの声ではなく、ただひたすら心の奥底に流れている優しい声に耳を傾ける。〝心の声〟である。それが光の人の真実である神とのコミュニケーションだから。

ここで光の人が「神よ！」と問いかけてしまうと、これまでの条件付けで自動的に偽りの神を演じる支配者のネットワークにつながってしまう。したがって、光の人が真実とつながる時は神という言葉を使わない。

「心よ！」という問いかけをする。

光の人の心の中に流れる優しい声の中にこそ真実があるから、この言葉で直接問いかけるのだ。光の人の真実は、光の人の外にはないのだから。

だが、ブッタが悟りを開く時に、マーラが自身の破滅につながることを恐れて必死に邪魔したように、支配者も光の人の「心よ！」の問いかけを必死で邪魔する。

そこで、「自分には聞こえない！」と思えたら、優しい声に助けを求める。「心よ！　私と心の間にある邪魔を排除してください！」とお願いする。すると、優しい声が聞こえてくるようになる。

そして、もう一度心に問いかけてみる。「心よ！　私を助けてくれますか？」と。すると優しい声が「私はいつでもあなたを助ける」と答えてくれる。私の場合は声というよりも自分の思考として浮かんでくるような感覚がある。それを受けて、私の目に熱いものを感じる。

私が外に「私を助けてくれますか？」と問いかけても「甘ったれるな！」「自分でどうにかしろよ！」などと突き放されるので、素直に助けを求めることができなくなっていた。でも、心に向かって問いかけてみると「もちろんあなたを助ける」と優しい声が響いてくる。「これなんだ！　私が求めていた声は！」と嬉しくなる。

光の人の真実である〝神〟は罪を裁かないし、罰しもしない。なぜなら、神＝愛だから。それは無条件の愛だから「どんな私でも愛してくれる」という確信がある。それが光の人の真実になる。

厳しい声よりも優しい声

「何でお前はちゃんとできないんだ！」とか「どうしていつもそうやって中途半端なんだ！」と幼い頃から親にずっと叱られてきた。だから「自分はいつも間違っているから、優しい声よりも厳しい罵倒の方が正しい！」と思ってしまい、心の中に響く優しい声に耳を傾ける習慣がなかった。でも今は、罪を罰する支配者の思考パターンに乗っ取られていたことがよくわかる。

光の人は真実を得る為に支配者の正しい答えを求めずに、優しい心の声に聞き従う。「心よ！」

と問いかけても声が返ってこない場合は、これが支配者の邪魔だと認識する。そんな時は優しい声に助けを求める。

心と自分の間がクリアになったけど、まだ何か引っかかるものがあって自信がない、と思ったら何度でも助けてもらおう（心は何度助けを求めても支配者とは違っていて「しつこい！」とか「くどい！」とは言わない）。

「心よ！　私と心の間に邪魔はありますか？」

心が「邪魔はない」と答えてくれたら、いろんなことを聞いてみる。光の人の真実は神の意志の遂行である。だから「何をするにも心に聞いて行動する！」のが本来の生き方となる。

こんな風に書くと、「えっ、神の意志って『神は何を求めているのだろう？』と深く自分自身で考え、祈って、実行するんじゃないの？」と言われる。

ここが大切なポイントとなる。

人が頭を使って考える時に、脳のネットワークにつながる。考えるという行為は脳のネットワークを使うことになる。だからこれは光と引き離したい支配者にとってものすごくチャンスとなるので「頭を使って考えなさい！」と言うのは大切な教えになる。支配者が「よく考えろ！」と言うのは「よく考えることで脳のネットワークにつながり、支配者の脳とつながり、支配者の思考に支配されろ！」ということとなる。

物事をよく考えれば考えるほど脳のネットワークにアクセスして、他人の思考を自分のものにしてしまう。だから、「本当に自分が求めているものは何？」というのがわからなくなる。「ノートパソコンを買いたいんだけど、何を買ったらいいんだろう？」と迷っている時に、複数の人に相談したとしよう。Aさんは「今は価格が安くなる前だから買わない方がいい」と言う。Bさんは「今安い機種を買えば得だよ！」と言う。Cさんは「なんでノートパソコンが必要なの？」という意地悪な返事をする。わけがわからなくなり、いつのまにか手元には自分が本当に欲しかったものとは違う機種が置いてあり「これじゃないんだよな！」と後悔する。これと同じようなことが脳のネットワークでも起こっている。考えれば考えるほど迷って、本当に求めているものからかけ離れていく。

だから光の人は、人に相談して神の意志を求めるのではなく、自分の頭で思い悩んで神の意志を求めるのでもなく、ただその場で「心よ！」と問いかけて、優しい声から返ってきた答えのままに行動する。すると、喜びを感じられる。なぜなら、〝神〟の意志に従って生きるのが光の人の真実だから。

頭で考えて行動していた時は支配者の意志に従わされていたので、何をやっても後悔して満足できない生き方となる。でも「心よ！」と問いかけて、優しい声に従った時には後になって充実感がじんわりと湧いてくる。「自分が求めていたのはこれだったんだ！」と。

考えないで心の声に聞き従う

母親から「よく考えてから行動しなさい！」と言われていた。でも、実際に行動してみると失敗してしまい「ほら見なさい！　あんたはちゃんと考えないで行動するからこうなるのよ！」と叱られた。

自分では考えているつもりである。そして、正しい答えも知っているはずである。でも、考えれば考えるほど「あれもやっちゃ駄目！　これもやっちゃ駄目！」「あんたの考え方は間違っている！」「どうしてもっとちゃんとできないの！」などの駄目出しが頭の中に響いてきて、考えるのが面倒臭くなって「え〜い！」とやって失敗し、あとで後悔するのだ。

周囲は私が適当な行動をしたことだけを見て「考えずに衝動的に動いてしまう馬鹿者」と判断する。実際には考えないんじゃなくて、考えると頭の中が駄目出しでいっぱいになり、混乱して、本当に自分の求めていることが選択できずに、いい加減な行動をとるしかなくなっていたのだ。

自分が悲観的な考え方しかできないから、頭の中に駄目出しがいっぱい浮かんできてしまう。そう思っていた。自分への駄目出しが頭の中にハエが飛び回っているような感じで、いくら振り払っても無駄である。このハエのような駄目出しって、支配者が私を罪に定め罪を罰することで、私が本当にしたいことをできなくさせていることになる。

脳のネットワークで駄目出しが脳に伝わってきている事を証明する為に、自分が「これをしてみよう！」と思いついたことを頭で考える代わりに、複数の人に相談してみると、頭の中で聞こえてくるのと同じような駄目出しが人の言葉として聞ける。そして、人に相談すればするほど私は混乱して、自分の本当にしたいことがわからなくなり、結局自分が求めているのとは違うことをやってしまい、あとになって後悔する。

光の人の真実は神の意志に従って生きることである。光の人が頭で考えたら、脳のネットワークにつながって支配者の意志に従うことになってしまう。そこで、光の人の頭の中で駄目出しが聞こえた時に「心よ！」と支配者からの邪魔を排除してもらう。心に聞いて行動するだけで次第に喜びが感じられるようになってくる。なぜなら、そこに光の人の本来の生き方があるから。

「ちょっと待て！　どうして心が神の意志なんだよ！」と支配者は頭の中でツッコミを入れる。「お前はどうして心が神の意思だとわかるんだよ！　偉そうに！」

便利なのは、光の人はそんな疑問も心に聞くことができちゃうことだ。

「心よ！　あなたはどなたですか？」

頭の中で「そんな答えはお前に聞けるわけがない！」という支配者からのツッコミが入ってくる。

心に助けを求める。

「心よ！　支配者からの邪魔がありますか？」

心が「ある」と返答してくれたら「心よ！　支配者からの邪魔を排除してください」とお願いする。

頭の中の駄目出しが少なくなっていく。もう一度「心よ！　あなたがどなたか教えてくださいますか？」と質問してみる。

「お〜これか〜！」

心からの返答で、鳥肌が立つ。

優しい声にはゆらぎがある

「心よ！」と自分の中の優しい声に問いかけて、返ってきたその答えに従っていくと、光の人の真実が見えてくる。

心に聞けば聞くほどそのコミュニケーションが楽しくなり、それに従っていく喜びが増してくる。

ここで一つだけ注意する必要があるのは、心に聞く時は必ず「心よ！」とタグを付けること。「神よ！」と尋ねてしまうと、これまで自分を支配していた支配者につながってしまう。「自分の心に聞くんだから、いちいち『心よ！』なんていらなくない！」と思ってしまうが、〝心〟というタグを付けなければ知らないうちに支配者の脳とつながるから、これは厳守だ。

光の人の真実である〝神〟とコミュニケーションをとっているのだったら、頭の中で神々しい声が荘厳に聞こえてくるのかな？　と期待してしまう。でも、光の人の中では、まるで自分自身が答えているかのような思考が湧いてくるだけだったりする。優しい声からの返答も「これは自分の思考かも？」という感覚で認識される。

そこで、支配者から「ちゃんとした神の声で聞こえていないから、お前には無理かも?」というツッコミが入り、「自分には自信がない!」と自分が作り出している思考として認識される。私は幼い頃から優しい声を聞いていたが、やはり「全部自分が作り出している都合の良い答えだよね!」と無視し続けてしまっていた。でも、その優しい声を思い出してみると、一番大切なことをその頃の私に伝えてくれていたことがわかる。

〝心〟に聞くもう一つの大切なポイントは〝ゆらぎ〟である。

心に質問すると、支配者はその答えに不安を入れてくる。「本当にそれで大丈夫なの〜?」と。そこで、もう一度「心よ!」と質問すると「えっ、さっき聞いた答えと違うじゃん!」ということが起こる。すると、支配者がここぞとばかりに「お前はちゃんと聞けてないじゃん!」と疑念を抱かせる(それが支配者のお仕事)。でも、心の答えに〝ゆらぎ〟があるは正解なのである。

支配者の神は人に一貫性を求め、それができていないことで罪に定めて罰を与える。光の人の〝神〟は罪に定めないし、罪を裁かない。だから、一貫性もそこには必要がない。だから「さっきのとは違う」と思うのだが、そのまま聞き続けて心の声に従っていると「そうか、こういうことだったのか!」と理解できる。

一見すると一貫性がないように思えるが、そのランダムに聞こえる答えには明らかに〝〝神〟の意志が流れている。〝ゆらぎ〟に任せて心の声に従っていくと、確実に支配者の世界と訣別でき、神の意志のままに生きることの喜びに浸ることができる。そして「お〜自分が考えていたのとは次元が違うのね！」と感動する。

人とは同じになる必要がない

虚無は無となったときの一体感を求めて生きる。支配者は人を支配することだけを追い求める。光の人は神の意志を求めて生きる。そうなると、光の人だけ見えないものを追い求めて生きていることになり、他の人たちと違っているから仲間はずれのような感覚に陥る。

光の人からは「他のみんなは仲良く楽しそうに生きている」ように見える。虚無の人たちは、支配者から植え付けられたプライドを捨ててしまえばみんな仲良く楽しく一体感の喜びを感じることができちゃう。支配者や支配者に支配されている人たちは、人の悪口や噂話をベチャクチャと楽しそうにしゃべっちゃう。でも、光の人はどこへ行っても「仲間〜！」とか「面白い〜！」と感じられない。なぜなら、虚無との一体感が生きる目的ではなく、支配者のように人の罪を裁いて支配することが目的でもないから。

他の人はそんな光の人を見て「いやーね、あの人、高飛車で！　なんて偉そうなんでしょ！」と陰口を叩く。支配者たちもそのように裁き、それが脳のネットワークで光の人の脳に伝わってきて、自分は人のことを見下しているのかもしれない……と不安になってしまう。さらに支配者から「お前が間違っているから仲間に入れないんだ！」という罪悪感を入れられてしまう。

たとえ「仲間になれた！」と思っても、すぐに相手は離れてしまう。そんな時に支配者はすかさず「お前が気持ち悪いから離れていくんだ！」と責める。すると光の人は、支配者から脳のネットワークで伝わってきた裁きで「自分が人から嫌われるような汚い人間だから人は離れていく」と罪に薄汚れた感覚に陥り、神の意志を求めるどころではなくなってしまう。

こうなってしまうと光の人は本来の生きる目的を失って「人からどうやったら好かれるのか？」を追い求めるしかない。支配者は「人に気を遣って生きることってこの社会ではあたりまえのことじゃないの？」とツッコミを入れる。でも、それは支配者の常識であって、光の人の常識ではない。でも、それがまるで神の意志のような感覚にさせられてしまうから、光の人は神から裁かれ、神の意志をちゃんと遂行できない価値がない人間の気持ちにさせられてしまう。

でも、ここで「人の中には光の人の真実はない！」と気がつけば、本来の生き方を取り戻せるようになる。

「心よ！」と尋ねて、優しい声に言われた通りに実行してみると、再び心の中に喜びが湧いてくる。

その喜びは、何かをやり遂げた達成感ではなく、人から感謝された時の満足感とも違っている。

それが、光の人の本来の生き方であり、真実となる。

光の人のまとめ

光の人は、生まれた時から光の人である。途中から光の人に変わるわけではない。

光の人は、神の意志を求めて生きれば生きるほど、支配者が演じる〝偽りの神〟に支配されてしまう。「これが本当の私の神なのかもしれない！」という気になってその意志に従い、結果的に苦しめられることになる。

光の人が神の意志を求めて「清く正しい人になろう！」と努力をすれば、いつのまにか支配者のように間違っている人を見つけ、その人を裁き頭の中で罰するようになってしまう。間違っている人が気になって頭から離れず、頭は憎しみと恨みでいっぱいになる。支配者から罪を裁かれ、脳を支配されて、人に対する憎しみや恨みの汚物にまみれた自分は神の意志など求める資格はないと絶望する。

どれを選んでも、何をやっても、どんな努力をしても、光の人が本当に求めている神の意志は得られない（光の人の真実はね！　支配者の意思は簡単に得られちゃうけどね！）。

「この世に本当の神の意志なんて存在しないかもしれない……」と苦しみ、絶望した時に、心の中に優しい声が響いている。それは、ずっと昔から自分が苦しんでいる時に響いていた声。あまりにも優しいので「自分が勝手に都合のいいように作り出している」とこれまで切り捨て無視してきた声。

その優しい声に耳を傾けた時に初めて安心を感じられる。その声に従って生きた時に初めて喜びを感じられる。

神の意志は自分の外にあると思っていたら、実は、いつも自分の中に存在していた。まわりの人の反応が神からの評価基準だと思っていたら、まったく違っていた。

支配者も生まれつき支配者である。光の人が途中から支配者になってしまうということはない。支配者は光の人の真実をねじ曲げる。なぜなら支配者が神でなければならないので、光の人の真実から遠ざける必要があるからだ。光の人が優しい声に耳を傾けようとすると「お前が勝手に都合のいい言葉を組み合わせて作っているだけ！」と否定する。

光の人の真実では、脳のネットワークは存在する。だから、頭の中に湧いてくる否定的な思考は、脳のネットワークを使って支配者が自分の中に流し込んでいるもの。罪悪感を感じさせて支配者に執着させるために入れているもの。それを排除して優しい声に耳を傾けた時に初めて光の人は喜びを感じることができる。「これが私の生きる目的！」と。

それまでは、頭の中に湧いてくる否定的な思考と向き合い、戦わなければいけないと思っていた。自分の中に湧いてくる汚い思考を自分で処理しなければ〝神〟に近づけない、と本気で思っていた。でも、それと向き合い、戦えば戦うほど、支配者とのネットワークが強化されて、さらに自由が奪われていた。

「心よ！」と助けを求めて、支配者からの邪魔を排除してもらった時に、支配者を相手にする必要はまったくなかったんだということに気がつく。「心よ！」と助けを求めるだけで自由になれる喜びをその時初めて知る。

でも、光の人が自由になればなるほど、支配者からの攻撃が激しくなる。脳のネットワークを使って支配者が入れてくる否定的な考えや責めや罵倒が頭の中で響き渡る。、支配者からの攻撃が激しくなればなるほど、光の人は〝心〟により頼むようになる。否定的な考えや自分に対する駄目出しが自分のものであるかどうかを〝心〟に確認して、自分のものでなかったら排除をお願いする。そうしているうちに、支配者の存在の意味が見えてくる。支配者は、光の人が心に聞き頼り続けるために存在している事が実感できるようになる。

そうして、心とのつながりがさらに強化されて、光の人はさらなる喜びを感じる。そこに光の人の生きる目的がある。

第4章

どうやって3つのタイプを見つけたの？

我以外皆我師

ユングは精神疾患の患者さんたちが語るイメージに不思議と共通点があること、そして、それらが世界各地の神話や伝承と一致する点を見出した。そこから、人間の無意識の奥底には人類共通の集合無意識が存在すると考えた。私はそれを大学時代に勉強したときに「おっ、自分と同じことを考えている人がいる！」と感動した。

私はこのユングの精神が好きであった。精神疾患の患者さんの言っていることをただの妄想と処理しないで「この人の語っている話の中に何か真実があるかもしれない！」と興味深く聞くことで、そこから面白いものが見えてくる。

私は幼い頃からキリスト教の教えにだけ真実があって、それ以外に真実はない、と信じてきた。だから、学校へ行っていても教師の知識を馬鹿にして、友達の無知さを心の中で蔑んでいた。それなのに成績はビリ。しかも、仲間に入れてもらえずにいじめられる、という現実に生きていた。

そんなみじめな学生生活を送っていた時衝撃を受けたのが、吉川英治の小説『宮本武蔵』であった。その中で一番感動したのが「我以外皆我が師」という言葉だ。武蔵は「どんな小さな人でも自分の先生である！」と言っていた。私は「これが無敵になる秘訣か！」と思って、その言葉を大事にすることにした。

ユングの勉強をした時に、再びこの言葉が浮かんできた。もしかしてユングは「我以外皆我師」

を実践して無敵になったのかもしれない、と感動したものだった（ユングが実際に謙虚な人だったかどうかはわからない）。ユングのように「どんな人の中にも真実がある」と耳を傾けた時に真実が見えてくるなんてすごい、と尊敬していた。

前置きが長くなってしまったが、この3つのタイプの真実は、すべて私が接触したクライアントさんから教えていただいたものをまとめただけ。クライアントさんの語る言葉の中の真実を聞き続けていたら共通点が見えてきて、そこから結果的に3つのタイプの真実を教えてもらうことになった。残念ながら、私がオリジナルで発見したものは何一つない（別に危ないことを語っているから責任逃れしているんじゃないよ！　といっても「危ないこと」にしているのは支配者だけどね！）。

こう書いてもわけがわからないだろうから、ここでクライアントさんたちから教えてもらうに至ったプロセスを紹介しておこうと思う。

キリスト教の矛盾

私が慕っていた祖母が亡くなった時に、母親が泣いていなかったのはショックであった。私はそれまで泣き虫と馬鹿にされていじめられていたが、祖母の死からは「自分が泣けるのは心があるから」と思えるようになった。少し自分の涙が好きになっていた。

その後、私はキリスト教の高校に入学し、週に何回かの朝の礼拝で聖書の言葉を聞き、教師とともに祈った。キリスト教の文化は、幼い頃から毎週土日に欠かさず教会に通っていた私にはごくごく自然のことだった。

私が一年生の時だった。何度か会話した演劇部の女性の先輩が、大学受験に失敗して自殺した。そのニュースを聞いた時、私はものすごいショックを受けた。そして「自分はその人の死を止めることができなかった」と本気で自分を責めていた。別に親しいわけでもなく何回か会話しただけだったただが、私はものすごく落ち込んでしまった。

自分が信じている神に先輩が毎朝のように触れていながらも、死を選んでしまったのはどうしてだろう？　自分の信じている神が万能であったなら、なぜその神に接触したことのある人が自死なんか選ばなければいけなかったのだろう？　私は本気で悩んだ。

私は「自分が止められなかった」ということを後悔しているというよりも、自分がこれまで信頼しきっていた神がどうしてこの自殺を止めなかったのだろう？　とショックを受けていたのだった。

私は「神の前で清く生きなければ地獄に堕ちる」とそれまで怯えて生きていた。でも、どう努力しても自分は清く生きることができず、人に対する憎しみ、怒りに満ちて汚物まみれ。こんな私を神は受け入れてくれまい、とあきらめていた。それでも、いつかは神に認められる清い存在になるために聖職者をめざす覚悟だった。

まあ、格好をつけないで言ってしまえば「地獄に堕ちたくないから聖職者になる」というような感じだった。誰かを救うためとか、神の意志を貫くため、なんてかっこいい目的じゃなく、ただ「地

万能であるはずの神が、なぜ辛く哀しい結末を用意するのか。その現実が、「神」という存在への疑問につながっていった

獄に堕ちたくない」ということから「聖職者になるしか清く生きることができないのでは?」と思っていた。

亡くなったその先輩は、学校のボランティア活動に積極的に参加して先生に信頼され、みんなからも好かれていた。部活では部長をやっていて、勉強も一生懸命していた。いってみれば、その先輩の方がずっと清く正しく生きていた。「なぜ? あんなに清く正しく生きていたのに……」と私は茫然となった。

母親が泣いていなかったのに加えて、この先輩の死で、私の中の真実が揺らいでしまった。「何かが違う!」「何かがおかしい!」と疑問を感じ始めた。そして、私は聖職者になる道を捨てて、心理学を勉強することを選択した。

アメリカの大学に入って心理学の勉強をすると決めたが、やっぱり私の中に中途半端な気持ちがあった。だから、キリスト教の大学に入学して心理学を専攻し、キリスト教の勉強も同時にしていた。やっぱり、地獄に堕ちるのが怖かったのだ。

海外で活動する宣教師の子供たちがその学校にはたくさんいて、ほとんどが敬虔なキリスト教徒。酒もタバコも不純異性交遊も禁止されて、みんなはそれを守っていた（おそらくね!）。誰もが熱心に聖書を読み、勉強をしているのだが、一年に4人は精神病院送りになってしまう生徒が出る。

まあ、確かに、サディスティックな教授たちがそろっていて、ハードな勉強をしなければ単位が取れない。だから寝る間も惜しんで勉強をしているうちに燃え尽きてしまって、鬱状態になることは考えられた。

夏休みが明けて、最初の試験が終わったあとに、私はアダム（仮名）の部屋へ行った。試験で溜ったストレスを彼とのおしゃべりで解消しようと思ったのだ。でも「アダム！」と叫んでも返事がない。そばへ近づくと、目は開いていてぼんやりと宙を眺めている。「人が呼んでるんだから返事しろよ！」と怒鳴りつけたが、相変わらず返事をしない。演劇部に入っている彼が私を相手に演技の練習をしているのか、それとも私をからかっているのかと思った。そこで、悪戯好きの私は、アダムの部屋にあるステレオを大音量で鳴らして、そのまま図書館へ行った。

図書館が閉まり10時過ぎに寮へ帰ってくると、大変な騒ぎになっていた。保健室の看護師さん、心理学部の教授、そして宗教学部の教授が何人もそろっていて、寮の前で真剣に話し合いをしていた。私が近づいてみると、教授たちが「どうしてアダムはあんなに大音量でステレオを聴きながら動かなくなっていたのだろう？」と話している。

私はその瞬間にすべてを覚った。アダムは精神的な病に罹っていたんだ！

教授たちが「もしかしたらステレオの大音量で発作を起こしたのかもしれない」なんて話し合っている声が私の耳に入ってくる（ひえ〜違うのに〜って、ややこしくしたのは俺か！）。

どうやら、ステレオの音で苦情がきて部屋に入ってみたら、動かないアダムが発見されたらしい（私がアダムの部屋を出る時に鍵をかけたから、完全にアダムがステレオをつけたことになっていた。密室事件じゃ〜！）。そのあと彼は救急車で病院に運ばれていった。

この時に、私は高校時代の先輩の死のショック時に味わった絶望感に再び襲われた。アダムはあんなに勉強も優秀で熱心なキリスト教徒なのに、精神を病んでしまった。「神って何なの？」「神の意志はどこにあるの？」と、信じていたものに裏切られたような感覚に陥っていた。

人は何で病むのか？　トラウマ理論

カウンセリングの世界に入って仕事をするようになると、私はますます「人はなぜ病むのか？」というテーマを深く追求するようになっていった。

人は鬱状態になって学校や会社へ行けなくなったり、パニックになって電車に乗れなくなったりする。意欲を失って、勉強や仕事に集中できなくなる人もいる。食事のコントロールやお酒のコントロールができなくなり、そのまま亡くなってしまうケースだってある。妄想や幻聴に取り憑かれて、暴力的になってしまい、人に危害を加えてしまう事件も起きたりした。「どうしてこんなことが起きるの？」というのが常に私の中の疑問だった。

いろいろなカウンセリングの手法を勉強してきたが、その中でもっとも手応えを感じたのがトラウマ理論だった。これは、過去のトラウマが現在の症状の元になっている、という仮説である。その理論に従えば、過去の記憶から失われているトラウマを引き出して記憶を整理することで現在の症状は消失する。

鬱状態になって会社へ行けなくなった人の過去の話を聞いてみると、たとえば小学校の頃のいじめの問題が出てくる。みんなから靴を隠されたり、机や教科書に落書きをされたり、廊下で後ろから背中を突き飛ばされたり、という記憶。そのいじめられた体験が記憶から抜けてトラウマになっていると会社の同僚の面前で上司から叱られた時に、そのいじめられたときのみじめで死にたくなるような感覚がよみがえり、翌日の朝「会社へ行きたくない！」と鬱気分に襲われてしまう。

カウンセリングで小学校時代のいじめられた体験を語ってもらった時に、カウンセラーである私も自分の体験を思い出し、いっしょになって悔しさに涙する。そして、トラウマの記憶は感情とともに整理されていく。トラウマとなっていた記憶が整理されていくと「自分たちはよくぞ耐えたよな」と、いじめにもめげず生き残ってきたことが誇らしく思えてくる。

すると「会社の上司は自分のことを嫌って叱っているわけじゃない」ということにその人も気がつく。そう考えたら、会社へ行くのが嫌じゃなくなり、上司とのコミュニケーションも積極的にとれるようになり、仕事が楽しくなった。

その人の鬱症状は、過去に処理されていなかったトラウマの記憶が現在の状況を歪めていたことに起因するもの、ということになる。カウンセラーがクライアントの話に共感することで、解離していた感情記憶がいじめの記憶と統合されて整理されることで、現在と過去を切り離すことができ、自分の変化によって新たな一面を発見できたのだ。

苦しみの裏にある心の傷

ある人は「夜中に食べるのが止まらない」という症状でカウンセリングに来た。

夜中になる前には「今日こそ食べるのをやめよう！」と固く決心しているのだが、いざ真夜中になると、突然コンビニへ走っていって大量に買って帰り、夢中でむさぼり食ってしまう。朝起きた時には食べ物の残骸が残っていて「あー！　またやってしまった！」と自己嫌悪に陥る。

本人は「学生時代に始めたダイエットがきっかけで食べるのが止まらなくなってしまった」と話す。友達から太っていることを指摘されて、それをきっかけに食べるのを我慢するようになって、ある程度痩せることができたと思ったら、突然夜中に食べるのが止められなくなった。

確かに、ダイエットをきっかけに脳と身体が血糖値をコントロールできなくなり、低血糖状態になりやすく、低血糖状態に陥った時に、脳の機能が低下して解離症状（自分であって自分じゃなくなってしまう、自分のコントロールができなくなる）を引き起こすことがある。それだったら、血糖値を安定させるような食事療法をやっていれば解決するから、カウンセリングなど必要ない。にもかかわらずカウンセリングに来たということは、どこかに心の傷があるのでは？　と探っていく。

心の傷は、人の記憶から抜け落ちてしまっている。逆に言ってしまうと、記憶から抜け落ちているから〝傷〟のまま癒えることなく残っていて、いつまでもその人のことを苦しめ続けている。カウンセリングでは、記憶のパズルのピースをかき集めて、そこに抜け落ちている部分に注目する。

話を聞いていると、母親の情報が出てこない。子供の頃の母親と関わった記憶を語らない。こちらが質問すれば、母親に対する怒りを語ったりするのだが、そのエピソードが表面的すぎる。何かがおかしい。何かが足りない。

この「語りたがらない」というのがトラウマのカウンセリングのポイントとなる。トラウマは心の〝傷〟になっているわけだから、痛みを伴うはずである。だから人は、傷になっていて痛みを伴うトラウマを無意識に避けようとしてしまう。だから「あまり憶えていない」とか「母親は普通の人でした」というような話し方になる。そこでカウンセラーは「あーここに傷があるのね！」となる。

痛みが伴って思い出したくない記憶を無理矢理引き出すわけにはいかない。そんな時は、育った実家の家の間取りなどを聞いていく。玄関の広さ、畳の部屋の大きさ、障子の色や穴などを順番に聞いていく。子供の頃に見ていた風景をもう一度思い出してもらう。すると「母親が鬼のような形相で自分の首を閉めている姿が突然思い出された！」という言葉がこぼれる。

母親が姑からのいじめをきっかけに鬱状態に陥ってしまい、寝たきりになって何日もまともに食事を作ってくれなくなった。夜中になって「お腹が空いた〜！」と泣いていたら、突然母親がキレて、鬼の形相で3歳児である自分の首を絞めて「うるさい！　くそガキが〜！」と怒鳴りつけた。

そんな記憶が思い出されたときに「元凶はこれか！」とその人はわかってしまった。夜中に食べたくなるのは、突然首を絞められた時の恐怖や怒りが襲ってくるから。この話が出てくるまでは「昼間あった嫌なことが夜になると思い出されて、夜に苛立ちや不安、そして恐怖に襲われるから」と思っていたが、そうではなかった。空腹になった時に、母親から首を絞められて殺されそうになった時の心の傷である恐怖と怒りが襲ってきていたのだ。首を絞められていた記憶など抜け落ちていたから「自分にはそんな心の傷はない！」と思っていた。だから「自分の意志の弱さの問題」とばかり思って、これまで悩み続けてきた。

よくよくその人の話を聞いてみると、しょっちゅう母親に電話をして相談をしていた。理解のない母親にキレて怒鳴りつけ、あとになって自己嫌悪に陥っていた。このトラウマの記憶が出てきてから「自分は首を絞めた母親への怒りや恐怖から解放されたかったから、母親に怒りをぶつけていたんだ！」ということにも気がついてしまった。それから母親に電話をするのがばかばかしくなって、連絡を一切とらなくなった。それまでは、連絡をしなければ「母親に悪いことをしているのでは？」と罪悪感が湧いてきていたが、それもトラウマによって植え付けられた恐怖が連絡をしないことへの罪悪感につながっていることに気がついた。

「食事のコントロールは自分の意志の問題じゃなかったんだ！」と気がついたら、夜中にコンビニへ走ることがなくなった。我慢する必要が一切なくなっていった。そうしたら、食事の問題で苦しむことがなくなった。

トラウマを見ていくと、人の苦しみって本当に複雑なものなんだな、と感心する。そして、トラウマから解放されることで人が自由になれるということから、心の傷の重さを痛感する。

心の傷を探す方法

ちょっとした「眠れない」とか「気分が落ち込んでやる気が出ない」という症状の陰にも心の傷が隠れていたりする。でも、心の傷は本人の記憶から抜け落ちちゃっているから、癒えずに生傷のまま残って、その人を苦しめる。

「記憶に整理されていないものをどうやって引き出すの？」というのがここで問題となる。カウンセラーが「あなたには憶えていない心の傷があるんじゃないですか？」なんて言葉がけをして無理矢理に心の傷を聞き出そうとしたら、カウンセラーが勝手に心の傷を捏造することになってしまう。ドラマで見た親から虐待されるシーンがまるで自分のトラウマのように思えてしまったり、本で読んだ子供が近所の人からいじめられる場面が自分の記憶のように思えてしまうことだってある。

だから、カウンセラーは勝手に記憶を作らないように注意しながら話を聞く必要がある。バードウオッチングのように、静かにじっとトラウマが出てくるまで双眼鏡を片手に息を殺して待っている感じである。苦しんでいるクライアントの話を静かに聞いていると、木の陰に隠れていて見えにくいトラウマの姿が見えてくる。

症状の原因となっているトラウマを見つけるには、忍耐と時間が必要だ。でも、目の前には苦しんでいるクライアントさんがいて「早く楽にしてくれ！」と訴えている。それでも、カウンセラーは勝手に心の傷を作り出さないように、静かにクライアントさんの苦しみを聞き続ける必要がある。

「もっと早く、楽にトラウマを聞き出す方法はないの？」と調べた。フロイトは催眠療法が苦手で精神分析を提唱し、話を聞くだけで症状の原因となっているトラウマを探り出す方法を見つけていた。話を聞くだけじゃ時間がかかるから、逆に催眠療法を使ってトラウマを探ったらどうなの？と催眠療法の勉強を始めた。

催眠の世界には意識と無意識の世界があって、催眠療法を使うことで普段意識できない無意識さんに助けを借りて楽になってもらおう、ということであった。クライアントさんたちは心の傷を意識することができない。心の傷が無意識の世界に封印されていて、無意識に封印された記憶が症状を作り出しているのだ。

初めのうちは「催眠を勉強したいです！」と言いながらも催眠には懐疑的だった。「催眠なんかに引っかかるもんか！」と思っていた。でも、先生の前に座って、先生に誘導されると、私はいつのまにか気を失っていた。「疲れていたから寝てしまった！」と思っていたが、どうやらちゃんと催眠状態に入っていて、無意識さんの助けを借りていたらしい。

でも、意識を失ってしまったら、自分自身は無意識さんの助けを意識することができない。そこで、先生が教えてくれた無意識さんの助けを意識できる方法は「観念運動応答法」だった。

先生が催眠状態に誘導して自分自身の意思では身体が動かせなくなるが、先生の声はちゃんと聞こえてくる。催眠で半分覚醒した状態を保ちながら、先生が質問を投げかけていく。

「心よ！　私のことを助けてくれますか？」

すると、私の右手人差し指が勝手にピクンと動く。

「おー面白いー！」

でも、私は催眠状態でしゃべることができない。どうやら、私の無意識さんは私のことを助けてくれるらしい。

先生は、私の無意識に質問する。

「心よ！　今困っていることはありますか？」

すると、私の右手人差し指がまた勝手にピクンと反応する。どうやら、困ってることはあるらしい。

先生は「心よ！　それは、自分自身で解決できないことですか？」と質問する。

すると、今度は私の左手の人差し指がピクンと動いた。

「おー左手はＮＯの合図なんだ！」とそのとき初めてわかる。

先生はさらに「心よ！　今困っていることを意識化する必要はありますか？」と質問する。

私は催眠の初心者で質問の意味がわからなかったが、右手の人差し指がピクンと反応した。

「おー困っていることを意識化できるらしい！」

そこで先生は「心よ！　困っていることを教えてください！」と問いかけた。

すると、私の頭の中に突然、努力しても誰からも認めてもらえない孤独な状況が浮かんできた。

そして、目頭が熱くなってきた。

「おー俺はこんなことを考えていたんだ！」と感心する。

困っていると思っていることが浮かんできたあとに、ふっと私の中で「でも大丈夫！」と優しい声が響いてくる。「え？　これ先生の声？」と思ったが違った。

私の頬に熱いものが流れて、そして、先生の誘導で催眠状態から帰ってきた。帰ってきたら、それまで感じたことがないようなすっきりした感覚がそこにあった。いつまでも、この感覚に浸っていたいような気持ちになって、自分が少し自由になれたような気がした。

無意識って何よ？

催眠の先生は〝心〟のことを〝無意識〟と呼んでいた。

その頃私が理解したのは、意識は私たちが頭で考えてやることで、無意識とは考えないでやっていること、ということだ。

もっとシンプルに言ってしまえば、私たちは〝無意識〟で酸素を吸って二酸化炭素を吐いている。「息を吸って〜吐いて〜」といちいち考えながらやっているわけじゃない。緊張や運動の強度に合わせて、呼吸は自動的にペースを変えながら、体内の酸素や二酸化炭素の量を変えながら、私たちの生体機能を保ってくれている。

呼吸と同じく〝無意識〟がわかりやすいのは、心臓の鼓動である。心臓は「自分で動かそう」と思って動かせるものではない。緊張している時は心拍数が速くなり、リラックスしている時にはゆっくりになる。嘘をついてしまった時などは「バレないように落ち着こう！」と意識しても、心臓は正直にドキドキしてしまう。〝無意識〟は私の意識とは違った動きをすることがある。

もちろん〝無意識〟の説明は、精神分析や精神医学、そして哲学などではさまざまな理解の仕方がある。それを一つ一つ説明していくときりがなく、読んでいる人は混乱してしまう。でも、私にとって〝無意識〟は、催眠の先生が言っていた「いつのまにか私たちのバランスをとって助けてくれるもの」という解釈が一番しっくり来たような気がする。

催眠の先生は、私を催眠に導入する時に、私の呼吸に注目を向ける。

「吸う息と……吐く息に……注目しながら……」というように低い声で声をかけてくださる。そうすると、初めのうちは恥ずかしい感覚になるが、やがて身体の緊張が解けていく。

恥ずかしい感覚でいた私は、明らかに意識的に頭でいろんなことを考えていた。「催眠にかかってみんなの前で変なことを言っちゃったらどうしよう？」とか「先生は私をカウンセラーとしてどのように評価しているのだろう？」とか。あるいは「催眠にかかった振りをして、適当なことを言っておけばいいや！」とか「えっ待て待て！　お金を払って催眠を受けているんだから、そんなことをやったら意味がないじゃん！」とかアホなことを一人で考えて緊張していた。

先生が私の呼吸に注目しながら催眠の導入を始めた時に、私も自然と自分の呼吸に何気なく注目を向けていく。その瞬間、私は頭の中で「そういえば、私は考えなくても呼吸をしている」とふと思った。「それならば、何も考えないでいよう」と〝無意識〟に身を任せた。

先生は「観念応答法」を使って「心よ！　私のことを助けてくれますか？」と私の〝無意識〟に問いかける。すると、私の右人差し指がピクンと動いた。

それからいくつかの問いかけをしたあとで、先生は「心よ！　私が私のために何ができるか真面目に真剣に教えてください！」と言った。私は頭の中で「真面目に真剣に、なんて変な言い回しだな～」と思っていたら、右人差し指がピクンと反応した。

「え～！　ＹＥＳなんだ～！」

そして、次の瞬間、私の頭の中に「チョコレートが食べたい！」という思考が浮かんできた。

「なんじゃ！　これは～」

あまりにも意外な「私のためにできること」だったので、あっけにとられてしまった。私はチョコレートを自分から買って食べる人ではなかった。

先生の誘導で催眠状態から醒めて、感想を聞かれると、私は優等生的な答えをしていた。「先生からどう評価されるのだろう？」と考えちゃうから面白くもない返答になっているのは自分でも気がついていた。でも、どうすることもできなかった。私は先生の前で優等生を演じてしまう自分を責めていた。

催眠療法の講義が終わって、冷たい夜の雨の中、私はなぜか急いで近くのコンビニへ走っていった。そして、普段買ったこともないチョコレートを店員の前に置き、代金を払ってコンビニの外に出ると、急いで袋から出して、雨に濡れながら、白い息を吐きながら銀紙を剥いてかじっていた。

ボリッボリッとチョコレートのかけらが砕けて口の中に融けていく。その瞬間に、心の中で「お前、ちょっと自分に厳しくね？」という思考が湧いてくる。

「え？　何これ？」

さらにチョコレートを食べ続けると「もうちょっと、自分に優しくしたっていいんじゃゃね？」。

その時に、思わず涙をこらえきれなくなって、雨が落ちてくる暗い空を眺めていた。

これが〝心〟なんだ！　なんだか温かい気持ちになった。

催眠を使って心の傷を探す

催眠の先生の指導を受けながら、催眠療法を使ってクライアントさんの心の傷を探ることを始めた。クライアントさんに催眠状態に入ってもらい、「心よ！」と問いかけて無意識さんに助けてもらう。

食べ吐きが止まらなくなってしまった女性が、催眠状態の中で「心よ！　あなたは私を助けてくれますか？」と聞いた時に、女性の首の筋肉がピクピクッと動いた。「えっ、首の筋肉が動くのがYESなの？」と心に確認してみると、再び女性の首の筋肉が動いた。とりあえずYESのサインが無意識さんからもらえたので、さらに質問させてもらう。

「心よ！　食べ吐きには原因がありますか？」

女性の首の筋肉が再びピクピクッと動く。

「心よ！　それは過去の心の傷ですか？」

再び女性の首の筋肉が動く。おっ、心の傷があるんだ！

「心よ！　その心の傷は、私自身は記憶していますか？」

首に注目していたが、筋肉は動かない。おー困った！

もう一度質問を繰り返して、どこが反応するかを観察してみた。すると、女性の左手親指が上下に動いていた。

「心よ！　左手の反応がNOのサインですか？」

首の筋肉が動いた。どうやら、そうらしい（ややこしいな〜）。

無意識さんは、女性の記憶から抜け落ちているトラウマが食べ吐きに関係しているらしいと教えてくれた。そこで、無意識さんにさらに質問をしていく。

「心よ！　私はその心の傷を思い出す必要がありますか？」

親指が反応をした。NOなんだ！　まいったな〜！

食べ吐きに関係している心の傷があるのに「それは思い出さない方がいい」と無意識さんは言っている。

「心よ！　心の傷を思い出さなくても食べ吐きの問題は解決するんですか？」

親指が反応してNOと答えている。「おい、無意識よ、どうすりゃいいねん！」と私は心の中で叫ぶ。

「心よ！　私は思い出せるようになる時期を待っていればいいですか？」

首の筋肉が動いた。やった～とりあえずＯＫだ！

女性が心の傷を思い出すまで何をしたらいいのかを聞くために「心よ！　私が私のために何ができるかを真面目に真剣に教えておくれ！」と催眠のお師匠さんの伝家の宝刀を使ってみた。

すると、女性の首の筋肉がピクピクッと動いたので「教えてくれるんだ！」と嬉しくなって、女性に催眠状態から戻ってきてもらった。

女性に「心はなんて言ってました？」と聞いたら「好きなものを食べなさいと言われた」とにこやかに答えた。

二十歳を過ぎていた女性は、それから駄菓子屋に毎日のように通って、駄菓子を大人買いして食べるようになった。それを何日か繰り返した時に、女性にあの記憶がよみがえってきた。

小学生の時、駄菓子屋に寄り道をして帰ってくると、アルコール依存症の父親が目の前でどす黒い血を吐いていた。「自分がちゃんと血を拭いてあげないと父親が死んじゃう！」とタオルを持ってきて、必死に血を拭いた。そのあと母親に電話をして、救急車が駆け付けた時には、すでに父親の息は絶えていた。女性は、甘いものを食べた時に「自分が父親を殺してしまった！」という罪悪感がよみがえってきて、それで吐きたくなるのだった。そこから「大量に食べて苦しくなって自分に罰を与えて、そして、吐くことでその罪悪感から解放されようとしていた」と気がついたと言う。

「おー無意識さんってすごい！」と感心する。ただし「無意識さんがもったいぶらないで、催眠療法をやっている時にその記憶を出してくれていたら、もっとカウンセラーの格好がついたのにな～」

とちょっぴり悔しかった。

それまで、女性は大量に食べて吐いてしまうことに罪悪や恥の感覚を抱いていた。でも「父親を死なせてしまった」という罪悪感からやっていることがわかってから、食べ吐きをすることの罪悪感や恥の気持ちがなくなった。今となって考えてみると「父が死んだのは自分のせいじゃないじゃん！」とはっきりわかる。「父はただ好きな酒を飲めるだけ飲んで死んだだけ！」ということが見えてくる。これまで家の中でタブーとされていた父親の話が平気でできるようになり、家族と父親の想い出話をしていると、もうそんなことはどうでもよくなってしまった。そうなると、大量に食べる必要がなくなってくる。それからは大量に食べて吐いてを繰り返して自分の気持ちを麻痺させることもなくなった。

そして、女性は長年苦しめられていた罪悪感と恥からいつのまにか解放されていた。みじめな気持ちで縛り自由を奪っていたしがらみから解放されたのである。

この話を聞いて「無意識さんっていい仕事をするんだなー」と思った。

そして「無意識さんが助けてくれる」という意味を実感することができた（このケースは本人の許可を取ってかなり加工して書いてあります）。

無意識さんに頼るようになって

催眠を使って「心よ！」と無意識さんに問いかけてみるのが楽しくなっていた。

とはいえ、クライアントさんが催眠状態なので、カウンセラーは静かに黙って無意識さんが出してくれるYESやNOのサインをじっと待つ。それを誰かが見ていたら「カウンセラーの仕事って地味ですねー」と言われてしまうかもしれない。でも、そんなカウンセラーの頭の中では面白いことが起きている。

ある時「心よ！　私の対人恐怖の原因となっている心の傷を見せてくれますか？」と尋ねると、無意識さんがYESと答えた。その瞬間、カウンセラーの頭の中に薄暗い木造の平屋の建物が浮かんできて、その家に入っていくと、木の床は腐って穴が空き、ドアの向こうには汚いトイレが見える。

「なんじゃ！　これは～」

それから何日か経って、そのクライアントさんが「心の傷になっていた実家の写真を撮ってきました」という写真を見たら、まさに頭の中に浮かんできた家の姿そのものであった。「おーこの家、知ってる！」と言ったらクライアントさんは引いてしまうので、私の心の中にしまっておいた。

催眠療法は地味な作業なのだが、無意識さんがやっていることは面白い。

ある時「催眠療法だけでは対応できないんじゃないか？」と思われるケースがあった。その女性の子供が不登校になってしまった。子供が家にいると兄弟喧嘩で家中の家具が破壊されてしまう。

夫は浮気をしていて、その関係がこじれたみたいで、相手が家に乗り込んできて、車のボディーに醜い線を入れて帰っていった。さらに、実家の兄弟が両親の金を持ち逃げしてしまい、それを知った父親は倒れて入院する。そんな彼女の話を聞いた友達は、あらぬ噂話を別の友達に流して、他の友達から白い目で見られるようになって孤立する。落ち込んでいる彼女に、夫は「お前がしっかりしないからだ！」と罵倒する。そんな夫に対して息子は殴りかかっていき、親子喧嘩の騒ぎを聞いた近所の人が警察に通報。パトカーが何台もやってきて近所の人からも白い目で見られるようになった。これらの出来事が短期間で起こって、誰が聞いても「おー不幸の塊！」という印象を持ってしまう話だった。

カウンセラーもこの女性の話に巻き込まれて「じゃあ、催眠療法を使って無意識に答えをもらいましょう！」なんて悠長なことを言っていられない気持ちになった。女性は泣きながら「とりあえず今なんとか対処できる方法を教えてください！」と訴える。

催眠療法を使わずとりあえずの対応を伝えることはできるが、それでは根本的な解決にはならない。一つの問題に対処したって、このケース場合次の問題が押し寄せてくる。だから、何か一つ、この不幸をまとめてどんでん返しできるような方法が必要だった。

そんなとき「あっ、あれだ！」と思いついた。催眠の先生の「心よ！　私は私のために何ができるのか真面目に真剣に教えてください！」というフレーズが頭に浮かんできた。そして、「チョコレートが食べたい！」と心が言ったのでそれを食べると、自分の中に何かが起きて不思議と自分の問題

読者カード

青山ライフ出版の本をご購入いただき、どうもありがとうございます。

●本書の書名

●ご購入店は

・本書を購入された動機をお聞かせください

・最近読んで面白かった本は何ですか

・ご関心のあるジャンルをお聞かせください

・新刊案内、自費出版の案内、キャンペーン情報などをお知らせする青山ライフ出版のメール案内を（希望する／希望しない）

★ご希望の方は下記欄に、メールアドレスを必ずご記入ください

・将来、ご自身で本を出すことを（考えている／考えていない）

（ふりがな） お名前	
郵便番号	ご住所
電話	
E メール	

・ご記入いただいた個人情報は、返信・連絡・新刊の案内、ご希望された方へのメール案内配信以外には、いかなる目的にも使用しません。

郵 便 は が き

103－0014

恐縮ですが、
切手を貼って
お出しください

東京都中央区日本橋蛎殻町1丁目
35－2 グレインズビル5階52号

青山ライフ出版
読者カード係 行

通信欄

ご意見・ご感想などお寄せください。小社ウェブサイト（http://aoyamalife.co.jp）で紹介させていただく場合がございます。あらかじめご了承ください。

が解決したような気がした、という記憶がよみがえった。

私は女性にその話をした。そして、「何か不快な感情が涌き起こった時は、それは心があなたに何かを訴えているのだから、心に問いかけて、心が答えたままに行動してみてください」と伝えた。

それを聞いた女性は、涙を拭って、すっきりした笑顔で「はい！」と答えて帰っていった。

次の週に、女性はこぼれんばかりの笑顔で目の前に座っていた。まるで別人のようであった。

「先生！　心ってすごいですね！」

夫と車に乗っている時に、突然イライラッとしたので、教えられた通りに「心よ！　私は私のために何ができるのか真面目に真剣に教えてください！」と聞いてみたのだという。すると、心は「夫に怒りをぶつけたい！」と言ったので、高速道路で運転中の夫に向かって突然女性は「あんたに浮気されたことが許せないのよ！」と怒鳴り始めた。それまで一度も夫に対して怒りをぶつけたことがなく、いつも夫が一方的に怒鳴り散らす立場だったので、夫はびっくりして何も言えなくなってしまった。そこで女性は、これまでの浮気のこと、息子に対する冷たい態度のこと、彼女の家族に対する冷たい対応などの怒りを次々にぶつけた。するとイライラが治まって、心のままにして苦しみから解放される喜びを知った。

しばらく道を走っていたら、再び女性の中でイライラ感がやってきた。そこで「心よ！　私は私のために何ができるのか真面目に真剣に教えてください！」と再び問いかけてみる。すると、心は「夫に高いものを買ってもらいたい！」と言った（ひえ〜！）。そこで女性は、夫に「あそこの骨董品屋さんに車を止めてちょうだい！」と命令し、夫を引き連れてつかつかと店に入っていった。そして、女性は「心よ！　どんなものを買って欲しいの？」と聞いた（もしもし！　カウンセラーが教えたのとは違うことをやっているじゃないですか？）。心は「一番高いものを買いたい！」言ったので、女性は店主に一番高い壷を見せてもらって、夫に「これが欲しいから買ってください！」と言った。それまで、ケチで息子の塾代も出したことがなかった夫が渋々財布の中からカードを出して、目の飛び出るような金額の壷の代金を支払った。

家に帰ってきて、女性は壷を箱から出して畳の部屋に置いた。その時に再びイライラ感が襲ってきた。そこで「心よ！　私は私のために何ができるのか真面目に真剣に教えてください！」と聞いたら「まだ怒りを出し足りない！」と言ったので、夫を呼んで壷の前に座らせて、これまでの怒りを洗いざらい吐き出した（うまいよね！　反論したら買ったばかりの壷を割られるんじゃないか？という恐怖を与えているから、ケチな夫は一切反論できなかったのではないかな？　興味深い！）。そして、最後に女性は「私の心の傷は埋まっていないのよ！」と自分でも思ってもいなかったようなせりふを口にして、内心驚いた。それを聞いて、それまでうなだれていた夫が顔を上げて「君の心の傷を埋めるために努力をするよ」とポツリと言った。すると、女性の心は静かになった。

この話をしたあとで、女性は「先生！　心ってすごいですね！」と繰り返した。

あれー心が一人で歩き出しちゃった！　でも、無意識さんはすごい！

それまで催眠療法を使う時に、催眠に入ってもらうまでが正直言って面倒臭かった（お師匠さんごめんなさい！）。催眠に導入する時は身体が重くなって、自分の意識で手が上げられない状態にさせてから、今度は手が軽くなって意識をしていないのに上がっていくという作業を続ける。そして、自分の意識で身体を動かせない状態を確認してから無意識さんに助けてもらうために質問をする。この一連の作業をやるのに結構時間がかかるし、質問できる範囲も限られてしまう。さらに無意識さんは身体を使ってＹＥＳとＮＯの回答しかできないので、それに合わせた質問を考えなければならなかった（すべての催眠療法がこの作業をするわけではない）。その質問を考えるのも結構頭を使う。

でも、不幸のどん底にいた女性は自由だった。

最初は、夫に怒りをぶつけた時のように、不快な感覚を感じたらただ「心よ！」と聞いてみて、自分の衝動と思えるようなことが頭の中に浮かんでくると、それを素直に実行した。そして何度も「心よ！」と聞いて、次の瞬間に頭に浮かんできたことを次から次へとやっていくと、やがて女性は〝心〟と会話ができるようになってきた。それを夫の前で実践していたら、それまで夫に従順だった女性が夫を拒否するようになり、夫を翻弄するようになった。

ある休日に、夫を見ていたら不快な気分になってきたので「心よ！」と聞いてみた。次の瞬間、頭に「北海道に行きたい！」と浮かんできた。女性は「心よ！　いつですか？」と聞いたら「今！」と浮かんできたので、女性は夫に「今から北海道に連れて行って！」と伝えた。夫は即答で「嫌だ！」と答えたが、女性は夫の顔を見ながらもう一度「今から私を北海道に連れて行って！」とだけ伝えた。女性の目はかなり真剣だったのだと思う。夫は「君の心の傷を埋めるために努力をするよ」と言った手前、拒否することができず「え～今から～?」とだけ言って、着替え始めた。そして空港まで車で移動して飛行機に乗り込み、北海道へ行って温泉に入ったときに、女性の心は落ち着いた。温泉に入っている時に、女性の心の中に不安が湧いてきた。「こんなことをしていていいのだろうか?」と不安になった（私の頭の中では「そりゃそうだろ!」という声が聞こえる～)。「不快な気持ちになったら心に聞く」とカウンセラーから言われていたので、すかさず〝心〟に聞く。誰もいない温泉の中で「心よ! 私は私のために何ができるのか真面目に真剣に教えてください!」と問いかけてみた。すると、その時は衝動じゃなくて頭の中に自分の考えのようなものが浮かんできたのである。「夫は黄金の踏み石よ! ありがたく踏みなさい!」と。

女性は、これを聞いた時に「あ、そっか!」と安心してしまった。

カウンセラーはこの話を女性から聞いた時に腰が抜けそうになった。誰やねん、この〝心〟って! なんて素晴らしくて奥深い言葉をかけてくれるんだ! 「夫は黄金の踏み石」だって? そんなこと思いつきもしない! と〝心〟に対する嫉妬心でいっぱいになった。

ここまでのことが起きるなんて想定もしていなかった。確かに私の中にも〝優しい言葉〟が浮かんでくることはあった。でも、私はそれに対して半信半疑で「自分で都合のいいことを自分で考えているだけなんじゃね?」と思って無視していた。でも、この女性の話を聞いていくと、あの〝優しい声〟ってもしかして本物? とちょっと恐ろしくなってくる。だって「夫は黄金の踏み石」はなかなか考えつかないでしょ！

私の中で〝無意識声〟と〝優しい声〟の正体がだんだん見えてきた。

女性は、不快な気分が湧いてきたら〝心〟に聞くことを繰り返していたら、いつのまにか子供の問題は解決し、実家のトラブルにも巻き込まれなくなった。そして夫も女性に従順になり、主婦業しか許さなかった女性に仕事をすることを認めた。女性は、仕事の場面でも心に聞いて行動していると、みるみるステップアップして、やがて自分の会社を立ち上げてしまった。

本当に「黄金の踏み石」だったのね！　と遥か彼方の高い所まで登っていってしまった女性のことを思い出す。

無意識ってどこにつながっているの？

このようにただ「心よ！」と問いかけるだけでも催眠療法と同じように無意識さんに簡単に助けを借りることができた（あくまでも現代催眠療法と同じような効果のこと）。

初めのうちは「心よ！　私は私のために何ができるのか真面目に真剣に教えておくれ！」と問いかけて、次の瞬間に浮かんできたことを実行してみる。次の瞬間に自分を傷つけるようなことが浮かんできたらそれは〝心〟からのものじゃないから、もう一度「心よ！」と問いかけてみる。そのうちに「黄金の踏み石」の女性のように〝心〟とコミュニケーションがとれるようになる。まるで信頼関係で結ばれた友達同士のように〝心〟は私の問いかけに対して適切な答えを教えてくれるようになる。そして〝心〟が言った通りにやってみると、面白い結果になっていく。

「なんで心に聞く必要があるの？」とよく聞かれる。それは、心に聞いて実行することで、不思議と簡単に不幸の連鎖を断ち切ることができちゃうから。

ある女性が娘さんの問題で相談に来た。学校で問題を起こして、家に引きこもってしまったが、その女性は「娘に対してなぜか優しく接することができない」と悩んでいた。「このままだと娘が大変なことになってしまう」とわかっているのに、どうすることもできないというのであった。

その女性の育ってきた環境を聞いたら、ものすごかった。家庭内暴力で手を付けられなくなっていた兄に対して、両親はまるで生贄（いけにえ）のようにその女性を差し出していたので、女性は子供の頃からずっと兄に虐待をされていた。さらに、結婚しても夫から虐待されて、結局は離婚をして、今度は娘の問題で苦しむことになった。

「自分の子供を生贄にする親がいるんだ！」とその当時はまだ〝3つの真実〟である支配者の秘密を知らなかったのでショックを受けた。そして「この女性の心の傷を処理していくのにはものすごく時間がかかりそう」と思った。でも、その女性は焦っていた。「早く楽になって娘のことを受け入れられるようになりたい！」という要望があったので「心よ！」を使ってもらうことにした。この人の無意識さんはこんな不幸の連鎖の女性をどのように助けるのかな？　という興味もあった。

その女性は「心よ！」と聞けば聞くほど、混乱して動揺していった。なぜ？

不快な出来事や悩みごとに直面したら、自分自身の「心」に聞いてみる。
すると、優しく深い言葉を返してくれる

「先生、私の頭にジャングルの中の黒豹が浮かんでくるんですが？」と女性は自分の頭がおかしくなってしまったのではないかと私に聞いてきた。「黒豹」と聞いた時に私の中である有名な人物の名前が浮かんでいた。「黒豹って言ったらあの人だよな！」

でも、そんなことを伝えたら「このカウンセラーはやっぱり怪しい！」と思われちゃうから、女性には「心に聞いていけば、そのうちに黒豹の意味もわかってくるから、そのまま心に聞き続けてね！」と女性の精神的な問題ではないことを伝えた。

するとしばらくしてから、女性が困った顔で「先生！　毒まんじゅうを食べさせられた人を知っています？」と聞かれた。私は心の中で「やっぱりそれって黒豹の人じゃん！」とパズルのピースがはまってしまった。

女性に「なんでそんなことを聞くの？」と尋ねた。すると、女性の頭の中でその人が出てきていろんなことを教えてくれる、というのだ。

「その人はサンダー・シングさんでしょ！」と私が言うと、女性が嬉しそうな顔をした。「先生に聞けばわかるってその人から言われたから」と。

近代インドを代表する聖者と称されるサンダー・シングは、インドの厳しいヒンズー教の家庭で育って、途中からキリスト教に改宗した。そして、家を出て行く時に、父親からまんじゅうをもらったら、その中に毒が入っていた。でも、サンダー・シングは死なな かった。「親から毒まんじゅうを食わされたところなんて、家族から虐待を受けてきた女性にぴったりじゃん！　さすが心！」と内心では思っていた。

サンダー・シングが外で瞑想していると黒豹がやってきて、猫のように身体をすり寄せてきたので、その頭を撫でてやった。それを近くで見ていた人は驚いてしまった、という話がある。牧師をやっていた祖父がサンダー・シングのことが好きだったのでよく話してくれていた。

日本では、一部の熱心なクリスチャンだけがサンダー・シングのことを知っていて、一般の人は知る由もなかった。その女性も私に確認するまでは「自分の頭がおかしくなったのでは？」と疑い続けていた。

「心よ！」と聞いたら、女性の頭の中にサンダー・シングが登場してきたのは非常に興味深い。でも、この現象は私にとってはちっとも不思議なことではなかった。あたりまえのように「あ、それってサンダー・シングでしょ！」と答える私に女性は驚いていた。

私の中で「無意識って何？」の仮説がだんだんと明確になってきた。

予測が違ってた！

カウンセラーって科学者のはしくれだから、仮説を立てて、それを検証して、自分の立てた仮説の実証を試みる。そのためには「帰無仮説」というのが必要になってくる（おっ、なんだかまた難しい話になってきたぞ！）。

この無意識さんは神につながっているかもしれない、という仮説を立てるとする。それを証明するにはこの「帰無仮説」が必要になり、それによって「無意識さんは神ではない！」ということを検証する。もし帰無仮説が違っていたら、無意識さんは神である可能性が見えてくる（ややこしいけど、実験の検証ってこんな風にちょっと面倒臭い！）。「無意識さんが神だ」という事だけを検証しちゃうと、実験者の思い込みだけになってしまう。科学的な検証をする為には、自分が思っている事の逆を実証しようとする作業が必要になる。

何人かが心に聞いていたら、日本人が知らないサンダー・シングさんが出てきたからといって「無意識の中に神が存在するに違いない！」とは証明できない。だから、自分の仮説を検証していく必要がある。

それを試みた。

「無意識は神じゃない！」という帰無仮説を検証するために「心よ！　あなたはどなたですか？」と無意識さんに尋ねてもらった。

多くの場合は「私は私」という答えが返ってくる。この答えはとても興味深い言葉である。フランスの哲学者であり数学者のデカルトは「我思う故に我あり」と言っている。旧約聖書の『出エジプト記』では、モーセが神に神の名前を聞いた時に、神は「私はある」という言葉を伝えている。だから、この「私は私である」という答えはどっちにも取れてしまう。

でも、たくさんの人の心に「あなたはどなたですか？」と聞いてもらっても「神」という答えはほとんど出てこなかった。

〝心〟は「私はあなたよ！」となぞなぞのような答え方をする。「心よ！　あなたはどなたですか？」と聞いて「私は私」とか「私はあなた」と言われても、それが神であると実証することはできない。

私は、子供の頃からずっと神は一つで、すべての人は神につながっているから「心よ！」と問いかけた時に人は神につながって正しい道に導いてもらえると信じてきた。だから、誰しもが心に聞いていけばいつか神の存在が明らかになってきて、神がその人を救ってくださるようなことを想像していた。でも、帰無仮説で検証してみると、私の仮説は違っていた。

だったら〝心〟って何なのよ？　という話になる。

仮説の間違いの連続から見えるもの

高校生の時に吉川英治の『宮本武蔵』を読んで「我以外皆我が師」に感動して「これを極めたい！」とそんなかっこいいことを思っていた。でも、実際には、カウンセリングをやりながらいつも「本当に自分には何もない！」と実感させられる。自分の中には何もなくて、クライアントさんからあらゆることを教えてもらって、ここまでやってきている。

とりわけ、これまで長年苦しんできてカウンセリングをきっかけに何でも「心よ！」と聞くようになった人が語ってくれる〝心からの答え〟はすごい。

そこで、こんな疑問が湧く。どうして苦しんできた人は〝心〟とのつながりが強くなって〝心〟が助けてくれるようになるの？

ある女性の催眠療法をやっている時、過去に戻る催眠を使って親から虐待されている場面を見ていると、すさまじい体験をした。その女性は3人姉弟の長女であったが、彼女だけ母親から出されたみそ汁に泡が浮いている。母親に「何で洗剤が入っているの？」と聞くと「お前は汚い子だから！」と母親は鬼のような形相で答える。

その子が冬の寒い夜、外に出されて竹箒で母親に叩かれている場面を催眠状態で見ていると、その女性の目から涙があふれてきた。裸で寒いはずなのに、なぜか温かい。ふと後ろを振り返ってみると、光っている大きな温かい人が後ろに立っていて、彼女のことを守っていた。そのイメージが私にも伝わってきて、私も涙が止まらなくなる。これがあったからこの女性はこんな虐待があっても生きてこられたんだな、と納得した。そして「あ、神っているんだな！」と思った。

でも〝心〟に聞いてもらうと、私の予測とはまったく違う答えが返ってくる。

虐待されてきた人が「心よ！　自分は親から虐待された場面で何かに守られていましたか？」と聞いてみる（この質問は、明らかに帰無仮説の検証ではないか！）。

すると〝心〟は無情にも「何かに守られる、というのは幻想で、親からひどい虐待をされることで、親の愛の執着から解放されたから無になれて安心が得られた」と言う。どっか－ん！　と私の頭の中で衝撃が走る。みごとに私の仮説は打ち砕かれた。〝心〟ってすげー！　誰がこんなことを思いつく? 少なくとも私は、こんな返答はまったく予測できなかった。

でも、この返答を聞いた瞬間に、私の中で虚無の喜びが伝わってくる。確かに、虐待されることで親の愛なんて微塵も感じられなくなるから、親の愛への執着から解放される。そして愛の幻想から解放された時に、不思議な自由な感覚と何かとの一体感がそこに存在していることがリアルに伝わってくる。

そのとき私は、完璧な敗北感を感じる。自分の仮説は間違ってた! でも、これが面白い(負け惜しみじゃないよ)。

ある引きこもりの子は〝心〟から半端じゃない答えがたくさん返ってきていた。その心からの答えを聞いて私は思わずその子を「師匠!」と呼びたくなった。

私は「これだけ〝心〟からすごい答えが返ってくるんだから、外に出て仕事をしても無敵になれるんじゃない?」と思って、社会復帰の事を心に聞いてもらうと、引きこもりの子の〝心〟は「動かないでいることで親の期待という枷を腐らせているので、動かないことが大切である」と言った。

その瞬間、私の頭の中では気持ち悪い姿の親から鎖が伸びていて、引きこもりの子をぐるぐる巻きにしているイメージが浮かんでくる。でも、時間が経過するとともにその鎖が腐食していき、ボロボロになっていく場面が見えた。

「あ、このために動かないんだ!」と〝心〟が言っていることが理解できた。同時に自分の考えの小ささを実感させられる。またも私の仮説は間違っていた!

こうして、私は仮説を立てて、その仮説が間違っていることをクライアントさんの〝心〟に聞いてもらって確認することで、私の知らないまったく別の世界が見えてきた。

だったらなぜ虐待されたの？

カウンセリングの中でクライアントさんの〝心〟に聞いてもらう時は、必ず私は仮説を立てる。一般の人が言う「常識だったら」という答えと普通のカウンセラーが出すような答えを自分の中に3つか4つ用意しておく。でも〝心〟はどれとも違う答えを出してきて、私を驚かせる。

学校を休学しているある学生が「そろそろ復学しなければ」という時期になっても、動きがない。私の方が焦ってくる。そこで学生の〝心〟に将来のことを聞いてもらうことにした。私は〝心〟が学生に「そろそろ復学してみれば？」と言ってくれるかなと期待していた。

学生に「心よ！　僕の将来はどうなるの？」と聞いてもらった。すると心は「幸せになる！」と返してきた。

私は「そこじゃないから！」と突っ込みながらも、次の質問を考えた。

「心よ！　幸せになるためには何ができるの？」

すると、心は「双六（すごろく）を楽しめばいい！」と言った。

「お～深い！」

「それって、先のことを考えたり計画したり心配したりしないで、出たとこ勝負で楽しめってこと？」と心に確認してもらったら「そうだ！」という答え。確かに、私も緻密に計画すればするほど、ちょっとでも計画がずれてしまうとやる気が失せて、最後までやり遂げられないことがある。その場、その場で出たとこ勝負！　というのは確かに有効だよね！　と納得してしまった。

おっしゃる通り、人生って双六みたいだよね。というか、それを楽しむのが人生なんだよなー。なんでこれまでそんなことも気がつかなかったんだろう？　と悔しくなる。

そうか。だから、学生は今こうやって堂々としているんだね！　と理解できた。

〝心〟ってすごいけど、だったらどうして虐待が起きるの？　という疑問が浮上する。〝心〟がこれだけすぐれたものならば、どうして虐待を回避することができないのだろう？

この疑問は、昔からあった。「どうして神が存在するのに、虐待が起きるのだろう？」と思っていた。これまで父親が娘を虐待する、というケースのカウンセリングをたくさん担当してきた。昔は「どんな親でも子供を愛さないことがあるだろうか？」と親の愛を信じていた。でも、虐待のケースを見ていると「人には愛はない！」と断言できるようになった。

ほとんどの場合、虐待された記憶が抜け落ちてしまっている。だから、虐待された女性は父親のことを悪く言わないで、むしろ「立派な人」とか「影が薄い人」という表現をしたりする。そして、カウンセリングをしていくと虐待された場面を思い出して、父親が自分にどんなにひどいことをしたのかを思い出す。

その頃は〝3つの真実〟の支配者の仕組みが明らかになっていなかったので、トラウマが出てきたら虐待した両親を呼んで、本人との面接の中で虐待の事実に直面していた。

虐待者の求めるものとは？

食べられない、鬱状態に陥ってしまって動けない、などの症状を治療していくと、それまで記憶から抜けていた父親からの性的虐待が思い出されたりする。長年記憶から抜けていたものが突然よみがえってその人を苦しめる。そんな記憶に対して、治療者は中立的な立場でいる必要がある。

中立的というのは「虐待が事実かもしれないし、その記憶は無意識に作られてしまったものかもしれない」という50％と50％の立場のこと。なぜなら、アメリカで「過誤記憶（False Memory）」の問題があったから。実際に虐待の事実がないのに患者さんが虐待を訴えて誤認逮捕につながってしまった事件があった。だから、抜けていた記憶がよみがえってきた場合、慎重に扱う必要があった（のちにこの過誤記憶の正体もわかっちゃった！）。

実際には、性的虐待を訴えている本人も「これは自分が作ってしまった妄想なのでは？」と自信がない。場面と不快な感覚は明確に出てきて苦しくなる。でも、それが自分のただの悪夢なのか現実なのかの区別がつかないと、過去の記憶としてちゃんと処理することができない。過去の記憶として処理されない限りは、虐待された時の不快な感覚はいつまでたっても消えない。

だから、カウンセリングの中で両親を呼んで、両親の助けを借りて事実関係をはっきりさせる必要があった。

万が一性的虐待が過誤記憶だったら、両親の助けを借りて記憶は修正されて「それって違う性的トラウマが勝手に父親とつながってしまったんだ！」と気がついて、記憶が整理されれば、トラウマ化した感情記憶に苦しめられなくなる。もし、虐待が事実であった場合は、トラウマとなった断片化した記憶に感情記憶を結びつけるために、トラウマの場面を語ってもらってそれを思い出した時の感情を吐露してもらう必要があった。自分がされたことを両親に語って、怒りを表現して、そして両親から謝罪を受けて、さらに怒って感情と記憶を統合させて……、を繰り返す事で過去の記憶として処理することができるようになる。

カウンセラーはこの二つの対応を柔軟に選択できるように中立的立場でいる必要があった。

性的虐待の記憶が出てきて、クライアントさんが両親と直面する覚悟ができて、両親を実際に呼んで家族面接をやる直前は、私も緊張感で苦しくなる。両親が性的虐待の記憶を聞かされた時に起こる最悪の状況も想定しているので、学生時代の試験前の緊張感なんて比べ物にならない。この家族面接だけは何度やっても慣れない。

私は前日から緊張し続けていて最悪なコンディションの中、面接室に家族を案内する。

虐待を訴えているクライアントさんが勇気を振り絞って、自分の虐待の体験を両親に告げる。両親は、寝耳に水という態度をとる。でも、次の瞬間が問題である。

私の中では、中立的な立場をとっているとはいえ「お願いだから、両親よ！　記憶を修正するために努力をしてくれ！」と願っている。娘から性的虐待の記憶の話を聞かされるまで、両親は「娘のことを大切に思っているから、心の病で苦しんでいる娘のためならどんなことでもやる！」と言っていた。そんな舌の根が渇かぬうちに「俺はやっていない！　お前の頭がおかしい！」とふてくされた態度を取る（えー！）。

娘は、虐待場面の記憶の詳細をちゃんと説明した。だから、もし「やっていない！」というのであれば、その時の記憶を修正してくれればいい、という立場で私はそこに座っていた。でも、父親は何も説明しないで「やっていない！　そんなことはやるわけがない！」とぶっきらぼうに泣いている娘に繰り返し伝えるだけだった。

「おい！　おい！　それって中途半端じゃないの？」と、否定するんだったらちゃんと否定して欲しいと願っていた私は、心の中でツッコミを入れる。

父親の横でむすっとした態度で座っていた母親が「あんたは昔から思い込みが激しいから！」と冷たく言い放つ。それを聞いて娘はますます泣き叫ぶ。その日は、そのまま平行線のまま終わってしまった。

でも、次の家族面接を設定すると、ちゃんと両親はやってくる。一ヶ月の考える期間を与えているのに、口にする言葉は前回の家族面接と同じ「俺はやっていない！」と「あんたは思い込みが激しいから！」だけだった。クライアントさんは、ちっとも態度を変えない両親に対して怒りをぶつけるが、両親はその怒りを増幅させるようなことを言って帰っていく。そんな両親に対して、私は中立的な立場でいることが難しくなっていく。

家族面接が終わって、次のカウンセリングの時に、虐待を受けたクライアントさんの心に聞いてもらった。

「心よ！　何が起きているの？」

心は「支配者が性的虐待するのは、怒らせて執着させることで支配し続けることができるから」と言った。虐待者の目的が違っていた！

父親から性的虐待を受けていたクライアントさんの〝心〟に聞いてもらって初めて支配者という言葉が出てきた。私はこのとき初めて〝支配者〟という言葉に遭遇した。

クライアントさんに「心よ！」と聞いてもらうことはあったが、ほとんど「私は私のために何ができるの？」という質問ばかりをしていて「何で虐待されるの？」とか「どうしてそんなことをするの？」などの質問をそれまでしたことがなかった。

質問してみると〝心〟はちゃんと答えてくれる。

私は「え？　怒らせて執着させることで支配し続けることができるから？」と疑問に思ったので聞いてみた。

「虐待者って性的な快感を求めて虐待しているんじゃないの？」

すると〝心〟は「支配者は快感を求めてやっているのではなくて、執着させることで支配する目的で虐待している」と言う。

さらに私の中で疑問が湧いてくるので、それをクライアントさんの心に聞いてもらう。

「心よ！　支配するって具体的にどういうこと？」

「支配とは偽りの神を演じることで、人の罪を裁き、罰を与え、愛で人を救うこと」

このクライアントさんは一切宗教的な知識がない人なのに、その人の口からこのような話が出てきて驚愕（〝心〟って誰やねん！）。

「でも、心よ！　虐待という罪を犯しているのはその支配者じゃないの？」

「支配者は性的に誘惑する罪を娘の中に作り出し、それを虐待することで罰を与えて、その罪から救うためにやっている」

「心よ！　実際に、性的に父親を誘惑する罪を犯したの？」

「初めから罪は存在しないのに、支配者が罪を作り出す」

「心よ！　何のためにわざわざ罪を作り出して虐待して罰を与えるの？」

「心から引き離して支配するため。それが偽りの神を演じる支配者の仕事」

心とのやりとりで私はえらく納得してしまったが、聞いてくれていたクライアントさんはキツネにつままれたような表情であった。

クライアントさんもわからないことを自分で「心よ！」と聞いているうちに、だんだんとパズルのピースがはまっていって、全体像が見えてきた。

それまで私は、虐待する親は自分の性的な快感のために性的虐待をしているのだと思っていた。でも実際は、性的虐待をすることで〝偽りの神〟を演じられるという仕組みだったなんて想像することもできなかった。

脳のネットワークということを理解していればよくわかるような気がした。脳のネットワークの特徴は、相手のことを思い浮かべたら相手の脳とつながる。脳がネットワークでつながることで、相手の考えがまるで自分の考えのように思わされてしまう。虐待なんかされていたら、何かあるたびに相手の脳とつながってしまう。虐待者の脳とつながれば、脳の中で繰り返し相手に虐待されてしまう。実際に身体的に虐待するのも脳内で虐待するのも同じ効果があり、ダメージを与える。だから、虐待者を思い出した時に感じる不快感って、過去の不快感を想起しているというよりも、脳のネットワークを通じてリアルタイムで虐待されているからいつまでも薄れることがない。

被害者が虐待者に怒りで執着していると思っていたが、実際は脳のネットワークを使って虐待されることで、打ち消すことができない不快感が襲ってくるので、その不快感によって虐待者に執着させられてしまう、ということがよくわかってきた。支配者と呼ばれる虐待者は、虐待を使って執着させ脳のネットワークを強化してクライアントさんを支配し続けていたんだ、ということが見えてきた。性的虐待を〝心〟に解説してもらうと、自分が考えていた変態性とはまったく違った世界が現れてあっと驚く。

虐待は執着のために使われていた！

「心よ！」と問いかけると素晴らしい答えが返ってくる。この〝心〟につながっていればありとあらゆる問題は消えてなくなり、自由に生きられる。クライアントさんの〝心〟に聞いてもらっていると「これって〝神〟につながっているんじゃないの？」と思い込んでしまうぐらい完璧な答えが返ってくる。

でも、ここで「なぜ、人は〝心〟に聞くことができなくなってしまったのか？」という疑問が浮かぶ。そこで出てきたのが虐待者である支配者の存在である。虐待をされると、被害者は虐待者のことが頭から離れなくなる。これが支配者に執着させられるという現象になる。執着というのは、常に虐待者の脳のネットワークとつながってしまうから、いつも虐待者の脳の真似をさせられてしまう、ということになる。虐待の被害者は、虐待者を嫌いながらも、嫌えば嫌うほどそれが執着となり、相手の脳とつながり続けて、いつのまにか虐待者と同じにさせられる。

虐待された被害者が「いつのまにか自分も虐待していた」という現象がよくある。これこそ、脳のネットワークで虐待者の脳の真似をさせられて「虐待者と同じ行動をさせられてしまう」理由なのだ。

そこで〝偽りの神〟を演じている支配者は、脳につながって自分が虐待させているのに「お前は人を虐待している罪人だ！」と裁いて、罰を与える。支配者である虐待者は、罪の代償の罰と称して脳内で本人に虐待を繰り返す。脳内で虐待された本人は「自分は今、虐待者から脳内でリアルタイムに虐待されている」なんて想像することもできないから、自分はいつまでも過去の虐待体験を引きずっている頭のおかしな人、と思い込む。過去の心の傷を引きずっている人に対して世間も実際にそのような扱いをする。この脳のネットワークの仕組みを知らない一般人は「そんな過去のことをいつまでも引きずって！　頭がおかしいんじゃないの？」とつい言ってしまう。

トラウマの理論では「ショッキングな記憶が適切に処理されず、そのとき受けた心の傷がそのまま残ってしまう」となる。だから、例えば、車の事故で死にそうになったら、その死の恐怖がその事故の時のそのままフレッシュな状態で10年も20年も保たれる、ということになる（理論上はね）。

脳のネットワークを考えると、この残ってしまっていると思っているものは、実は過去の記憶じゃない。虐待者のことを思い浮かべれば、虐待者の脳とつながりリアルタイムに脳内で虐待されている。虐待の苦しみがいつまでもなまなましいのは、思い出した時点で支配者から新たに脳内で虐待されているから。

虐待された被害者は、支配者から虐待されればされるほど相手に執着させられる。支配者である虐待者は、リアルタイムに虐待しておきながら「過去の虐待に執着している変態！」というメッセージを入れる。そして、何度も過去の虐待の苦しみを訴える被害者に対して「自ら虐待を求めてくる変態性」という罪を作り出して、その罪を裁き、さらに脳内で虐待という罰を与える。

このようにすることで、支配者から虐待された被害者は支配者の脳のネットワークを断ち切ることができなくなり、支配者に脳を支配されたまま不幸という支配者が作り出した罪の代償である罰を与えられ続け、時は過ぎていく。

支配者はこれを何のためにやっているか？　それは、繰り返しになるが素晴らしい〝心〟とのつながりに支配者が取って代わるためである。

もし光の人の〝心〟が神であるならば、支配者が心の代わりに脳のネットワークでつながり続けることで支配者がその人の神となる。支配者が、その人の人生の判断基準となり、人生を左右する大きな存在として君臨しつづける。もし〝虚無〟の人の〝心〟が無の集合体だったら、支配者はその集合体を遮断して、支配者との一体感を求め続けさせる。〝虚無〟は無の一体感を遮断されてしまうので、その乾きから、支配者に一体感を求めさせられて支配され続ける。

支配者は虚無や光の人の〝心〟とのつながりを邪魔して、自分が〝心〟の代わりになるために人を虐待して支配している。支配者は心の代わりに自分が〝偽りの神〟になることを目的として虐待している。虐待を受けていた人の〝心〟に聞いてみたら、そんな構造が見えてきた。

虐待の快感を求めさせられちゃう

虐待の被害者の心に聞いてもらって虐待の意図がわかるようになったら、虐待者が怖くなくなってきた（人はわけがわからないものは怖い！）。

虐待者である支配者は〝心〟とのつながりを遮断して、支配者とだけつながるようにして〝神〟を演じる。支配者に虐待された被害者が考えるすべての判断基準が支配者と同じになってしまう。そして、被害者は支配者に脳内で常に駄目出しされ、不幸という罰を与えられ続け、自由を奪われて苦しみながら生きるようになる。

「よっしゃ！　次の虐待のケースも支配者の存在を暴いてやる！」という意気込みで、虐待者の家族を呼んで面接をする（別に私が支配者を暴いたわけじゃなくてクライアントさんの〝心〟が教えてくれたことなのに！）。

今回も、父親から娘への性的虐待という同様のケースなのに、前回とは何かが違っていた。父親はその事実を認めようとしないし、もし虐待の記憶が間違っていたらそれを修正する努力というのもまったくしない。反応は同じだった。

家族面接が終わった次のカウンセリングで、クライアントさんの〝心〟に聞いてもらう。「心よ！　虐待していた父親は支配者ですか？」と聞いてもらった（お〜専門家的な客観性を欠いた質問をさせている！）。クライアントさんからは「え？　支配者って何ですか？」と聞かれたが、それこそ事前に説明してしまったら客観性が失われてしまう（まあ支配者って出している時点でまずいんですけどね！）。だから、クライアントさんに「とりあえず今の質問をしてみてくれる？」とお願いした。

すると心は「違う！　支配者ではない！」と答えた。

「え？　心よ！　虐待者は支配者じゃないんですか？」と慌てて再度確認してもらった。

すると「違う！」とシンプルな答え。

「え〜！　予定と違うじゃん！」と心の中で動揺する。

私の中で「前回と同じ展開になって、前回のクライアントさんの〝心〟が教えてくれたことが確認できちゃって『めでたし、めでたし』で終わることができると思っていたのに！」と嘆く。

「心よ！　支配者じゃなかったらなんなんですか？」

「〝無〟だ」（これが〝3つの真実〟の〝虚無〟との最初の出逢いであった）

この答えを聞いた瞬間に、私の頭の中には「空の空、すべては空」という私の大好きな言葉が浮かんできた（え〜！　虐待者の正体のことを聞いているのに〜！）。「え？　もしかして、支配者に虐待されて執着させられてしまっている人は、脳が支配者につながって支配者と同じことをさせられて、支配者から裁かれ、罰せられているっていうことなの？」と見えてきた。

「心よ！　虐待者である〝無〟は、虐待をやらされていただけなの？」

「そうだ！」

「心よ！　誰が〝無〟に虐待をさせたの？」

「今は知る必要がない」

つまり、それを知ることで今度は虐待させた相手に執着させられちゃうから、ということなのであった（それってすごーい！　確かに！）。

「心よ！　だったら今、私は私に何ができるの？」と聞いてみた（困った時にはこの質問に限る！）。

すると心は「不快な感覚が湧いてきたら、私に聞け！」と言ってきた。

過去のことが思い出されたり、不快な感覚が襲ってきたら「心よ！」と聞くだけでいい、ということでその場は終った。なんとなくすっきりした感覚になったのは私だけではなかった。なんだかわけがわからないものの、クライアントさんも安心した感覚になり、そのセッションは終った。

クライアントさんの心に聞くことで〝無〟という存在が見えてきた。

それまで私の中では虐待者＝憎むべき存在という単純な思考があった。でも、虐待者が〝無〟であると教えてもらった時に、虐待者に対する憎悪の執着が融け落ちる感覚があった。

支配者に操られている虐待者

他の虐待されたケースでも〝心〟に聞いてもらうと「虐待者の正体は、支配者じゃなくて〝無〟や〝虚無〟」と言われることの方が多かった。本来は〝虚無〟には「虐待して性的快感を得たい！」なんていう欲望は存在しない。〝虚無〟は支配者の幻想の愛で〝虚無〟本来の一体感を疎外されている。虚無は一体感が得られずに、支配者から性的な行為で一体感を得る事を求めさせられてしまう。支配者から罪に定められて罰を与えられて、罰を受ける事で支配者から救われて一体になる、ということを実際にされていたり、脳内でされている。この支配者が罪を罰する時の虐待が〝性的行為〟でそれにより支配者に執着させられるので、それを〝虚無〟の一体感とすり替えられている。だから、〝虚無〟は性的快感を求めてしまう。さらに、虚無は支配者によって性的快感を求める事で罰せられて虐待されて支配者に執着させられる。支配者に虐待され、執着させられることで支配者の脳につながり支配者の真似をさせられて、性的虐待をしてしまう〝虚無〟は性的虐待をさせられることで、支配者から「性的に異常な罪人」にされて罰せられる。虐待者は、支配者から虐待の罪を裁かれて罪悪感を感じた時点で支配者の脳とつながり、脳の中で支配者から罰と称して虐待される。そして、ますます支配者の脳の真似をさせられ「異常な性的興奮をもとめる変態」にさせられてしまう。

支配者が虚無を虐待する目的は虚無の集合体である〝心〟とのつながりを〝罪〟で遮断すること。そして、常に罪悪感を使って支配者の脳とつなげて支配すること（虚無は〝無〟だから〝無〟同士全てがつながっていて一体である）。

クライアントさんの〝心〟に「心よ！　人の心には罪はないの？」と聞いてもらった。すると、どの〝心〟に聞いても「罪はない！」と答える（注：心とクライアントさんの間に入っている邪魔を排除してから聞いてもらっている）。

罪は、支配者が〝心〟とのつながりを遮断するために作り出しているもの（心とは虚無にとっては〝無〟同士の集合体で一体であるもの）。虚無や光の人は、支配者が作り出した罪で罪悪感を感じた時に支配者の脳とつながり、自分のやりたくないことを支配者にやらされてしまう、という構造が見えてきた。

罪悪感や劣等感は支配者が作り出したものだから、それにとらわれた瞬間から支配者の脳とつながり、脳内で支配者から虐待されて不快でみじめな気分になる。この脳内での虐待の不快感から逃れるために支配者に救いを求めてしまい、支配者に脳のネットワークで脳を乗っ取られて、やりたくないことをやらされる。

クライアントさんの〝心〟に聞いてみると、「虐待者は支配者からやらされているんだから相手の罪を許せ！　と言っているわけではない」と言う。いくら虐待者の本質が〝無〟であっても、脳は支配者に乗っ取られているのだから、相手を憎んだり恨んだりすることで虐待者に執着させられ、脳内で虐待されるので、不快な感覚は消えないままになる。

虐待の被害者が「虐待の場面が突然思い出された時」って、脳が支配者とつながって支配者から罪を裁かれ虐待されて恐怖に陥っている時。一方、虐待者は、支配者からの虐待の恐怖を打ち消すために性的妄想に耽ってしまう。その虐待者の性的妄想時に、被害者の脳が虐待者の脳とつながるから性的な虐待場面が浮かんできて不快感に襲われるだけ、と〝心〟は言う（玉突きみたいな構造になっている）。

これまで「自分が過去のトラウマに執着している」と思っていた。でも、それって支配者が、〝心〟とのつながりを遮断するために虐待者に執着させているということだから、支配者の意図とは逆に

〝心〟とのつながりを強くしてしまえばいい、と〝心〟は教えてくれた。

　虐待されたクライアントさんの〝心〟に聞いていくことで「なぜ人は自分の子供を虐待するのか？」という実相が見えてきた。そして、私が何でこんなに苦しんできたのかもだんだん見えるようになってきた。

　私も、学生の時に「宿題をやっていない」と罪悪感を感じていた。みんなはやっているのに自分だけちゃんとできない、という罪悪感を感じた瞬間から、私は性的妄想に耽ってしまう。これって「自分が苦痛から逃げているんだ！」と思っていた。

　でも〝心〟に虐待者の話を聞いていると、「宿題をやっていない！」という罪悪感を感じた瞬間から、確かに私は、母親から殴られているイメージが湧いてきていた。そして、私はどうすることもできないみじめな気持ちになって、次の瞬間には性的妄想に耽ってしまう。性的妄想に耽れば耽るほど、ますます罪の意識が強くなり〝神〟から引き離されていく感覚があった。

　だから本来の自分は性的妄想に耽りたくもないのに、罪を罰せられる恐怖と、罪の結果神からも人からも見捨てられる恐怖から神を演じている支配者の脳につながって「自分がしたくないことをさせられてしまう」という状態になる。ちなみに、私を殴っていたのは母親だが母親は支配者じゃないので、私は支配者である祖父の脳とつながって祖父の脳の真似をさせられる。

　別に、支配者である祖父が変態的な人だったというわけではない。むしろ、多くの人から畏れられ尊敬されるような人であった。支配者の目的は私の〝心〟から切り離すこと。その手段として、

支配者に執着させられることを避け、「心」とのつながりを強くする。
それが、自分自身の解放につながっていく

私は性的妄想に耽るということをさせられて、ただ時間だけが過ぎて、結局宿題を終わらせることができなかった。そんな構造を〝心〟はクライアントさんを通じて見せてくれた。

やりたくないことをやらされるって、たくさんある。それは過食して嘔吐することだったり、自分をカッターなどで傷つけてしまうリストカットだったりすることもある。また、性的妄想や人に対する復讐の計画など、これらはすべて支配者がただ単に罪悪感を与えてその人の〝心〟から引き離すためにやらせているだけだった。

そして〝心〟は支配者の意図とは逆のことをやればいい、と教えてくれた。不快感に襲われた時は〝心〟に聞くことを条件付けなさい、と。そこに本来の自分がしたいことが隠れているから。

苦痛が虐待者に条件づけられている

クライアントさんの〝心〟に聞いてもらっているといろんなことが見えてくる。

私は、これまで宗教家になれるぐらいのキリスト教の知識を持っていて、心理学も熱心に勉強してきた。でも、クライアントさんの〝心〟に聞いてもらうと、私の培ってきた知識がことごとく打ち砕かれる。「これが真実だ！」と自信を持っていたのに「それがまったくもって違っていた！」と気づかされると、これがかえって気持ちがいい。自分の思い込みが打ち砕かれるたびに、本当に宮本武蔵が言っていたように「我以外我師」なんだな、と痛感した。

クライアントさんの〝心〟に聞いてもらうと、毎日が新しい発見で、楽しくなる。とても面白いのが、クライアントさんの〝心〟に聞いてもらっていて、私は「この話、すごくね？」と感動しているのだが、聞いているクライアントさんはちんぷんかんぷんという感じになる。「何もたいしたことを言っているつもりはないのですが」と〝心〟が言っていることのすごさを聞いている本人は実感することができない。

この文章を読んでいる人は「他の人の〝心〟はすごいことを言ってくれているみたいですけど、私の〝心〟の答えは地味かもしれない」と自分の〝心〟を疑ってしまう。でも、その「地味」な答えを他人が聞いてみると、やっぱり「すげー！」となる。

でも、なぜ〝心〟のすごさは聞いている本人にわからないのだろう？　私が思いつく理由は「〝心〟のすごさを知って過信してしまうと、人は傲慢になって謙虚さを失ってしまうから」。それをクライアントさんの〝心〟に聞いてもらうと私の予測とは違った答えが返ってくる。クライアントさんの〝心〟は「〝心〟は本来のその人の姿だから」と言う。そして、その〝心〟とのつながりを遮断して脳のネットワークにつなげようとする支配者が存在しているから、と教えてくれる。支配者が〝心〟とのつながりを邪魔しているから「私の〝心〟は凄い！」と思えないんだと理解した（やっぱり〝心〟の答えは私の心理学の知識を超えていた！　まあ、超え過ぎなんですけど！）。

脳のネットワークにつながっている支配者が〝心〟の声を遮断してしまう。そして支配者の脳は〝心〟が言っている意味をわからなくさせる。でも〝心〟に聞き続けていくと、脳のネットワークが変わってくる。支配者とのネットワークが遮断されて〝心〟とつながるようになっていくと、全体像が見えてくる。これまでとは世の中の見え方が変わってくる。

ある時、あるクライアントさんが〝心〟に自分の痛みへの恐怖について質問をしていた。すると〝心〟は「痛みや死って支配者に条件付けられているから恐怖に感じるだけ」と教えてくれた。条件付けといったら〝パブロフの犬〟定番だ。犬に餌をやる時にベルを鳴らす条件付けをしておけば、食べ物を出さなくても、ベルを鳴らしただけで犬の涎が出てくる、というのをパブロフさんが発見した。この条件付けに基づいて〝心〟が言っていることを解釈すると、痛みが支配者に条件付けられているから、痛みを感じた時に支配者が条件的に思い出されてしまって、自動的に支配者の脳のネットワークとつながってしまう。条件付けで支配者の脳につながった時点で、支配者は脳内で私を罪に定めて罰するので恐怖を感じる、という仕組みだというのだ。

確かに、私も腹痛を起こした時に自動的に「自分が何か悪いことをしたからお腹が痛くなってしまった！」とものすごくみじめな気持ちになり、その罪の故にこの痛みがもっと酷くなって死んでしまうのでは？　と恐怖した。大人になってからでも、腹痛を感じたら母親が「ほーら見なさい、やっぱりあんたが言うことを聞かないからこうなった！」と冷たく言い放つ姿が目の前に浮かんだ。その背後に罪と罰を説く祖父の姿がちらついていて「自分の罪を悔い改めなければ」と怯える自分がいた。痛みが支配者に条件づけられているから恐怖になる。支配者に条件づけられなければ、痛みに恐怖は伴わない。

こんな自分の経験があったので、私はクライアントさんの〝心〟が言っていることがとてもわかりやすかった。

このクライアントさんの場合は、痛みを感じるたびに「あいつらのせいでこんなに苦しい目に遭っている！」と支配者である父親とその父に従う母親に対して憎しみが湧いてきてしまう。すると、次の瞬間には「こんな自分は誰からも受け入れられなくて、孤独死するんじゃないか？」という恐怖が湧いてくる。そうなると「やっぱりあいつのせいだ！」と支配者の顔が浮かんできて、憎しみで頭がいっぱいになり苦痛が増す、というのだ。

クライアントさんの〝心〟が言うには、支配者の脳とつながらなければ痛みは本来〝心〟とつながるもので〝死〟もまたしかり、ということだった。よくわかるような気がした。人は苦難な時や、死に直面した時など自然と〝神〟を求めたくなる（支配者以外ね！）。なぜなら、その〝神〟というのは虚無だったら〝無の集合体〟である〝心〟とのつながりであり、光の人だったら光の人の真実である〝神〟とのつながりを求める事になる。〝痛み〟と〝死〟はその大切なつながりを必要といるときの〝心〟が出しているサインとなる。

でも、支配者は、虚無や光の人それぞれの真実とつながる為の大切なサインを支配者に条件付けてしまい、真実から遠ざける為に〝恐怖〟に変換してしまっていた。

そんな面白い事をクライアントさんの〝心〟は教えてくれる。

トラウマは支配者に条件付けられているもの

昔は「部屋を片付けなければ」とか「宿題を終らせなければ」と考えると、それが苦痛に感じられて「さあ、やろう！」と思ってもできなくなっていた。「やらなければ！」と思いながら放置しておけばおくほど苦痛は増していく。そして苦痛が増せば増すほどますます私は動けなくなる。

私は、長年この現象と付き合ってきたのだが、自分でもとても不思議だった。他人から見れば「苦痛だったらさっさとやってしまえばいいのに！」となる。でも「さあ、やらなければ！」と思うと急にだるくなって身体が意のままに動かなくなったり、片付けようと思って開いた雑誌を読んでしまったり、急に爪の手入れを始めたり、となかなか集中できなくなる。

この現象は、脳の機能的なことで説明できる。普通の人は、大きな音などのストレスを与えられたら、緊張のホルモンが上がり脳内のグルコースが分泌される。するとグルコースにより脳がフル回転して、ストレスに的確に対処できる。でも幼少期に親からネグレクト（育児放棄＝肝心な時に親から抱きしめられなかった）された人の脳は大きな音などのストレス刺激を与えると緊張のホルモンが下がって脳内のグルコースも下がり、脳に活動のエネルギーがなくなり頭が真っ白になって考えることも動くこともできなくなってしまう。だからこのネグレクトされた子供は「さあ、いざ片付けよう！」となると、脳のグルコースが下がって頭がまともに働かなくなり「面倒臭くてやらなければいけないことができない〜！」となる。

このタイプの人は、肝心な場面で自分の能力を発揮できない。脳科学者の分野では、乳幼児期に親からネグレクト（育児放棄）されてしまうとこのような緊張脳になってしまうという研究結果がラットの実験から発表されている。

「やらなければ！」と思うとできなくなる、という現象のもう一つの説明は、虐待者の脳への条件付けである。「〜をしなければ！」と思った時に条件的に脳のネットワークで虐待者と脳がつながってしまう。なぜなら「やらなければいけない」という課題を出されて、「ちゃんと出来ていない！」と罪に定められ罰を与えられていたから。すると、「やらなければ！」と思った時に脳のネットワークでつながり虐待者に脳内で虐待されてしまうから苦痛が発生して「やる気が失せる」という状態になる。

実際に私の場合「勉強をやらなければ！」と思った瞬間に首と頭が重くなってきて、なんだか嫌な気分になった。この気分になると、逃げ出したくなって勉強以外のことをやりたくなる。

この逃げ出したくなる苦痛と向き合ってみると、背後には母親の姿があった。私が勉強できなくて首根っこを掴まれ机に頭を叩き付けられている。漢字がわからなくて後頭部を引っぱたかれている。「おーこの感覚！」と過去の感覚と今の私の感覚が一致して、私の中で腑に落ちる。これは「過去のトラウマを思い出している」と普通の臨床家は判断する。

でも、脳のネットワークで考えると、虐待者を思い出した時に虐待者の脳とつながって脳内で虐待されるから苦痛を感じる、という方がこのリアルな苦痛が発生する説明として実感できる。

勉強や片付けが〝パブロフの犬〟のベルの役割で虐待者に条件付けられていて、ベルが鳴った時に虐待者の脳のネットワークとつながって脳内で虐待される。その脳内での虐待の苦痛から逃れるために「やらなければいけない事以外の事が気になる」という状態になる。

もちろん過去のトラウマの方が説明しやすいのだが、それだと私が感じているリアルな身体的苦痛の説明がつかない。脳のネットワークで現在進行形で虐待されている、というのなら「それだったら納得！」と感覚的に納得できる。

そして「何のために虐待者がそれをするの？」という疑問には、〝心〟から引き離して自由を奪って支配するため、ということであれば理解できる。

ここで「どうして子供を愛さない親がいましょうか？」という反論が必ず出てくる。「支配者は唯一〝愛〟があるから虐待して支配する」というのが答えになる。支配者は神を演じているから愛がある。愛があるから哀れな子供を正しい道に導くためにその子の罪を裁き、罰を与える際に虐待して、その哀れな魂を身を挺して自己犠牲を払って救う、ということをしている。支配者は神だから自分が支配することが愛なのである。

私は長年、支配者の愛にまみれて、虐待されて動けなくなるたびに愛の幻想に浸っていた。自分のやりたいことがちっともできなくて不自由であったが、何か温かいものに触れていたいような感じで、そこから抜け出そうとはしなかった。

その〝幻想の愛〟から抜け出してみると、自分がいかに不自由であったかということに気がついた。そして、虐待はただの虐待じゃん！　と虐待に愛を感じなくなり、虐待者との条件付けを切り離すことができるようになった。

やっぱり頭の中で虐待されていた！

脳のネットワークで引き起こされる虐待のこともクライアントさんの〝心〟に教えてもらった。

ある引きこもりの子は「だるくて動けない！」と訴えていた。血液検査をして、脳画像も撮ってもらって原因を探してみた。確かに脳の前頭葉の機能が低下している。だからだるくなるんだと思って「だるさを解消するためには運動が必要」と伝えてみた。でも、運動をしようとするとだるさが増して動けなくなる、とその子は言う。これを普通の人が聞いたら「言いわけばかりしている甘えん坊のマザコン」と判断してしまう。自分でやることもやらずに文句ばかり垂れている子、と見られて蔑まれる。

そんな子を専門家が診ると「前頭葉機能が低下していて、鬱状態からのだるさがあり、前頭葉の機能を上げるような薬を服薬する必要性がある」と判断する。また、他の専門家は「家にいて怒りが発散できなくて、その抑圧された怒りが身体化したのがだるさとして表現されている」と分析する。

この子の場合、前頭葉機能を上げる薬を飲んでも状況は変わらず、怒りを発散するような心理療法を受けても動けるようにはならず、よけいに苦しみが増していった。

私の場合「困った時の〝心〟頼み！」となる。

引きこもりの子に「心よ！　僕のだるさに原因はありますか？」とおざなりな質問をしてもらった。すると〝心〟は「ある」と答える。

そこで「心よ！　その原因を教えていただけますか？」と聞いてみた。〝心〟は「虐待されているから」とぶっきらぼうに答える。

「え？」と、その当時は脳のネットワークの影響をそれほど重要視していなかったので、何のことを言っているのかさっぱりわからなかった。

そこで「心よ！　虐待って過去のトラウマのことですか？」と聞いてみた。トラウマ理論で治療を進めていた私にはその質問しか思いつかなかった。でも〝心〟は「現在の虐待」と答える。

私は、引きこもりの子の両親と対面していても、暴力を振るっているような感じは受けなかったので「それはないだろ～」と真っ向から否定したくなった。「あんなに優しそうなお母さんがそんな虐待などするわけがない！」と思っていた。

そこで「心よ！　実際に虐待されているんですか？」と質問してみた。〝心〟は「そうだ！」と言う。当の引きこもりの子も私も首をかしげるばかりだった。本人は自分の部屋に引きこもりっきりでほとんど親とは接触していないと言っていた。それなのにどうして虐待することがでるのだろう？

その質問を〝心〟にぶつけてみた。すると「頭の中での虐待されている」と言った。

この時は、なんだかわからないが、とりあえず実際に殴られているのではなくて、頭の中での虐待が存在するんだ、とあまり納得できないままカウンセリングが終わった。

次のカウンセリングには母親が来たので、母親に少しカマをかけてみた。「お母さん、頭の中で息子さんに暴力を振るっているでしょ！」

私は、否定されることを前提にその質問をしたのだが、それを聞いた母親は驚いた表情で「え？なんで先生にそれがわかるんですか？」と聞いた。「おー本当にやってたのか！」と私もびっくり。

母親は「頭の中で何をやっても影響しないと思ったから、この子のことがむかついたら頭の中で蹴飛ばしたり踏んづけたりしていた」と言う。どうやら〝心〟が言っていたことは間違っていなかった。母親は、見かけによらず脳内では暴力的だった。

母親には、脳内での暴力は息子さんにダメージを与えてしまう可能性があるから、しばらくの間やめてもらうように伝えた。もちろん、引きこもりの子にはこの母親とのやりとりは伝えられない（カウンセリングには守秘義務があるから）。

母親に脳内暴力をやめてもらってから2週間したら、引きこもりの子は朝ちゃんと起きられるようになってきた。そして、静かに運動を始めるようになった。カウンセリング時にその表情を見てみると、憑き物が取れたようなスッキリとした顔をしている。

「なに！　なに！　本当に脳内で暴力を振るわれるとダメージを受けちゃうんだ！」とびっくり。

この子はこれまで母親からの脳内暴力で動けなくなっていたんだ、ということがはっきりとわかった。

こんな風に、クライアントの〝心〟から教えてもらったことで、私が立てた仮説が覆されていく。

脳内で虐待されて食べられない！

他のケースでは、食べられなくて痩せちゃう女性がいた。

その女性は、ダイエット目的とまわりの人から勘違いされてしまうほど、食べなくてどんどん痩せてしまう。病院で検査してもらったら自律神経失調症と診断されたが、食べられるようにはならない。食べられないので、いつもだるくて気力がない。やりたいことなんて考えられないくらい気分は落ち込み、みじめで絶望的な気分にまみれていく。

私もその原因がわからなかったので、〝心〟に聞いてもらう事にした。

その女性の〝心〟に食べられない理由を尋ねたら「旦那さんから虐待されている」と言われた。「え？旦那さんてとても優しくて理解のある人じゃなかったっけ？」とちょっと予想外。女性が動けなくて家事もできないから、いつも旦那さんは仕事から疲れて帰って来てから食事の支度をする。女性が旦那さんの作ったものを食べなくても文句一つ言わずにニコニコしながら片付けてくれていた。「あの優しい旦那さんが虐待しているの？」と〝心〟に確認してみた。すると〝心〟は「あなたのことを虐待していますよ！」と教えてくれた。

〝心〟に旦那さんがどんな虐待をしているのか？　と尋ねてみると「あなたはそれを知る必要がな

い」と言われてしまった。

〝心〟から「旦那さんから離れなさい」と言われて、実際にそうしてみたら、食べられるようになった。食べられるようになると、ちゃんと頭が働くようになってきた。あのみじめな鬱的気分は、嘘のように消えていた。元気になって家に戻ると、頭に霧がかかったようになって動けなくなり、そして食べられなくなる。

そんな時に、女性の頭にとあるイメージが浮かんできた。旦那さんがやせ細って動けなくなった女性をまるで人形のようにもてあそんでいる。「うわー気持ち悪い！」と吐き気がしてくる。「あ！私、これで食べられなくなっていたんだ！」と気がつく。旦那さんの頭の中で、やせ細った人形として扱われていたから、食べられなくなって、人形と同じような体型にさせられていた。「え？脳のネットワークを使ってそんなことまでできるの？」とびっくり仰天。

〝心〟は脳のネットワークで行われていることを見せてくれる。

「心よ！　なぜ旦那さんはそんな虐待を頭の中でしているの？」と聞いてみる。私の仮説では変態的性的快感のためにやっている、という答えを期待していた。でも〝心〟は「あなたの自由を奪って独占するためにやっている」と答えたので、私の仮説はまたもやみごとに覆される。「おっ出たな！支配者め」とちょっと嬉しくなる（ここで喜んじゃ駄目か！）。

〝心〟は、女性の自由を奪って独占支配することは愛を演じること、と教えてくれる。ここで恋愛ドラマ好きのおばちゃんだったら「旦那さんから愛されているんだったらいいじゃない〜」と言うかもしれない。

　確かに、旦那さんは愛の表現方法に問題があるかもしれない。一般常識で考えると「そこに愛があるなら許されるのでは？」と思ってしまう。「人にとっての幸せは、誰かから愛されることなのでは？」という常識から「この旦那さんを許して上げたら〜」と思いたくなる。

「心よ！　旦那さんの愛の表現方法だけが問題なのですか？」

「愛そのものが幻想だから、その幻想に執着させられ自由を奪われる」

「心よ！　そうしたら旦那さんの愛は嘘なんですか？」

「あなたにとっての愛は幻想である」

　砂漠の中をさまよい歩いていて、遠くにオアシスの蜃気楼が見えくる。そこに向かって、どんなに歩き続けても水が得られない。私の頭の中では、そんなイメージが浮かんできた。でも、私はその当時「人間には愛がない」という〝虚無の真実〟をまだ知らなかった。

　キリスト教では「あなたの隣人を愛しなさい」とか「互いに愛し合いなさい」と教えられるので、愛というのは存在するものだと信じていた。だから、この時〝心〟が言っていたことは充分には理解できなかった。でも、とにかく支配者が使う愛は気持ちが悪いものである、ということだけは実感できた。

　こんな感じで、クライアントさんの〝心〟の助けを借りて、私の頭の中ではパズルのピースが一つ一つ合わさっていった。

それを学術的に証明できるの？（支配者以外はね！）

ある学会で無意識についての発表をしたところ、ある先生から「患者の無意識は嘘をつくから、そんなのをまともに信じていたら学術的じゃない！」と反論された（実に面白い！）。確かに、無意識である〝心〟からの意見を正しいと証明することはできない。〝心〟が言っていることをまともに信じていたら世間から頭のおかしい人と思われてしまっても仕方がない。

でも、学術的な先生の思考が正しいということも証明することはできない。いくら、過去の論文を引っぱり出してきても「それで患者さんの症状が楽になったの？」という質問に対して明確な答えは返ってこない。

治療者はクライアントさんの症状に対して「症状の原因はこれで、これをすれば楽になるはず」と仮説を立てて治療を進める。そして、治療をしていくうちにクライアントさんが楽になれば仮説は正しかった、と証明される。その仮説を検証して正しいと証明されたデータを集めて、統計的な処理をすれば学術的であるといえる。

でも、カウンセリングをやっていると、私の頭の中で立てる仮説は〝心〟の発言によって覆される。恥ずかしい話であるが〝心〟の意見によって私の仮説はことごとく打ち砕かれる。さまざまな論文を読んで、臨床経験もたくさん積んだ中から生み出される私の仮説は〝心〟の意見で否定され、〝心〟の意見に従ったクライアントさんが楽になることによって、私の仮説が間違っていたことが次々と証明されていく。

ただ、この〝心〟の意見を学術的に証明できないというジレンマがあるのは、再現性がないということになるからである。再現性というのは「誰がやっても同じ結果が得られる」というもの。再現性が得られないのは〝支配者〟が〝心〟とのつながりを邪魔する役割を演じる性質があるから。支配者が研究に関わってくる限り、再現性は得られなくなる。

私が「〝心〟に聞く」ということをやってもらった場合と、支配者の研究者が「〝心〟に聞く」場合は、結果は違ってしまう。支配者の研究者にやってもらっても、クライアントさんは支配者の脳とつながってしまうので〝心〟からの答えがぶれてしまう。その答えのままにやっても楽になれない、ということから〝心〟からの意見は間違っている、という結果になる。

また〝心〟に聞いてもらう対象者の中に支配者が含まれていた場合も〝心〟の意見は正しいという仮説を覆してしまう。なぜなら支配者にとって〝心〟の意見が正しいという仮説は〝支配者の真実〟からすれば最初から間違っていることになるから。支配者は神を演じているから「神である支配者が正しい」という結果にならなければすべて間違いということになる。

だったら、虚無の人だけを集めて「〝心〟に聞く」の検証をやったらいいじゃん！　という話になるが、人を選んでいる段階で学術的ではなくなってしまう。支配者と虚無をどのように判別するかでも「支配者と虚無は科学的根拠に基づいての判別はつけられない」ということになり「科学的ではない」ということになる。

そこで、ないしょで虚無の人だけを集めて実験をしても、脳のネットワークは支配者とつながっているので、支配者は脳のネットワークを通じて〝心〟の声が正しいという証明を阻む。

昔読んだ小説に、科学者たちがコンピュータで神の存在を解明しようとしていたら、科学者たちはみんな頭がおかしくなってしまった、というストーリーがあった。なんだか、それがよくわかるような気がする。

だったら、科学的に証明することをあきらめて「〝心〟に聞く」はニューエイジ的な思想である、としてしまうのか？

ここでよく考えてみると「〝心〟に聞く」で真実に近づこうとすれば、支配者は邪魔をしてデータは歪んでしまう。そして「〝心〟に聞く」のデータには一貫性が見られなくなって「科学的じゃないし信憑性がない」という結果になる。

だったら逆に〝心〟の信憑性を歪ませるデータを集めていけば、逆に支配者の存在が明らかになり、それらの答えを統計的に排除していくことで〝心〟の存在が明らかになっていく。

ちょっと難しい話になってしまったが、この方法は、個人個人の「〝心〟に聞く」にも適応させることができる。

個人で「〝心〟に聞く」をしていると、前述の通り「必ず支配者は〝心〟につながることを邪魔する」という現象が起こる。〝心〟の答えに対して不安になったり、怒りや憎しみが止まらなくなる。ある人は〝心〟に聞いて従うことで経済的に貧困状態になって、みじめで絶望的な気分になる。〝心〟

に聞くことですぐそこに絶望という奈落の底への落とし穴があるような感覚になり、底にある絶望が現実であるかのような錯覚に陥る。要するに〝心〟の意見に従うことで「大変なことになっちゃう！」的な思考パターンになる。

〝心〟を検証する実験検証の場合もそうであるが、個人が「〝心〟に聞く」場合でも現実的なトラブルが連発したりする。私があるとき〝心〟に聞きながら行動していたら、銀行通帳にお金が残っていないことが発覚し、自転車は盗まれて、さらには携帯電話を落として壊して、よけいな出費が増え「このままでは経済的に破綻してしまうのでは?」という不安感に襲われる。そして、「これらの不幸は〝心〟の意見に従った結果」という錯誤相関が発生する。

1000回〝心〟の意見に従ってみてその結果50回は不快な結果になったというのだったら〝心〟と不快に相関があるということになる。ところが2、3回だけ〝心〟に聞いて「私は〝心〟に従ったから不幸になった」という相関を出してしまうのが錯誤相関だ。〝心〟と事象には相関がないのに、あるように錯覚してしまう。

この錯誤相関こそが脳のネットワークを通じてやってくる支配者からの邪魔になる。

でも、この自分の中で起こる錯誤相関のデータを集めることで、支配者の意図が見えてくる。錯誤相関が起こった時の自分の思考パターンを集めていくと、私の中で面白い事が見えてきた。私が〝心〟に従ったけど不幸になるというのは「神に従ったけど自分は不幸になった」という感覚になっており「神から自分が不当に扱われている」という感覚にもなる。よって私は「自分を不当に扱う神」を憎しみ恨んで、現実的に助けてくれる振りをする支配者に従い「支配者に助けてもらわなければ絶望的である」となる。すると〝心〟に聞くことができなくなり、上司に媚を売っては蔑まれて、お金を貸してもらうために両親に頼れば、叱咤されてみじめな思いで気分は薄汚れていく。そうなると錯誤相関がさらに「〝心〟に聞く」ことに結びつけられていき「〝心〟に聞いたから私は不幸になった」という憎しみが湧いくる。

ただ、自分の心の中で「心よ！」と問いかけて心から返ってくる答えに従っただけなのに、「自分は不当に扱われている」とか「〝心〟に聞いていると不幸になる」という思考は非常に興味深いデータになる。これらのデータを集積していくと脳のネットワーク上の支配者のパターンが見えてくる。そしてさらに支配者が脳のネットワークを使って入れてくる錯誤相関のデータを集めていくと、支配者の存在だけじゃなくて、その他の属性の人たちの〝心〟の存在も見えてきた。

自分の中でそれを検証してみる

ここで〝心〟について考えてしまうと、自動的に脳のネットワークを通じて支配者の脳につながり「〝心〟なんて怪しいものに聞くのは間違っている」という結論に至ってしまう。もしくは「スピリチュアル系のナントカさんの考え方といっしょじゃん！」と、勝手に〝心〟の存在を一般化する。でも、これって脳が支配者の脳のネットワークとつながっているから、支配者が〝心〟に聞けない状態を作り出すためにこのような思考を入れてくるのだ。

と、これはあくまでも仮説である。

そこで、この仮説を実際に自分で検証していく。

「心よ！　脳のネットワークは存在していますか？」と問いかけてみる。自分の頭でごちゃごちゃ考えていると〝心〟に対して否定的なことしか思い浮かんでこないが、実際に「心よ！」と問いかけてみると、違う答えが返ってくる。

〝心〟と脳のネットワークが存在することを〝心〟に確認する場合、やはり帰無仮説で検証していく必要がある。「脳のネットワークは存在していなくて、自分の思考ですべてが動いている」ということを証明するために〝心〟に問いかけていく。帰無仮説を単純に言ってしまえば「常に疑いの目を持って〝心〟に聞いていく」ことになる。

帰無仮説の検証を自分の〝心〟に聞き、データを集めながら、さらにはクライアントさんたちの〝心〟にも帰無仮説的な質問を投げかけて検証していった結果、脳のネットワークのことがクリアに見えてきて、脳内の虐待のことも浮かび上がってきた。さらには、支配者と虚無と光の人の分類も理解できるようになった。そして、3つの属性に合わせて対応することにより、クライアントさんがそれまで抜けることが不可能だと思っていた苦難な状況から抜け出せるようになり、それまで感じることができなかった自由を実感できるようになった。

自分の頭の中でだけで考えていたら、この〝心〟や脳のネットワークのアイディアには決してたどり着くことができなかった。でも、クライアントさんの〝心〟に聞いてもらいながら〝心〟の存在を検証することで、このような面白い理論にたどり着けたというわけである。

ちなみに、クライアントさんからは「支配者は世の中で何割ぐらいいるんですか？」という質問をよく受ける。そんな時も必ず〝心〟に聞いてみてもらって、他の人たちのデータと比較して検証してみる。すると、ほぼ同じ数字が出るから面白い。

クライアントさんの〝心〟の答えを聞いて「えっ支配者ってそんなにいるの！」と一瞬絶望的になるが、冷静に考えると「まあ、そんなもんだよね！」と納得もする。

だから、だいたい、この本を読んでいる3割ぐらいの人は、猛烈にこの理論を否定したくなり、嫌悪を覚え攻撃したくなるはず。それが、その人たちの属性だから。

このようにして、ひたすらクライアントさんの〝心〟に聞いて、その共通する情報を集めて導き出されてきたのが、この脳のネットワークであり、3つの属性であった。

私は、この理論が正しいとか間違っているとかいった議論をすることは無意味だと思っている。なぜなら、人は頭で考えた瞬間に脳のネットワークで支配者とつながってしまうから。だから、必ず支配者に〝心〟の存在を否定されて〝心〟に対して懐疑的になる。〝心〟の存在が否定されない場合は、他のスピリチュアル系と同じにされて「取るに足らない気持ち悪い理論」にされてしまう。

〝心〟の検証は、自分自身で〝心〟に疑いの気持ちを持って、実際に〝心〟に聞いて確認してみることで帰無仮説が成立して、初めて「あーこんなことになっていたんだ！」と現実が見えてくる。

そして、３つの属性が作り出している世界が見えてくると、自由になれる。そして、自由になると、これまでとは違った楽な生き方ができるようになる。

第5章

〝心〟に聞いて支配から自由になってみよう！

〝心〟に聞くと本当にしたいことができるようになる

〝心〟に聞く、というのは、宗教的な思想やスピリチュアル系の思想から作られたものではない。「これはキリスト教の〝神への祈り〟と同じじゃない？」と考えた時点で脳のネットワークは支配者につながり「〝心〟に聞く」をねじ曲げて自分とは関係ない意味のないものにしてしまう。どの思想や理論と共通しているとか似ているとか考えると、その思想や理論を作り出した脳のネットワークを通じて支配者から〝心〟は怪しいものと認識されてしまう。すると「自分はこんなことをやりたくない！」「自分にはできない」と〝心〟に聞くことから遠ざけられる。

「理論的に基盤がなければ〝心〟に聞くことができない」あるいは「科学的に実証できるものじゃなければ〝心〟は信用できない」という考え方は世間的に正しいことなのかもしれない。でも「理論的な基盤や科学的な検証などの〝正しいこと〟で人は楽になったり、幸せになったりできるか？」ということの科学的な証明は不可能だ。

〝心〟に聞くと、これまでとは違った世界が見えてくる。これまで「自分が見ている世界が現実」と思っていたのに、〝心〟に聞きながら生活してみると「自分が見ていた世界って幻想だったんだ！」ということが見えてくる。

〝心〟に聞いてみると、私が子供の頃から信じていた「罪人である私は地獄に堕ちる！」というのも幻想である、と教えてくれた。それは、私が長年勉強してきたキリスト教の教えとはまったく違っていた。でも、その「地獄に堕ちる」というのは私の属性ではないのだが支配者にとっては真実であるから、その考え方は存在していてもかまわない、と〝心〟は言うのである。

「〝心〟は正しいか間違っているか？」を検証する必要がまったくなかった。〝心〟は私の属性における真実を教えてくれる。私の属性の真実を知った時に、これまで他の属性を受け入れようとして苦しんできた、これまでの自分の姿が見えてきた。私が苦しくなるような真実は私の属性の真実ではない、ということが見えてきて「生きるってこういうことなんだ！」と感じられるようになった。これは人から聞いたり、一般的な書籍やインターネットから得られる知識ではたどり着けない真実で、唯一自分の〝心〟に聞くことだけで得られるもの。

〝心〟に聞いていくと「世界ってこんな風になっていたんだ〜！」という面白い発見がたくさん出てくる。そして、それまでのように失敗で後悔することがなくなってくる。何をするにも駄目な結果や不幸なことばかり起きていたのが嘘のよう。

頭の中は「やらなければならないこと」「考えなければならないこと」「反省しなければならないこと」でいっぱいだったのが「何もない」という状態になり、それまでの焦りが消えて喜びが感じられるようになる。

それまで「やりたくないことをやり続ける」のが人生だと思っていた。でも、それこそが支配者に自由を奪われた状態だったことがわかるようになる。そして、私はいつのまにか本当にしたいことができるようになっていた。

〝心に聞く〟は〝光の人〟だけのものではない。〝虚無〟の人たちは〝心〟に聞く事で、虚無の集合体につながり、そこから計り知れない知識に触れることができる。私は、過去に虚無の真実を語っていたのがユングで〝集合無意識〟の存在は〝心〟と共通していると考える。虚無の人たちは〝心〟に聞くことで、現在過去未来に存在する全ての虚無とつながり、虚無の真実である〝一体〟を得る為の知識や道しるべを得ることができる。

支配者は、自分が神であるから、〝心〟に聞く事は必要としないが、他の属性の人たちをそれぞれの真実から引き離す為の答えを〝心〟に聞く事で導きだせる。

だから、どの属性の人が〝心〟に聞いても、〝心〟は、それぞれの真実へと導いてくれる。

ここでは、実際にどのように〝心〟に聞いていくとよいか？　を紹介していく。

〝心〟に聞く時の姿勢

〝心〟に聞く時は「瞑想スタイルじゃないと駄目！」なんていうルールは必要ない。

最初のうちは、静かな場所で目を閉じて「心よ！」と問いかけた方が〝心〟の声に集中できる。

そのうちに、いつでもどこでも集中して、人と会話をしている途中でも心の中で「心よ！　私は今この人とこの会話をする必要がありますか？」などと尋ねることができるようになる。

たくさんの人たちが〝心〟に聞けるようになっていく過程を見ると、初めのうちは〝心〟との関係は知り合ったばかりの友達という感じで杓子定規だったのが、徐々に打ち解けて、やがて信頼感へと変わり、〝心〟と親友みたいな関係になる。

ほとんどの人が「え〜！　心の声なんて私に聞けるわけないじゃん！」と疑っている。「そんなことができるのって、特殊な人とかちょっと病んでいる危ない人とかじゃない？」と思ってしまう。「〝心〟に聞く」はよくテレビに出てくる「あ〜死んだ人の霊が叫んでいるのが聞こえる〜！」「私は神の声が聞こえるんです〜！」と同じだと錯覚しているから（私もこのタイプの人は苦手）。こうしたイメージから〝心〟の声が怪しいものにされ、本質がねじ曲げられてしまう。

でも、〝心に聞く〟は実際にはそんなに特別なものでも怪しいものでもない。

今この瞬間も、私は頭の中で考えごとをしている。その考えは「自分が考えているから思考が浮かんでくる」とほとんどの人は信じているけれど、思考って本当は自動的に浮かんでくるもの。

例えば本を読んでいても、過去のいじめられた記憶が突然浮かんでくる。「これって、自分が過去の不快な体験を思い出したくて思い出しているの？」と疑問になる。「今考えていることは本当に自分が意図的に作り出している思考なの？」とわからなくなる。

実は、私たちの思考はその場の環境に影響されている。楽しい人といっしょにいると楽しい思い出が浮かび、わくわくするようなアイディアが溢れてくる。不快な人といっしょにいると過去の不快な体験がよみがえってきて、将来の不安が次から次へと湧いてくる。

まわりの人の雰囲気に影響された気分で脳が刺激されてその気分に準じた過去の記憶が引き出さ

れてくる、という考え方もある。でも、脳のネットワークを考えるとそれだけじゃなくて、まわりの人の思考が脳のネットワークを通じて伝わってきて、その他人の思考に刺激されて過去の記憶が引き出されるのだ。人は知らないうちに脳内で他の人たちとコミュニケーションをとっている。でも、その認識がないから「頭に浮かんだことはすべて私の思考」と思い込んでいるだけ。

脳はその場にいない人ともネットワークでつながってしまうし、過去の人の脳ともつながって、複雑な思考を作り出している。だから、自分の頭に浮かんでくる思考に自分のオリジナルはほとんどない。頭に浮かんできたものは全て「自分の考え」なんかじゃない。自分で思考を作り出しているつもりでも、実際は脳のネットワークでつながっている誰かに影響されてその思考は伝わってきている。

そこで〝心〟に聞いて、その「脳のネットワークでいろんな人と複雑につながっている」状態から指向性を〝心〟に戻す。そして〝心〟だけとつながるようにする。

〝心〟につながる方法は簡単だ。ただ単純に、何か質問の前に「心よ！」とタグを付けるだけ。それだけで〝心〟から返答がもらえちゃう。

たとえば、こんな風に考えてみよう。

40人いる教室の中で、みんなが雑談していてざわざわしている。部活の話や恋愛相談などが教室中を飛び交っている。でも、いったん授業が始まれば静かになり、先生が「山田君、なぜ地球は回っているのでしょうか？」と質問すれば、他のみんなは沈黙して山田君だけに発言する権利が与えられる。先生が「山田君」と名指しをしているのに、山本君や田中君が答えるわけにはいかない。先生から指された山田君は、自分の頭の中にある答えを先生に伝える。

〝心〟に聞くって、そんなようなイメージである。

頭の中がごちゃごちゃしていて考えがまとまらない、というのは、脳のネットワークでいろんな人とつながってしまい、それぞれが勝手に発言をしている状態になる。そこで「心よ！」と質問することで〝心〟だけが答えてくれる。ちなみに〝虚無〟は〝無〟の集合体だが、本質である〝無〟というのは〝一体〟だから〝一つ〟である（「一つ」と言っても無だから0なんですけどね）。虚無の人たちが〝心〟に聞いた時、その〝無〟から的確な答えが返ってくる。だから〝虚無の人〟が〝心〟に「あなたはどなたですか？」と質問をすると〝心〟から「私は私」という答えが返ってくる。

じっくりと信頼感を培っていこう

最初のうちは〝心〟からの返答に対して疑いの気持ちが拭えない。なぜなら、それまで自分の頭に浮かんできた〝考え〟を元に行動してさんざん失敗してきているから。

「自分の中に浮かんでくるものなんかたいしたことないじゃん！」「心の声に従ってもいいことあるわけないじゃん！」と思ってしまう。いろいろ深く考えて自分の心のままに動いたつもりだったのに、結果は最悪な状況になってしまって、がっかりしてしまう。だから、〝心〟も信用できなくなる。

この現象って「人に相談する」でも同じ。

ある人が友達に「人ともっと仲良くするにはどうしたらいいのかな?」と質問する。友達は「もっと人の気持ちがわかるようになるために本を読んだらいい」と答える。それに従って、本を読んで人の気持ちがわかるように努力し始める。すると、それを見た他の友達が「お前はそんなカタい本を読んでいるからみんなと仲良くなれないんだ!」と言う。その人は混乱してしまう。友達がくれたアドバイスを鵜呑みにし努力したのに、それを「間違っている」と言われてしまった。実際に「そんな事をしているからみんなと仲良くなれない」と指摘した友達からは邪険に扱われて、私は「やっぱり人とは仲良くなれない」と失望する。

複数のお医者さんに相談して回る〝ドクターショッピング〟というのがある。一人のお医者さんだけの意見では不安なので、その診断が正しいのかどうかを確かめたくて他のお医者さんに診てもらう。すると、そこでは違う診断が下されるので、さらに別のお医者さんに確認しなければ不安でならない。

複数の人に相談するとみんな違うことを言うので、どんどん混乱してしまい、本当に自分のしたいことができなくなってしまう。人に相談するたびに不安がどんどん大きくなって、その悪循環から抜け出せなくなる。

頭の中で不安なことを考えた時も、このドクターショッピングと同じようなことが起こっている。

「自分は将来何をしたらいいのだろう?」と考えた時に、脳のネットワークで母親の脳とつながって「あんたは何をやっても続かないから失敗する」という答えが返ってくる。それが自分の考えだと思ってしまうから「将来何に挑戦しても自分は長続きしないから駄目だ」と暗い気持ちになってしまう。

その暗い気持ちから抜け出すためにもっと考えていくと、今度は祖母の脳とつながってしまう。「あんたはお金遣いが荒いから将来貧乏になる」と脳のネットワークで入れられる。すると「自分は将来貧困になり、みじめな生き方しかできなくなる」と絶望的な気分になる。

さらにこの絶望的な気分から抜け出す為に考えた時に、脳のネットワークで祖父とつながってしまう。祖父の脳からは「お前は罪人だから失敗の連続の人生で末は地獄に堕ちる」と入れられ恐怖にさらされる。この恐怖から逃げる為に私はやりたくもない事をやらされ、結局「何もできない駄目人間」から抜け出すことができなくなる。

これって一人だけで思い悩んでいるように見えるが、人は一人だけの意見だったら混乱なんてしない。複数の人の意見を聞いて翻弄されてしまうから、不安は増幅し、悪循環から抜け出せず、楽しく生きることができなくなる。

〝心〟に聞くというのは、相談する場所を〝一本化〟すること。そうすれば混乱することはなく、本当に自分がしたいことができるようになる。

とはいっても、それまで複数の否定的な意見に振り回されてきたので、自分の味方である〝心〟

の意見に従うことに違和感を感じるかもしれない。その違和感こそ、脳のネットワークでつながっている母親から「あんた自分に都合のいいことばかり考えているんじゃない！」という駄目出しだったりする。だから「結局は自分の都合のいいように作っているだけじゃないの？」と不安になってしまう。

「心よ！」と相談場所を一本に絞れば、混乱を解消する的確な答えが返ってくる。その答えについての「都合のいいように作っている」という思考に対しても、「心よ！　この『都合のいいように作っている』という思考はどこから来ているのですか？」と問いかけてみると、〝心〟は適切に答えてくれる。

不安になったら〝心〟に聞いてみる。それを繰り返すことで次第に〝心〟との信頼関係は増してきて、聞くことが楽しくなってくる。そして、いつのまにか不安の悪循環にいたかつての自分が懐かしく思えてくる。「あーそういえば、無駄なことをぐだぐだと考えて時間があっというまに過ぎていたなー」と余裕に満ちた気持ちで振り返る。

〝心〟との信頼関係を培うのにもう一つ大切なことは、「心よ！」と問いかけて次の瞬間に〝心〟が言ってくれたことをやってみることである。「えー！　そんなこと？」とちょっと疑問に感じても、思いきってやってみる（清水の舞台から飛び降りる気持ちで――ちょっとオーバーかな？）。

前で紹介したように、「心よ！　私は私のために何ができますか？　真面目に真剣に教えてください」と聞いた時、私の場合は「チョコレートが食べたい！」が〝心〟の答えだった。「えーどうしてチョコレートなの？」と意味を考えず、言われるままに試してみた。すると「自分にもっと優しくしていいんじゃね？」という優しい声が心から響いてきた。

問いかけてどんな答えが返ってくるかわからないけれど、とりあえずやってみること。そうすれば、徐々にいろんなことを教えてくれるようになる。そして、ある時点で「あ！　心との信頼関係ができてきた！」と感じ取れる。

私は、この信頼関係を感じ取った時に、催眠のお師匠さんとの関係を思い出した。

出会った頃のお師匠さんは、ちょっとしたコツのようなものしか教えてくれない。私は「なんでもっとちゃんと教えてくれないの〜」と心の中でつぶやいていた。でも、その「ちょっとしたコツのようなもの」をそのままやってみると、それがきっかけで面白いことが起こる。その体験をお師匠さんに話して、いっしょに大声で笑う。それを繰り返すうちに、いろんなコツを教えてくれるようになった。「初めはあんなにちょっとしか教えてくれなかったのに……やっぱり信頼関係が大切なんだ」と思った。

〝心〟との信頼関係を築くために、初めは「心よ！　私は私のために何ができるの？　真面目に真剣に教えておくれ！」と聞く。

この「真面目に真剣に」に違和感を覚えるかもしれない。私も教えてもらった当初は、この言葉を自分の中で唱えるのが恥ずかしかった。でも、今ではその意味がちゃんとわかる。

難しい説明はあとにしよう。今はとりあえず「真面目に真剣に」を付ける理由は「心はお茶目だから！」ということにしておく。

〝心〟は私の味方である。だから「心よ！」と問いかけて、私を傷つけるような答えは一切返ってこない。もしもどうしても訝るような答えが返ってきたら、もう一度問いかけてみよう。

しつこいようだけど、「真面目に真剣に」を強調すること！

何を聞いても、何でも知っている

「心よ！　私は私のために……」と何度も聞いているうちに、興味があることを何でも聞けるようになってくる。そして、そのすべてに心は答えてくれる。「なんでこんなことまで知っているの？」と驚いてしまうこともめずらしくない。

頭の中で「これが一番正しい！」と思っていたことを念のために確認してみると、全然違った答えが返ってくる。それでも、自分が考えていたことよりもその時の答えの方が妙に腑に落ちてしまうから不思議である。

自分の頭の中では同じことをああでもないこうでもないと考え続けて無駄な時間ばかりが過ぎてしまうのに、心の答えだとスッと自分の心が静かになる。

ある時、会議の席で上司がイライラした様子で貧乏揺すりをしていた。「自分の失敗が上司にばれたのかな？」と不安になる。なんとか上司の印象をよくしなければ！　と思って、手を挙げて発言をしてみた。すると上司は「あんたの意見なんか聞いちゃいない！」と怒鳴って立ち去ってしまった。同僚からは冷たい目で見られ、みんなに馬鹿にされているような気分になって、その日は夜も眠れなかった。

頭で考えてしまうと他の人の脳のネットワークとつながってしまうから、「あんたが仕事で失敗したからだ！」と責められて罪悪感を感じさせられる。そして「何とかしなければ」と焦り、よけいなことをさせられて墓穴を掘ってしまう。頭で考えるんじゃなくて、実際に言葉に出して同僚に相談しても同じようなことが起きる。「自分が仕事で失敗したことを上司は怒っているんじゃないかな？」と聞くと、同僚は「いや〜そんなこと気にすることはないから！」と言ってくれた。でも、このコメントには「もしかしたらお前のミスのせいで上司が怒っているかも？」というニュアンスが隠されている。だから人に相談しても上司のイライラ＝自分の失敗（原因）にされてしまう。自分の頭で考えても人の脳のネットワークからフィードバックがあるので、実際に他の人に相談したのと結果は同じになってしまう。

そこで〝心〟に聞いてみる。

「心よ！　上司はイライラしていますか？」。

「確かにイライラしています」

「心よ！　上司はどうしてイライラしているのですか？」

「痛風がひどいからです」

えっ、痛風？　上司の足下を見ると貧乏揺すりが激しい。顔をチェックしてみると確かに痛みをこらえているようだ。「なんだ！　自分のせいじゃないじゃん！」と安心したとたんに、上司のことが怖くなくなった。

会議のあとで上司と食事に行った。「最近食事の不摂生で痛風がひどくなってしまった」とビールを飲みながら笑って話していた（おい！　おい！　痛風で足が痛いんだったらビール飲んじゃ駄目でしょ！）。

私は心の中で「おっ、心ってすごい！」と感心した。頭の中だったら上司のイライラと痛風なんて結びつけることはできなかった。

自分の考えに疑問を持って質問すること

普段の生活の中で、たとえば「どうして自分は集中力がないんだろう？」と考える。それにはタグが付いていないので、疑問に対する回答者が特定されていない。だから、普段から駄目出しをしてくる回答者の脳へと自動的につながってしまい、「あんたがだらしがないから！」という答えが返ってくる。ミラーニューロンでつながっている人の駄目出しなのに、それを「自分はだらしがないから集中力がない」と自分の考えにしてしまう。そうした日常の何気ない疑問は、タグが付いていない質問として複数の駄目出し回答者の脳に送られ、そこから何種類もの駄目出しが返ってきて、蔑まれた感覚になる。

そこで、頭に浮かんできた疑問に対して「心よ！」というタグを付けて質問する。「心よ！」と問いかけた時、次の瞬間に浮かんでくる自分の考えが〝心〟からの返答となる。

「心よ！　なぜ集中力がないの？」と聞くと、次の瞬間に「集中力がないんじゃなくて、仕事のし過ぎ」と浮かんでくる。タグを付けないで自分で考えた時とは比べものにならないくらいに優しい答えが返ってくる。

人は、この優しい答えを「自分が勝手に都合のいいように作り出した答え」と思い込む。普段の駄目出し回答に慣れてしまっているから、この優しい回答が偽物という認識になっている。だから慣れ親しんだ駄目出しが本当の自分の考えだと信じてしまう。

そこで、自分の中で疑問が浮かんできたら、すぐ〝心〟に質問してみる。

「心よ！　どうして私は不安なことばかり考えてしまうの？」

「あなたが不安なことを考えているのではなくて、考えさせられているだけ」

この答えにも疑問を持って、さらに質問してみる。

「心よ！　誰が私に不安なことを考えさせているの？」

「あなたを支配している人があなたの自由を奪うために不安を入れている」

〝心〟は何でも答えてくれる。だから、どんな質問をしても大丈夫。

「心よ！　なぜ、不安を入れて私の自由を奪うの？」

「自由を奪ってあなたを罪と罰で支配するため」
「心よ！　罪悪感を感じるのって私の良心からじゃないの？」
「罪はあなたを支配する人が作り出すもので実際には存在しない」
質問することでどんどん私の心が軽くなっていく。そして、それまで見ていた世界が間違っていたことに気がつく。私が現実だと思っていた世界は、私を支配する人によって作り出された幻想の世界だった。

私は「自分は何でも知っている」と思っていた。これまでいろんな勉強をしてきて、社会経験も積んできた。だから、人よりも知識が豊富にあると信じていた。ところが、私が常識だと思っていたことをあらためて〝心〟に聞いてみると、違っていて軽いショックを受ける。「あれ？　絶対に自分が信じていたことが真実だと思っていたのに！」とわけがわからなくなる。

でも〝心〟が出してくれる答えを聞いていると、私は自由になっていく。それまでできなかったことができるようになる。私の常識が私自身のものではなかったことにやっと気づく。

私が「そんなこと知っている！」と思っていたものはすべて支配者が私の自由を奪うために入れている幻想だった。「そんなことはわかっている！」と思っていたことも疑問に思って〝心〟に聞いてみると、私の常識は間違っていたことが理解できる。

あるクライアントさんの〝心〟に「心よ！　私は変われますか？」と聞いてみた。すると〝心〟は「何をやっても変わることができない」と答えた。ここでこの答えを自分の頭で考えてしまうと

「カウンセリングで治療を受けることも無駄なんだ」と結論づけてしまう。でも、この否定的な結論は普段からなじみ深い駄目出し脳から伝わってくるものだ。だから、そこで結論づけないで、さらに〝心〟に質問してみる。

「心よ！　私は変わる必要がないのですか？」

「変えようとすると変えようとする自分でいるだけだ」

この〝心〟の答えは奥が深い。ここで理解しようと自分の頭で考えてしまうと駄目出し脳とつながってしまうので、さらに質問を重ねる。

「心よ！　私は変わる必要がないのですか？」

「変わる必要はまったくない」

そして、こうも言う。

「変わらなくていいことをちゃんと認めろ！」

「心よ！　どうしたら変わる必要がないことを認められますか？」

「これまで対人関係の問題を変えようと努力すればするほど変わらなかっただろ！」

そして、こう教えてくれる。

「変わる必要がないことを認めたらどうにでもなる」。

こんな答えにも疑問が湧く。だから、さっきと同じ質問をする。

「心よ！　どうやったら変わる必要がないことを認められますか？」

「抵抗をやめたら受け入れることができる」

「心よ！　どうしたら抵抗をやめることができますか？」

「自分がどれだけ抵抗をしているかを知れ。自分が抵抗していることに気がついたら抵抗は自然とやめられる」

そして、最後にこう付け加える。

「自分を受け入れるのは自分にしかできないことを決して忘れてはいけない」

この時に、自分の頭で考えて結論づけるのではなく、何でも〝心〟に聞いてみることの大切さを知った。

自分が知っている現実世界との違い

私の知っている世界では、人との関わりでストレスを感じたら人とのコミュニケーションや接触の仕方を変える努力が必要だと思っていた。「人のことが苦手」と思ったら、自分を鍛えるために積極的に人の中に入っていって、自分の苦手意識と向き合い、それを変えることが必要だと思っていた。

でも〝心〟が教えてくれる世界は違う。「人間関係が苦手」という自分を変えようと努力すればするほど、自分のことが受け入れられなくなる。だから、自分を変えようと努力をするのではなくて、変えようと抵抗するのをやめなさい。〝心〟はそう教えてくれる。

これは私の知っている世界とは明らかに違っていた。抵抗をやめたら落ちぶれてしまって、人から蔑まれてみじめな人生を歩むしかないと思っていた。だから、必死に抵抗して変わる努力をしてきた。その抵抗が逆に人間関係の苦しみを作り出していることを教えてくれる。

こんな深い話は、哲学や宗教の本を読めば出てくる。でも、そんな本を読んでも、その時は感心するものの、どこか他人事。「きれいなことが書いてあるな〜」と思いながらも「現実はそんなに甘くない」とすぐに忘れてしまっていた。

〝心〟に直接自分の悩みを問いかけ、このような答えが返ってくるとなると、話はまったく別。私のくどい質問に怒りもしないで寛容に答えてくれる。その内容が私の傷ついた心に染みわたる。「抵抗しなくていいんだ」と言われたら、なんだか目が潤んできた。「自分を受け入れてあげられるのは自分しかいない」と教えてくれた時に、それまで気にしていた人の評価なんてどうでもいいように思えてきた。

私の頭で考えていた時は、いつも絶望と希望の狭間を行ったり来たりしていて落ち着かなかった。そうやって、常に怒りと恐怖と不安に振り回されて時間は無駄に過ぎていく。〝心〟に聞くようになって、それまで自分が見ていた世界は勝手に作り出された幻想であって、決して現実ではないことが見えてくる。頭で考え、次から次へと苦しみを作り出し、その苦しみで分泌される脳内麻薬で酔っ払っていたことがよくわかるようになってきた。

知っていることと知らないこと

子供の頃、家では自由にテレビを観ることができず、親に内緒で押入に隠れながら観ていたことがあった。学校へ行くと友達が話題にしている番組を知らず「え〜！　お前、そんなことも知らないの〜！」と囃し立てられ、馬鹿にされて、いつも泣いていた。それ以来「知らない」と人前で言うことが怖くなった。

その後、相手を観察して、相手の気持ちを読むようになり、「知らない」ということができるだけないように努力するようになった。人よりも知識が豊富だと自負していた。

社会人になって、研修旅行へ行った時のこと。

私は先生の鞄持ちで、スケジュールの管理をすることになった。私は「知らない＝馬鹿にされて嫌われる」が怖かったので、自分からは先生に何も質問しない。先生からも何も説明してくれないので、何の目的の研修会なのか、どんな人が参加しているのか、まったく知らずに同行することになった。

私は、状況を把握するために一生懸命に参加者を観察し、耳をダンボにしてみんなの会話を聞き取る。参加者はみんな偉そうな態度で私に命令したりしていた。私は、自分が観察し、聞き取った情報から「この人たちは精神科や心理職の専門の人たちなんだ」と結論を出した。

先生の荷物を持っていっしょに歩いている時に「先生、この人たちはみんな専門家で先生のお弟子さんなんですか？」とちょっと自慢げに聞いてみた。参加者のことを一切教えてもらっていないのにもかかわらず観察して状況を把握したことを褒めて欲しかったのだ。すると先生はムカッとした表情で「君はいつも早わかりし過ぎだ！」と怒り出してしまった。この「早わかり」という言葉は私が一番言われたくない言葉だった（それにしても「いつも」はよけいだろ～！）。

何も知らないのに、そう言って馬鹿にされるのが怖くて知ったかぶりをして、その「知った」と思っている情報は実際は間違っていて、あとになってそれが発覚して恥をかく。

この時先生は「自分は知っていると確信していることに疑問を持ち、それを有効な質問を使って検証しなさい」と教えてくれた。

それから私は、自分が「そんなことわかっている！」と思った時ほど、自分の知識を疑って検証するようになった。そして、検証してみるとまったく違う世界が見えてくることが楽しくなってきた。

自分の思い込んでいたことが間違っていたからって「恥ずかし～い！」とは思わなくなって「あ！自分の気がつかなかったまったく違う世界があるんだな」と受け入れられるようになった。

今でも〝心〟に聞く時に、そんなことが役に立っている。自分が「この答えはこれだ！」と確信していることでも、一応〝心〟に確認をとってみる。すると〝心〟は私の確信していた考えとはまったく違う答えを出してくれる。

「えー！　そうだったんだー！」

そんな発見をするたびに、私の中からよけいなものが剥がれ落ちていく。どんどん軽くなって、新鮮な気持ちになっていく。

〝心〟が見せてくれる世界って素晴らしい。

知っていることをあえて聞いてみる

〝心〟に聞いて、新しい世界を発見し、自由に生きるためのコツは「知っていると思っていることをあえて聞く」ことである。「自分はそんなことわかっている！」「そんなこととっくの昔に知っている！」ということをあえて〝心〟に質問する。

すると、私の「知っている！」と思っていることに〝心〟は確信を与えてくれて自信を持たせてくれる。時には「知っている！」と思っていたことを覆してまったく違う世界へと導いてくれる。

だから、知らないことを聞くよりも、自分が「常識」とか「そんなことはわかりきっている」とか思っていることをあえて尋ねてみる。

私はキリスト教の家庭で育ったので、罪ということが常識になっていた。そこで〝心〟にこわごわと聞いてみる。

「心よ！　私の中に罪は存在するの？」

私の頭では「人間は誰しも罪にまみれていて、自分の力ではその罪から抜け出すことができない」というのが常識になっていた。

「いいえ、あなたの中に罪は存在しない！」

これを聞いた時に目頭が熱くなった。同時に「罪がないって言われたって、お前は人を憎んだり妬んだりするだろ！」という声が頭の中に響いてくる。そんな時にも〝心〟に確認してみる。

「心よ！　私は人を憎んだり、妬んだり、頭の中で傷つけたりしていますけど、それは罪じゃないの？」

「それはあなたがしているのではなくて、させられているものだから、あなたには罪はない」

こうして自分の常識が気持ちいいほど覆されていくので、次々と質問し続けていく。〝心〟は「しつこい！」と拒絶したりはしないし、理解の悪い私に怒り出したりすることもなく、淡々と答えてくれる。

しばらく生活していると、再び自分が薄汚れた気持ちになって「自分は悪いことをしているのではないか？　それを人から責められるのではないか？」と怯え始める。そんな時に私は再び確認をする。

「心よ！　今私は悪いことをしている感覚になっているのですが、実際に私は罪を犯しているのですか？」

「罪はあなたの中にはない！」

この断言が心強い。

「心よ！　だったらどうして私はこんなに薄汚れた気持ちになっているのですか？」

「みんなから嫌われて孤立してしまう恐怖を入れられているから」

「心よ！　恐怖でなぜ罪悪感のようなものを感じるのですか？」

「その幻想の恐怖から逃れるために怒っているから罪悪感になる」

小学生の頃に、学校でみんなから仲間はずれにされて家に帰ってきて、ちょっかいを出した近所の子供を引っぱたいて泣かし、薄汚れた気持ちになった時のことを思い出した。

「心よ！　小学生の時のあの場面と同じような感じ？」

「そうだ」

「心よ！　怒って殴っちゃったら、罪を犯しているんじゃない？」

「怒らされているだけ。それはあなたじゃない」

大きな疑問が湧いてきた。

「心よ！　今のこの薄汚れた感じって、小学校の頃のいじめられたトラウマがフラッシュバックしているの？」（職業柄トラウマは重要なんだな！）

「過去じゃなくて現在、あなたの脳につながっている支配者が入れている感覚」

その瞬間、頭の中にマリオネット人形のように何本もの糸が暗い空から垂れてきて、手足が引っ張られていびつに操作されている自分の姿が浮かんできた。「あ！　これって感じさせられているだけなのね」と思ったら、急に手足が自由になった。

「心よ！　これなのね」と確認した時に、胸が熱くなった。

わかりきっている現実をあえて聞いてみる

公共料金を支払っている時に、突然「お金がない！」という不安に襲われる。「先のことを考えてみたら、お金が全然足りない！」

すると「なんで自分はこんなに貧乏なんだ！」と怒りが湧いてくる。「どうにかしなければ！」と焦る気持ちでいっぱいになる。「このままではホームレスになるしかないかも？」と絶望的な気持ちになる。

私にとって「お金がない」は現実。通帳の残高はゼロに近い。他人に話すと「今生活できているのだから、先のことを考えてもしょうがない」と言う。私は「この人は私の現実をちっともわかってくれない」と心の中で怒る。

「お金がない！」という怒りと焦りが出てきた時は、必ずよけいなことをしてしまう。買っても当たらない宝くじを買って、結局お金を無駄に使う。「この人に媚を売っていればお金につながるかも？」と一生懸命に相手の世話をする。でも、相手は「それが当然」というような態度で感謝もされず、見返りは一切ない。そんな相手に対する憎しみに駆られてしまう。引き受けなくてもいい仕事を引き受けてしまったり、やる必要のないことをやって相手から迷惑がられ、結局自分が損をするばかりで、お金には一切つながらない。

これらの結果、お金につながらない無駄なことばかりやってしまう自分に怒りが湧いてきて、今度は自分の感覚が一切信じられなくなる。そうなると、やる気や意欲が一切起きなくなってしまう。

この状態になると、やらなければならないことが一切できなくなり、あとになって肝心な場面でチャンスを逃してしまったような気持ちになる。すると、そのあとで後悔して、再び「お金がない！」という焦りに支配され、またよけいなことをして怒りにもだえる悪循環に陥ってしまう。

そこで〝心〟に聞いてみる。

「心よ！　この『お金がない』という感覚は幻想ですか？」

「お金がないというのは現実です」

自分が期待していた答えとは違っていて、ちょっとがっかり。自分としては「お金がないのは幻想で、ただ自分がその幻想に執着させられているだけ」という答えを期待していた。

「心よ！　私の頭の中では何が起こっているの？」

答えに失望してしまったから、あえて漠然とした質問をしてみた。

「あなたは怒りに逃げている！」（お〜！　厳しい〜！）。

「心よ！　私は、何から怒りに逃げているの？」

「お金がなくなって、誰も自分のまわりにいなくなって、孤立してしまう恐怖から逃げている」

さらにこうも教えてくれた。

「誰もいなくなる、というのが、あなたがさっき期待していた幻想である」（私の考えは〝心〟に通じているのね！　ヒエー！）

孤立してしまう恐怖から逃れるために、怒って自分を麻痺させてしまうから、自分が本当にやりたいことができなくなってしまう、ということらしい。

「心よ！　私はどうしたらいいの？」（何でも〝心〟任せか！）

「その怒りに浸ってごらん」

「心よ！　怒りに浸っちゃったら、脳内麻薬で酔っ払っちゃって、自由に動けなくなるんじゃないの？」（素直に〝心〟に従わない私）

「とりあえず浸ってごらん」

そこで、文句を言わずに浸ってみることにした。

すると、あえて怒りを湧き起こさせようとすると、逆に怒りはすーっと消えていき、その下に隠れていた恐怖が浮き彫りになった。誰も彼もが私のまわりから去って孤立してしまう恐怖がはっきりと感じられた。「自分が逃れたかった感覚はこれなんだ！」とわかった。焦りが襲ってきて、先ほどの〝心〟とのやりとりを忘れてしまいそうになるくらいに、頭がパニック状態になってしまう。

「何かしなければ！」と居ても立ってもいられない感覚が襲ってくる。

「心よ！　この恐怖にどう対応すればいいの？」

「ただ浸っていなさい」

言われるままに、黙って恐怖に浸ろうとした時に、不思議な現象が起きた。

「あれ？　この〝孤立する恐怖〟って自分のじゃない！」

そのとたんに、恐怖がスーッと消えていく。それまでは〝孤立する恐怖〟から焦りが生まれて動き回りたい衝動に駆られてしまうと思っていたが、あえて〝恐怖〟に浸ってみると「なんだ！ 自分の感覚じゃないんじゃん！」と馬鹿らしくなった。

私の中から〝幻想の恐怖〟が消えていった時に、さっき〝心〟が言っていた「お金がないのは現実」という意味が見えてきた。心よ！「お金がある」という感覚が幻想ってことなのね！ それが見えたら、ウキウキした気分になった。

「お金がないのは現実」と言われた時に「お前の銀行通帳にお金が入っていないのが現実だ」と馬鹿にされたような気分になって〝心〟に対する怒りが湧いてきていた。まさに心が教えてくれた〝孤立する恐怖〟という幻想から逃れるために怒るということを自分は繰り返していたんだな、とあらためて感じた。そして改めて「お金がないのは現実」という意味の深さをよく理解することができた。

〝心〟に頼るということ

人は、人に頼って裏切られたり、傷つけられたり、ということを繰り返す。やめておけばいいのに、相手を信じて相談をしたり、意見を求めたりする。そして、信じて相談した相手から陰口を叩かれ、蔑まれたりする。すると、人は、傷つき「人が信じられない」と厭世的になってしまう。

でも、面白いことに「人が信じられない」と言いながらも、また同じことを繰り返す。人を信じて裏切られて何度も傷つけられていくうちに「人に頼ったら駄目」ということを〝表面的〟には学習するようになる。

〝表面的に人を信じないように学習する〟というのは、本当に助けようと思って親身になって手を差し伸べている人を「人は信用できない」と拒否をするようになること。それでいて「この人を信じて相談しちゃ駄目でしょ！」という人を逆に信じて頼り、痛い目に遭う。

わかりやすい例は、優しくて誠実な人よりも悪い奴がモテる、という現象である。「そんな悪い奴を信じちゃ駄目なのに！」と思っていても、ハエ取り紙に吸い寄せられていくハエのごとくベタッと捕まってしまう。他に優しくて親身になって相談に乗ってくれる人はいるのに、どうしてあの人はあんな悪い奴に近づいちゃうの？　と不思議に思う。

だが、さんざん人間関係で痛い目に遭って「人を信じちゃいけない」と学習しているから、変に真面目ぶって「私は信用できますよ！」とアピールしている奴を警戒し、邪険に扱うようになってしまう。それに、まあ、学生時代は特に、真面目で誠実な奴は「ダサい！」とか「キモい！」とか言われて蔑まれていた。そして、真面目な奴よりもワルの方が異性からモテていたし、みんなから認められていた。

でも、どうして信じちゃいけない人に頼ってしまうの？

それは、悪い奴に傷つけられた時に苦痛で脳内麻薬が分泌されちゃうから。苦痛で脳内麻薬が分泌されて脳が酔っ払った状態を、人は〝愛〟や〝安心感〟と勘違いしちゃう。人は、ひどいことをされればされるほど、その〝心の傷〟の苦痛から脳内麻薬が分泌されて、脳はさらに酔っぱらい状態になり、勘違いがますます強くなる。そして、その脳内麻薬が切れてくると「不安になったから脳内麻薬が欲しい～！」と悪い奴に近づいて、また傷つけられて、脳内麻薬で脳が酔っ払う、ということを繰り返してしまう。

過去にされた嫌なことを繰り返し思い出して怒っている、というのもこれと同じメカニズムになる。

人から過去に裏切られ、傷つけられたことを思い出すことで脳内麻薬が分泌されて、脳は酔っ払う。だから、繰り返し思い出して、脳内麻薬を分泌させ続ける。「不快なことなんだから思い出さなければいいじゃん！」とこのメカニズムを知らない人は言う。でも、本人はそこに〝安心感〟を求めているので止められない。

このような悪循環の中にいると、本当に信じていいものといけないものの見分けがつかなくなってしまう。

と、ここでやっと本題に入る。

〝心〟に聞けば、普段人から傷つけられた時のような脳内麻薬が分泌されない。だから、物足りなさを覚えたり、安心を感じられずに「やっても意味がないじゃん！」と〝心〟に聞き続けることが難しくなってしまう。

「脳内麻薬とは違う安心感ってどんなんだろう？」とちょっと興味を持って〝心〟に聞いてみると、面白いことが起きる。

〝心〟に聞くと、自分が頼っていいものと頼らなくていいものが見分けられるようになる。すると〝心〟に頼って任せる」ということがどんなに素晴らしいことなのかを実感できるようになっていく。

脳内麻薬からおさらばする方法

寝る前に、一日あった嫌なことが次から次へと浮かんでくる。「どうしてあんなことを言ってしまったんだろう？」「なんでやるべきことをちゃんとやらなかったんだろう？」と自分に駄目出しをする。

なんて自分は駄目なんだろう！　なんてみじめなんだろう！　と悔いていると、次は人に対する怒りが湧いてくる。「なんであいつはあんな失礼なことを言ったんだろう？」と今度は過去の不快なことも思い出されてくる。そして、芋づる式に嫌な記憶が引き出されてきて、果ては小学校の担任の教師まで登場して「なんであいつは俺にだけに椅子を投げつけたんだ！」と怒っている自分がいる（えっ、本当に投げたのは椅子だったの⁉）。

この一連の作業を私は「一人反省会」と「脳内での復讐タイム」と呼んでいた。そして、自分は頭がおかしいからこんなことを次から次へと考えてしまう、と思っていた。

普通の人はこれほど自分への駄目出しをしないいし、過去のことをいちいち思い出してくよくよしたりはしない。自分だけがこんな醜いことを考えている……と気がつけば、また自分に駄目出しをしている。

この「一人反省会」のメカニズムをよく考えてみると、自分を責めて罰して苦痛を感じることで脳内にエンドルフィンを分泌させていることがわかる。とことん自分を責めて苦しめて脳内麻薬を分泌させる事で脳が麻痺して、やっと眠りにつくことができる。私はいつの間にか「酒で酔っ払わなければ眠れない」と同じ状態になっていた。

怒りも同じである。怒りも強い怒りになればなるほど苦痛になり、やはりその苦痛を麻痺させるために脳内麻薬が分泌される。人はそれを求めて、人にされた最悪な状況を頭の中で再現することによって強い怒りを喚起させる。

その頃の私には「脳内麻薬を分泌させなければ眠れない」という不安があったのだと思う（「一人反省会」と「脳内での復讐タイム」はそれを意識してやっていたわけじゃないけどね）。

「眠れない」で思い当たる節は、もう一つある。

私の両親は毎週水曜日になると教会の会合へ出かけていた。幼い私を寝かしつけて、夜の7時前からいなくなってしまう。

ここからは、ぼんやりした記憶なのだが、ある夜私は両親が出かけた直後に目を覚ましてしまった。そして、一人で泣き叫んでいた。「一人、孤立、恐怖」という三重苦で泣き続け、窓越しに見える隣の家に向かって声を上げていた（この場面は、窓の外から自分を眺めている情景で記憶されているから、そのとき私は完全に解離していた）。隣の家の人は驚いて、泣き叫んでいる私を自分の家へ連れて行ってくれた（あまりにもうるさかったからね！）。

その後の記憶はなくなっている。

私が赤ん坊の頃に、母親は私をテレビの前に置いて、夜遅くまでお米を借りに親戚の家を何軒も渡り歩いていた。同居していた叔母が帰ってきた時には、テレビ画面が砂嵐になっていて、赤ん坊の私は泣き叫んでいたという話を聞かされた。これらの体験から「孤立の恐怖」が私の中にインプットされていて、その恐怖から脳内麻薬を分泌させて「恐怖を脳内麻薬で麻痺させなければ眠れない」という習慣を作り出していた。

問題は、脳内麻薬を分泌させればさせるほど、自分の感覚は麻痺してしまうということ。自分の感覚が麻痺すれば、他の人との一体感が得られずに、孤立している感覚に陥ってしまう。この孤立が私の「一人の恐怖」という暗示を起動させて、一人で眠ることへの恐怖を感じさせ、脳内麻薬を求める泥沼へと引きずり込んでいった。

「一人反省会」や「脳内での復讐タイム」は苦しい。なぜなら、苦痛にならなければ脳内麻薬は分泌されないから。苦痛で嫌なんだけど、それをやらなければ脳内麻薬が分泌されず、脳を麻痺させることができず、いつまでも眠れない。不快なことをいっぱい考えて、苦しくなって、死にたくなったときにはじめて脳内麻薬が分泌されて、ようやく眠る。

自分では「過去の嫌なことが勝手に次から次へとたくさん浮かんできちゃう！」と思っていたのだが、実際には、脳内麻薬を使って脳を麻痺させて孤立の恐怖から逃れたいから過去のことをたくさん引き出してくるのだ。こんなアホなことはやめたいと思っていても、孤立の恐怖が絶大で、この悪循環は自分の力では止めることができなかった。

ちなみに、脳内麻薬を分泌させて眠っても、まともな睡眠パターンは得られない。酒を大量に飲んで眠った人が、熟睡感が感じられずに次の日は二日酔いでボーッとしてしまうのと同じことだ。それで寝ても疲れが取れていない感じで、朝スッキリと起きることができない。身体がだるくて、遅刻ばかりしてしまう。睡眠がちゃんと取れていないから集中力がなく、記憶力、決断力も低下してしまう。失敗ばかりするので、夜の「一人反省会」のネタがどんどん増えていく。ぼんやりしていて動きも鈍いので、周囲の人間からは蔑まれる。それもまた「脳内での復讐タイム」のネタとなり、夜のお題がますます増えていく。

アルコール依存症の治療をしていた時に、アルコールを飲めなくなった患者さんがまさにアルコールの代わりに脳内麻薬で酔っ払っていた。そんな患者さんの状態が私と同じ精神状態だったので驚いてしまった。「あ！　俺って、こんな風に酔っ払っていたんだ！」とその患者さんを見ながらショックを受けたのを憶えている。

「〝心〟に聞く」をすると、脳内麻薬の悪循環から簡単に抜けられる。

何もする事が無くなったり、寝る前になるとそわそわし始め、急に今日あった嫌なことが頭に浮かぶ（アルコール依存症さんもお酒が切れたらそわそわし始める。それと同じ感覚だったのね！）。そんな時に「心よ！　私はなんでこんなに嫌なことを思い出すんですか？」と聞いてみる。すると〝心〟は「怒りで酔わせて自由を奪おうとする人がいるから、嫌なことが浮かんでくる」と答えてくれる。

「心よ！　この嫌な感覚って自分のじゃないの？」と聞いてみると、〝心〟は「もちろんあなたのではない」と答えてくれる。この答えを聞いた瞬間に、私の緊張がほぐれていく。すると、いつのまにか眠ってしまって、朝になっていた。

起きた瞬間「あれ？　スッキリと起きられるかも？」と不思議な感覚。怒りや苦痛で脳内麻薬を分泌させて眠っていた時はあれほど朝起きるのが億劫だったのに、「ちゃんと起きられるじゃん！」とちょっと嬉しい気分になる。

朝、起きたついでに〝心〟に聞いてみる。

「心よ！　今日はどんな一日になるの？」。

「恥ずかし楽しい一日になる！」と心が教える（なんちゅう答えやねん！）。

この答えを聞いた瞬間に、青春時代のウキウキしたあの感覚を思い出して、外に出るのが楽しみになってきた。

「心よ！　何か今日一日で気をつけることってあるの？」

「いらない人はいらないから」

「いらない人って何？」と野暮な質問は必要がない気がしたので、そのまま起き上がって、朝の支度を始める。いつもなら、今日のスケジュールの中で気が重くなるようなことを思い浮かべて嫌な気分になるのだけれど、その朝はそんな不快感が一切なかった。

不快感が襲ってきたら聞いてみよう

子供の頃、母親に「あんたは依頼心が強い！」と怒られていた。「自分で考えようとしないで、何でも人に聞いて解決しようなんて子供はろくな大人にならない」と言われていた。

何かわからないことがあって母親に聞こうとすると「自分で調べなさい！」とか「自分で考えて自分で責任を持って解決しなさい！」と突っぱねられる。それでいて、自分なりに考えて行動すると「どうしてあんたは何も考えないで行動するの！」と怒鳴りつけられる。「どうしてあんたはそんなに無責任なの！」と怒られる。自分では深く考えて行動しているつもりなのに「無責任！」と否定されてしまう。

そのうちに、私は人に相談することをしなくなる。自分の考えを人に伝えても否定されるだけで、理解されることがまったくない。だから、自分の頭の中であれこれと考えを巡らせて、一人で何でも解決しようとするようになる。

でも、その結果、いつのまにか嫌なことばかりを考えて苦痛になって、脳内麻薬を分泌させて白昼夢に浸る毎日になってしまっていた。考えれば考えるほど絶望的なことしか頭に浮かんでこなくて、「このまま死ぬしかない」というところまで絶望が達したときに、頭がボーッとして初めて眠りにつくことができる。

翌日になって「なんであんな無駄なことを考えていたんだろう？」と恥ずかしい気持ちになり、必死になって生きようとする。必死になればなるほど、よけいなことばかりやってしまって、失敗して絶望し、夜になると再び酔いの世界に入っていった。

〝心〟に聞くようになって「困った時に助けを求める喜び」を知ることになった。

嫌なことが突然思い出されると、以前だったら「自分一人で何とかしなければ！」と自分の中に湧いてきた不快感を一生懸命に処理しようとする。でも、自分一人で処理しようとすればするほど、不快な感覚は膨らんで「不安→恐怖→憎しみと怒り」の最悪パターンへはまり込んでいく。そして、憎しみと怒りにまみれた時に脳内麻薬が分泌されて、私の脳は酔っ払ってしまい、事態は収拾がつかない状態になっていった。

不快感が襲ってきた時に「一人で処理しなければ」の精神を捨てて〝心〟に頼って聞いてみると、不快感は広がらない。〝心〟からの答えで安心して眠りにつくことができている自分に驚いてしまう。

「あ！　この眠りが欲しかったのね！」

脳内麻薬からの眠りとは明らかに違う安心がその眠りにはある。そんな安心に包まれた時に、自分が以前していたことがよくわかった。

「自分はあえて不快を探し、それをえぐり出して苦痛に増幅して酔っ払っていたんだ！」

かつての自分は「この不幸な状況から抜け出したい！」と心から求めていると信じていた。でも、〝心〟に聞いて安心の睡眠が得られた時、自分がかつて求めていたのは「不幸から抜け出す」ことではなく「不幸の苦痛で酔っ払って眠ること」だったんだ、とわかった。

アルコール依存症さんがくだを巻きながらへべれけになっている姿が浮かんできた。その患者さんは「俺は一人で酒をやめられるんだ～！」と豪語していた。私たち専門家は「依存症は病気だから一人で酒をやめるんじゃなくて、専門家に任せて断酒していくんですよ」と説明していた。そんな偉そうなことを言う私自身も「人に任せる」ということをそれまでしたことがなかった。「何でも人に頼らずに自分で対処して処理しなければ」と思っていた。そして、アルコール依存症さんと同じように、毎晩嫌なことを思い出して脳内麻薬で酔っ払うことを繰り返していた。

私が〝心〟に聞いてその声に任せた時に、ようやくアルコール依存症さんに言っていた「専門家に任せなければこの酔いから解放されない」という意味がわかった。自分一人ではそこから抜け出すことができなかったのに、〝心〟に聞くと簡単にできてしまう。

自分の頭で考えてしまうと、自動的に脳内麻薬で酔っ払う方向へと進んでいくから、何でも〝心〟に聞いて、それに従っていくことにした。すると、いつのまにか脳内麻薬の酔いから抜け出せて、それまでとは違った自分に生まれ変わっていた。

違った自分、といっても、スーパーマンに変身するわけではない。本来の自分の姿に戻る感じ。そう！「自分はこんなはずじゃないのに！　本来の自分はもっと違うのに！」と思っていたあの時の「本来の自分」が今そこにいる。

頼ることに慣れるとそれが喜びになる

人に相談する時、人は自分の求めている答えが返ってくるとは期待していない。ほとんどの場合「自分がまったく理解されていない！」という怒りで酔うために相談する。相談して、理解されない怒りでいっぱいになり、それが夜の「一人反省会」と「脳内での復讐タイム」の絶好のメニューとなる。

「自分は駄目だから相手から理解されないのでは？」と普段の自分の駄目さ加減を反省し「自分は

間違っていたのでは?」と不安になって、恥ずかしい気持ちと苦しい気持ちで居ても立ってもいられなくなる。その不安感から逃れるために、今度は「なんで相手は私のことを理解しようとしないんだ!」と相手の理解の無さ、誠意の無さに怒り出す。そして「誰も私を理解してくれないし、守ってはくれない」と泣きたくなるくらいまで怒りを増幅させていく。

いじめられて帰ってきて、親から殴られて泣きじゃくり、嗚咽で苦しくなって、そのまま眠っていた子供の頃が思い出される。誰からも認められず、受け入れられず、みじめな存在として友達からも家族からも蔑まれている。そんな自分を理解しない連中に怒りながら泣きじゃくっている。ただいじけて泣くばかりで、何も変えられない駄目人間がそこにいた。

「あの当時から脳内麻薬で酔っ払って眠っていたんだ!」と高度な睡眠技術を使っていた自分に感心する。

悔し涙を流しながら眠る時に「もうあいつらとは口をきかない!」と心に誓うが、次の日になると相手がかわいそうになって、つい近づいていってしまってまたいじめられる、ということを繰り返していた。

大人になってからも、人に相談してもろくな答えが返ってこないのはわかっているのに、つい近寄っていって自分が悩んでいることを相談し、心ないコメントを頂戴して帰ってくる。それを繰り返して怒りを増幅させていく。それが脳内麻薬を分泌させて安心して眠るための行為だなんてちっとも気がつかなかった。〝心〟に相談するようになった時に、脳内麻薬の酔いを求めていた自分の姿がよくわかるようになった。

夜寝る前になって、突然将来のお金のことが心配になって〝心〟に相談してみる。

「心よ！　将来のお金の心配をした方がいいですか？」

「心配する必要はない！」

「心よ！　なぜ心配する必要がないのですか？」

「考える必要がないから」

その時に、私の中で腑に落ちた。「自分は今、不安を作り出して酔っ払おうとしているんだ！」と見えてしまった。

確かに私は「将来、自分が失職してしまったら」「日本経済が破綻してしまったら」「もしかして戦争が起こってしまったら」「世界経済が破綻してしまったら」……なんて考えていたら、不安はどんどん増幅していき、死の恐怖に襲われていた。そんな恐怖が襲ってくると脳内麻薬が分泌されて私の感覚は麻痺していく。気がついてみると、そんなことをグルグルと考えて3、4時間は軽く経過してしまう。「そんなことを考えたってどうしようもない」とわかっているのに抜け出せなくなる。なぜなら、脳が脳内麻薬で酔っ払った状態になって、思考の制御が効かなくなっているから。

以前、私はそれを毎晩求めていた。自分の不安を消すために真剣に考えている、と思っていたが、実際は酔っ払うためにやっていたんだ、とわかったらちょっと恥ずかしくなった。

「心よ！　私は恥ずかしいことをしていたんですか？」と聞いてみた。

するとʺ心ʺはこう断言してくれた。

「それはあなたがやりたくてやっていたのではなくて、やらされていただけ。この恥ずかしさもあなたのものではない！」

やっぱりʺ心ʺの答えは的確だ。私を悪酔いの悪循環から確実に引き上げてくれる。

ʺ捨てるʺからʺ何もしないʺへ

自分の頭で考えていると、物が捨てられなくなる。

小さめの段ボールの箱を捨てようかどうしようか迷っていると、「う〜ん、もしかしたら次に引っ越しをする時に使うかも？」と予定のない先のことを考えて押入の中にしまい込む。押入には使わない段ボールの箱がたくさん重ねて置いてある。

こうなると、「収納スペースがないから引っ越さなければいけないかも？」と不安な気持ちになってしまう。そして「こんなにがんばっているのに、どうしてこんなに不安でみじめな生活をしなければいけないんだ！」と怒りが湧いてくる。

そんな怒りに浸っていると、過去に自分を陥れた人物の顔が次から次へと出てきて、憎しみと恨みでいっぱいになり、汚れた気持ちのまま無駄に時間が過ぎていく。ふと時計を見ると、寝る時間はとっくに過ぎてしまっている。「何もしないで無駄に時間を使ってしまった」という後悔で、自分の無能さを嘆く。

かつてはそんな悪循環の毎日であった。

でも、何でも〝心〟に聞くようになったら、まったく違った世界がそこには存在していた。

段ボールの箱を捨てようかどうしようか迷い始めたら、「心よ！　これ捨てるの？　それともとっておくの？」と聞いてみる。すると〝心〟は「捨てちゃう！」と言った。

私は未練がましく「心よ！　もったいないんじゃない？」と聞いてみた。すると〝心〟は「それはあなたが執着させられ、不自由にさせられているだけ」と答えた。

私は「心よ！　他の段ボールの箱も全部捨てていいの？」と聞いてみた。すると「全部捨てちゃいなさい！」と〝心〟は軽く答えてくれた。

押入にしまっていた使わないきれいな段ボールの箱をまとめてゴミ置き場へ持っていった。そして、帰ってきて押入を見た瞬間に「おー！　気持ちいい！」。からっぽの空間が光って見えた。澄みわたる青空を眺めているような爽快感だつた。

そんな爽快感を求めて「もっと捨てたいかも？」と思って〝心〟に聞いてみた。

「心よ！　もっと処分したいんだけど？」

「今は、もう、何もしない！」

「心よ！　どうして？」

「今は何も考えないで休むことが必要！」

その通りに、私は椅子に腰かけ、目を閉じて休んだ。すると、頭の中にあるイメージが湧いてきた。膨大な量の情報が上から降ってきて、それが自動的に整理されていく。私はただそれを「おー！すげー！」と眺めている。何もせず何も考えないで、ただ膨大な量の情報が整理されているのを眺めているだけ。それだけで、私の頭はどんどん落ち着いてきた。

それまで「何かしなければ！」「何か考えなければ！」と焦った気持ちでずっと落ち着きがなかった。でも、何もしないでいると「自分は何もする必要がないんだ！」と悟った。

膨大な量の情報が整理されたあと、最後に小さな情報の断片が空から降ってきて、それが自分の中にはまった瞬間に「充電完了！」という感じで、自分のやりたいことは何かが直観でわかった。「何がしたいの？」という質問に言葉で答える必要がない感覚。言葉がまったく無意味で、ただ「自分のやりたいことがわかった！」という感覚だけがそこに存在していて、エネルギーに溢れている。自分のために動く喜びが満ちている。

自分の本当にやりたいことがわかった！

「自分の本当にやりたいことって何？」と聞かれて答えられない自分がいた。なぜなら、いつも人に気を遣って、人が喜ぶことしか考えていなかったから。

自分のやりたいことといえば、妄想に耽ることくらい。でも、それも自分が溜めてきたストレスや将来の不安を麻痺させるためにやっていることだから、本当に自分のやりたいことではない。「自分は何をやりたいのだろう？」と考えた時に「あれもやっていないし、これもやっていない」と駄目出しが襲ってくる。部屋の片付けも、掃除もしていない。勉強も進んでいないし、買った本もちっとも読んでいない。

そんな駄目出しが頭に浮かんできていると、どんどんやる気がなくなって妄想へと逃げ込みたくなってしまう。嫌なことを思い出して「一人反省会」をしたり、嫌な奴らに裏切られた不快感を思い出して「脳内での復讐タイム」へ突入する。そして、フッと気がつくと夜遅くなっていて、時間を無駄にしてしまった自己嫌悪を感じる。

〝心〟に聞くようになってから、こんな悪循環はなくなった。

「心よ！　今僕は何をしたいの？」と聞いてみる。すると〝心〟は「深呼吸をしたい！」と答えてくれる。

言われた通り深呼吸をしてみると、頭がスッキリしてきて、それまであった焦りや不安が消え去っていく。「おー！　自分は不安や焦りを感じていたのね！」とそのとき初めて気がつく。「〝心〟ってすごい！」とあらためて感動する。

焦りが消えてきたら、頭の中に「今本を読みたいのかな？」と自分のしたいことを予測してみる。そして〝心〟にそれを確認してみる。

「心よ！　今本を読んでもいい？」

「今、読みたい本はない！」

確かに、どの本を手に取っても、すべて私にとっては仕事の延長になってしまう。頭の中に浮かんだ「これをしなければ！」と思ったことが〝心〟によって打ち消されるたびに、私は不思議と自由になっていく気がした。

「やらなければ！」が打ち消されて、どんどん自分がシンプルになり、軽くなっていく。今までは「あれもこれもやらなければ……」と焦って、時間ばかりが無駄に過ぎていった。でも、「やらなければ」と思ったことが打ち消されて、それを捨て去った時に、私の時間はゆっくりと過ぎていくようになる。そんな時に、私の頭の中に「一日は千年のようで、千年は一日のよう」という有名な言葉が浮かんできた。

時折、人から自分がやりたいと思っていたことを否定されると、ひどく腹が立つ。でも〝心〟に「それは今あなたがやりたいことじゃない」と却下されると、不思議と腹が立たなくて「そうだよな！」と受け止められる。

そうしていくうちにだんだんと、心は静かになっていく。

そんなとき、ふと家族への心配が浮かんできた。

「あ！　そろそろ時間だから食事を作らなければ」と思ったら自分の中に焦りが湧いてくる。「今日は何を作ればいいのかな？　何が食べたいのかな？」と考え始めてしまう。そんな時に、私は〝心〟に聞いてみる。

「心よ！　この家族に対する心配って自分自身の感覚？」

「違います。心とのつながりを遮断するために入れられたもの」

「心よ！　家族に対する気遣いは必要ないの？」

「なぜ気遣いをする必要がありましょう？」

逆に〝心〟に質問を返されて「確かに必要はないんだよな！」と納得する。そして、私は、自分自身と向き合おうとする時に、必ず他の人のことを考えて自分自身の感覚から目をそらしていたことに気がついた。

私は、自分自身に目を向けることが恥ずかしいと思ってしまっている。自分自身の姿や声をビデオに撮るのもこの上なく恥ずかしい。それと同じような感覚で、自分自身と向き合うのがとても恥ずかしい。だから、他の人に注目を向けて、その人のことを考えることで自分から目をそらしていたんだ、と理解した。

「心よ！　私は自分と向き合うのが恥ずかしいから人に注目を向けているんですか？」

「そう、自分は汚い存在だと思っているから向き合えない」

汚く醜い、幼い頃の自分のイメージが浮かんできた。そして、私はダークな気分に染まる。

「心よ！　この感覚って自分のオリジナルですか？」

「違う！　それは母親に入れられているもので『自分の欲動はすべて汚れている』とされている」

あるイメージが浮かんできた。みんながおやつをもらっている時に、幼い私はおやつに飛びつきたいのだが、母親から「卑しい子！」と怒られるのに怯えて、欲しいんだけど全然興味がないふりをして、一人澄ました顔をしていた。しかし、食べたいという欲求を抑えているので、内面ではお菓子に誰よりも先に飛びつきたい気持ちが増幅して、卑しい目をした自分がそこにいる。そんな卑しい自分は醜いと思っていた。

自分の内面にある欲求に注目したら、醜い自分と対面するから、それが恥ずかしくて他人の欲求ばかり追い求めるようになっていた。でも、自分の欲求を見ないようにして抑圧すればするほど欲求は醜さを増していく、という悪循環に陥ってしまう。

自分の中の餓鬼が「全部俺の物！」と目の前に積み上げた石を独り占めして、周囲を威嚇しているイメージが現れた。そんな姿を見たら悲しい気分になって「心よ！　こんな自分をどうしたらいいの？」と聞いてみた（全部心に丸投げか！）。

すると〝心〟は「それはあなたではない！」とぴしゃりと答えた。私はてっきり「自分の中の醜い自分と向き合い、受け入れなさい」なんて答えが返ってくるのかな？　と思っていた。

私は、もう一度〝心〟に確認する。

「心よ！　あの醜い私は私じゃないの？」

〝心〟は「あれは作られた物であなた自身の姿ではない！」ときっぱり。

私はこの答えから、自分だと思っていたあの醜い姿をこれ以上相手にする必要がないことを汲み取った。

「私じゃない！」と思った瞬間に「あ！　寿司が食べたい！」と浮かんできた。「あるじゃん、私の欲求！」と嬉しくなった。

子供の頃に植え付けられたあんな醜い自分のイメージが、現在の自分の自由を奪っていた。そして〝心〟に問いかけていくだけで、その縛りから簡単に解き放たれる面白さを私は知ってしまった。

〝心〟が教えてくれる本当の相手の姿

幼い頃にテレビのコマーシャルで「人類皆兄弟」なんてせりふを聞いて「そうなんだろうな」と思っていた。みんな平等で、みんな対等であるはず。

誰に対しても誠意を持って接していれば、お互いにわかり合えて仲間になれる、と信じていた。本気で信じて、実行していた。でも、誠意を持って接すれば馬鹿にされ、蔑まれ、さんざん利用されたあげくに裏切られる。

そんな相手に対して「こんなに一生懸命に尽くしているのに！」と怒りが湧いてくる。裏切られた相手に憎しみと恨みを感じてしまう。そして「どうして？」「何がいけないの？」と悩み苦しむ。

結果的には「自分が醜くて汚い存在だから、人から嫌われて捨てられる」という結論に行き着いた。すると、自分を醜い存在として蔑んだ相手に対してさらに怒りが湧いてきた。そんな自分がまた醜く汚く感じられてしまう。

「なぜ人はわかり合えないのか？」と懊悩し「どうして人は平等じゃないのか？」と煩悶する。「みんな対等」と思って誠意を持って接触し、繰り返し裏切られて傷つけられて憎しみでいっぱいになっているのに、私はまた同じことを繰り返してしまう。どんどん自分が憎しみと恨みにまみれた醜い存在となってしまうのに、それを止めることができない。

人に不快な思いをさせられて気分が沈んだ時〝心〟に聞いてみる。

「心よ！　人間ってみんな平等なの？」

「違う。みんな違っていていい」

「心よ！　不快な気分にさせるあいつはどんな奴なの？」

私の中では「ただのアホで頭の悪い奴」という答えが返ってくるのを期待していた。

「相手は支配者につながっていて、あなたに汚れを流し込んでくる人」（ひえ〜！）

次の瞬間、相手の全身からどす黒い液体が流れ出して、それが宙を舞って私に注ぎ込まれるイメージが浮かんだ。すると、喉が詰まって息ができなくなった。「だから私は相手と接触すると気分が悪くなるんだ！」と納得した。

私は「相手と仲良くしよう！」と一生懸命努力するたびに気分が悪くなり、薄汚れた気分になっていた。「みんな自分と同じだからいつか仲良くなれるはず」と信じていたから、気分が悪くなって打ちひしがれても、何度も立ち上がって努力をしていた。

でも「私とは違う存在」というのを〝心〟にはちゃんと見せてくれた。「あ、近づいちゃ駄目な人なんだ、この人には！」といたく納得。私の信じていた「人類皆兄弟」は間違っていたことをこのとき完璧に理解できた。

ある学会の会場内で出会った人に、私の理論を一生懸命に説明していた。でも、説明すればするほど、私が間違っていて、私がとんでもないアホに思えてきてしまった。そう思えば思うほど焦りが出てきて、ますます必死になって相手に説明してしまう。

「あれ？　おかしいぞ」と思って、その場で〝心〟に聞いてみた。

「心よ！　この人って私と同じ人？」

「違います！」

次の瞬間に、相手はピエロの格好をして白目をむき、舌が口元からだらんとはみ出して、涎を垂らしながらジャグリングをしている姿が浮かんできた（妄想か！）。「あ！　この人、まったく説明が理解できていないんだ！」とその時わかった。

だから、私が一生懸命に説明すればするほど難しい顔になっていた。私はその顔を見て「自分が間違っていることを言っているから難しい顔になっている」と帰属エラーを起こしていたのね、とわかってしまった（〝心〟ってすげー！）。

「実験してみよう！」と思って、お金の話題に変えてみたら、その人の難しい表情は消えて、うれしそうな微笑を浮かべた。

「やっぱり私とは違う人なんだ！」

自分でも不思議に思うのだが、人はなぜ自分の考えを人にわかってもらいたいと思ってしまうのだろう?

普段の生活の中で「あ! これってすごいかも!」という発見をすることがある。そんな時「誰かに知ってもらい、認めてもらいたい!」と思ってしまう。そして私は「こんな発見をした!」とわくわくしながら相手に話をするのだが、その感動は相手に伝わらず、虚しい気分になってしまう。相手の反応で「私の思い込み?」「私は間違っている?」と不安になる。そして、先ほどまでの感動が劣等感に変わる。恥ずかしくみじめな気持ちになってさっきの喜びとは逆に「自分は誰よりも劣っている」という感覚に陥る。

こんな経験から「人に自分の考えを披露したら駄目だ!」とわかっているはずなのに、つい嬉しくなって人に打ち明けて、相手の反応で気分はぶち壊され、落ち込んで不安と怒りにまみれる。

そんなことがあって、不快な気分で落ち込み、沈んでいる時に「心よ! なぜ私は人に相談しちゃうの?」と聞いてみた。失敗から学習せずに同じあやまちを繰り返してしまう自分に嫌気がさして、こんな質問を〝心〟に投げかけてみる。

すると〝心〟は「常に不安を流し込まれているから人に相談したくなる」と答えてくれた。

「心よ! 私の脳のネットワークにつながっている人たちから不安が流し込まれているの?」

「そうだ! あなたが自由になるための真実に近づけば近づくほど、足を引っ張るために不安を流し込む」

確かに、「これってすごいかも！」と自分の発見に感動している時って、どこかで「もしかしたら自分の思い込みかも？」と不安になっている。その不安を解消するために人に確認したくて、居ても立ってもいられない感覚になっている。「あれが不安を入れられている状態なんだ！」と理解した。自分では「嬉しくて人に見せびらかしたくてやっている」と思っていたが、実は不安だから人に確認して欲しくなっていた。

「心よ！　そんな不安に苛まれたときってどうすればいいの？」

「不安になったら私に聞きなさい！」

でも、不安になったら、急いで人に相談したくなっちゃうんじゃないかな。不安になったその場で〝心〟に聞くなんてできないような気がする。それも正直に打ち明けてみた。

「心よ！　不安になった時にあなたに聞く自信がないけど、どうしたらいい？」

「自信などいらない。なぜなら常に私はあなたといっしょだから」

その答えを聞いたら涙が出てきた。さらに〝心〟はこんな風に教えてくれた。

「不安は私から引き離し、孤立させて支配するためのもの」

確かに、子供の頃に、不安になって親に相談したら「あんたが普段からちゃんとしていないからこんなことになるんでしょう！」と怒られてみじめな気持ちになり「やっぱり僕は誰からも好かれないだらしがない駄目な子なんだ」と孤立を感じて絶望していた。

不安になると、親や周囲の人間から裁かれて、孤立という罰を受けてみじめな思いをする。そうして裁かれて罰を受けているうちに、不安を感じても人に相談しなくなる。「自分一人で処理しなければ！」と不安を懸命に隠す。隠すために細かい嘘をつかなければならなくなる。嘘を積み重ねていると、どんどん辻褄が合わなくなり、やがて問題が発覚して「お前は嘘つきの罪人だ！」と蔑まれ、やはり孤立という罰を受ける。

不安を感じた時に、人に相談しても駄目、相談しなくても駄目。どちらを選択しても孤立という結果になってしまうので、そのうちに初めから自分で孤立を選択するようになってしまった。

でも〝心〟は面白いことを教えてくれた。

「不安は心とつながるためにあり、自由になるための真実に近づいている印」

これを聞いて、不安になることが不快ではなくなった（ん？　不安が不快じゃない？　矛盾してるじゃん！）。

ずっと私は不安は「悪いもの」と思っていたが、「真実に近づいているから、そこから引き離そうとするもの！」と捉えた時に「あ！　そうか！　自由になりそうになっているから、そこから引き離そうとしているだけなんだ！」とわかった。

私を自由にさせたくない存在が私を不安にさせて、足を引っ張っているだけ、と思ったら「そんな時に心に聞けば自由になれちゃう！」と面白くなってきた。

そんなことを考えて「不安よ！　来いや！」と思っていると、不安は一切襲ってこなくなってしまった。

これを知る前だったら、10分に1回は不安が襲ってきていたのに、それがまったくなくなってしまった。あの不安で焦った感じがなくなって、頭の中がシ〜ンと静かになっている。

「心よ！　これって面白いですね！」とコメントをしてみた。すると〝心〟は「そうでしょ！」と答えてくれた。

〝心〟につながって自由になる

学生時代に聴いていた歌の中に「♪この支配からの卒業〜」なんていうのがあった。歌詞の意味もわからずに口ずさんでいたけれど、今だったらわかるような気がする。

私は、完全に不安に支配され自由を奪われていた。何をするにも不安があって、それを打ち消すために焦り、動き回っていた。

「自分はこれがしたい！」と思ってやっていても、あとになって後悔と不安が襲ってきて、決して自分がやったことに満足することができない。よくよく考えてみたら、自分のやっていることはすべて不安から逃れるため。だから、いつも不安に支配されていて、何一つ自由にしていることはなかった（断言してしまった！　でも、これって本当だよね！）。

〝心〟に聞いていたら、焦る必要も動き回る必要もなくなった。

もう一度〝心〟に聞いてみる。

「心よ！　私は何に支配されていたの？」

「支配者から支配されている」

自分としては「不安に支配されていた」とか「間違った思い込みに支配されていた」というマイルドな答えが返ってくることを期待していた。でも〝心〟は私に一番必要なことを教えてくれる。

「心よ！　支配者ってなんですか？」

「支配者はあなたのまわりにいる、あなたとは違う存在で、あなたの自由を奪うもの」

「心よ！　支配者ってどうやって私の自由を奪っているのですか？」

「支配者はあなたを責めて罪に定めて罰し、私（心）から引き離すことで自由を奪っている」

「心よ！　私が不安な感覚に陥って居ても立ってもいられなくなるのって、支配者の脳とつながって、支配者から責められて自由を奪われているからですか？」

「そうだ」

「心よ！　なんで支配者ってそんなひどいことをするんですか？」

「支配者は神を演じているから、人を罪に定め罰を与えて、そして偽りの愛をもって救う」

それを聞いた時に、私の頭の中は薄汚れたような感覚になり、どす黒い不安と怒りに満ち満ちている懐かしい感覚になった。

「心よ！　私はずっと支配者に支配されて生きていたのね！」

「常に私とあなたのつながりを遮断しようとしていた」

でも〝心〟はいつもそこにいてくれたんだ！　と思ったら目頭が熱くなってきた。

〝心〟に聞けない時は支配されている時

〝心〟は「支配者は常に私とあなたのつながりを遮断しようとしていた」と教えてくれた。では、つながりを遮断するってどんなことなんだろう？　と考えてみた。

〝心〟に聞くようになったら、不安になっても焦って行動して失敗することはなくなった。不安になったら〝心〟に聞く。そして〝心〟は的確な答えを返してくれて、私は不安に取り憑かれることがない。

「不安に取り憑かれる」って簡単に書いているけど、私は本当にそれが嫌だった。「自分の脳みそを不安のない人のと取り替えてしまいたい！」と思うほどの不快さに捕われ、不安で苦しんでいた。あまりにも長年それを続けてきたので、それがあたりまえのようになっていたが、実際は死んでしまいたいくらい嫌だった。

今はそれがない！　今は「別にこの脳みそでもいいか！」と思える（まあ、うらやましいと思える脳はたくさんあるけど）。でも、時折、ちょっとした事件をきっかけに不安に襲われることがある。

そんな時に「心よ！」と聞けばいいのに、それを忘れてしまっている。以前のように「なんとか自分で考えて処理をしなければ！」と焦ってしまって、どんどんドツボにはまっていく。そして焦って失敗して自暴自棄になってしまい、状況はますます悪化して、さらに不安と恐怖が増していく。不安と恐怖と怒りというドロドロとした感情の中に飲み込まれていく。

そんな時に「あ、そうだ！〝心〟に聞けばいいんだ！」と思い出す。

「心よ！　あなたは私を助けてくれますか！」

「…………」

答えが返ってこない！「えー！　なんでー！」とパニックになると同時に、答えてくれない〝心〟に対して怒りと憎しみが湧いてくる。

「心よ！　私を助けてくれないんですか！」

「…………」

やはり答えが返ってこない。

「ちょっと待てよ！」とふと我に返った。自分の中で問いかけて何かしらの答えが返ってこないわけがない。だってそうでしょ！　自問自答すれば、自分に対する責めの答えは頭の中にわんさと返ってくるのに、「心よ！」と問いかけたときだけ頭がシーンとなるのはおかしい。まるで〝心〟から無視され見捨てられてしまったような感覚って、絶対におかしい！

「心よ！　今の状態って、支配者が心とのつながりを遮断しているの？」

「そうだ」

ようやく答えてくれた。

「心よ！　誰が邪魔しているの？」

「父方の祖母が邪魔している」

「心よ！　その邪魔を排除してくれますか？」

「排除する」

「心よ！　今私と心の間に邪魔はありますか？」

「母方の祖父の邪魔がある」

「心よ！　その邪魔を排除してください」

そうお願いして、実際に排除してもらった時に、私の頭のパニック状態がスーッと消え去っていった。

それまでは失敗の連続で、このまま自分はすべてを失ってしまうのでは？　と絶望感でいっぱいであった。それが〝心〟に邪魔を排除してもらったとたんになくなって「なんであんなにたいしたこともないことでパニックになっていたんだろう？」と自分が滑稽に思えてきた。

「心よ！　これが支配者があなたと私の間を邪魔して遮断するということなんですね」

「支配者は心とのつながりを遮断して心に怒りと憎しみを向けさせる」

「心よ！　怒ってしまってごめんなさい！」

「その怒りは、心とのつながりを遮断するために支配者が入れた感情だから、あなたの感情ではない。だから責任はない」

この答えに本当の自由がある気がした。そして、私の心がどんどん軽くなっていくのを感じた。

不快は支配者からの邪魔

〝心〟に聞いていると、万年不快感からいつのまにか抜け出している。万年不快感とは、汚物まみれの沼から永遠に抜け出せない絶望的な感覚。そこから抜け出そうともがけばもがくほど不快な出来事が起きて、ますます汚物にまみれてしまう。

突然、過去の人から裏切られた不快な記憶が襲ってくる。以前だったらその不快な記憶から「自分はどうしていつも人から裏切られてしまうのだろう？」という疑念から始まって「自分はみっともないし能力がないから人から嫌われる」という落胆に行ってしまう。するとそこから、自分が失敗した恥ずかしい体験が次から次へと思い出されてくる。そうしていると、そんな哀れな私を見捨てた相手に対する怒りと憎しみが湧いてきて、私はひどく汚れた気分になってしまう。

そんなことになる手前で〝心〟に聞いてみる。

「心よ！　どうしてあの人が浮かんでくるの？」（質問がシンプル過ぎるか！）

「支配者があなたを怒りと憎しみにまみれさせようとしている」

「心よ！　その支配者って誰？」

「あなたの母方の祖父が怒りと憎しみの汚物まみれにして自由を奪い、支配しようとしている」

「心よ！　今のこの相手に対する怒りって私のじゃないの？」

「そうだ。あなたはその怒りと憎しみにまみれさせられてしまうことに怒りを感じているだけ」

へぇ！　私はこれを聞いて、相手のことなどどうでもよくなってしまった。

いつもだったら、過去のことをぐちぐちと考える自分が嫌になって「どうして自分はこんなに器が小さいのだろう？」とみじめな気持ちになっていた。それが一切必要ない。

そんな考えに捕われたら〝心〟に聞いてみる。

「心よ！　自分は器が小さいの？」

「器なんて初めから存在しない」

小さな器に閉じ込められている自分の姿が見えた。そして、自分の器が小さいということではなくて、自分が支配者に閉じ込められて支配されていたのだということに気がついた。その閉じ込められている器と思っている物も幻想であり、存在しない物であることが理解できてしまった。

「この器も僕のじゃないのね！」

そんなことを感じていたら、突然自分が傲慢な人間になってみんなから嫌われ、まわりから誰もいなくなって、貧困に陥ってしまう恐怖が襲ってくる。私の頭がパニックになる。

「心よ！　これは現実に起きること？」

「…………」

またもや返事がない。私はますますパニックになる。

「心よ！　なんで私はこんな状態になってしまうの？」

「…………」

〝心〟からの返答がないのが「確定」という感覚になっていく。自分はみんなから嫌われてみじめに死んでいくんだ！

そんな時に「あ！　そう言えば支配者からの邪魔があるんだ！」と思い出す。

「心よ！　今あなたと私の間に邪魔がありますか？」

「ある」

「やっぱり！」と安堵の気持ちが湧いてくる。

「心よ！　誰が邪魔しているの？」

「父方の祖母が邪魔をしている」（経済的不安を入れるのは父方の祖母というパターンが見えてきた）

「心よ！　その邪魔を排除してください」

なんだか、おばあちゃんがかわいそうな気持ちになる。「おーこれが支配かー！」と実感した。本当に執着させられて自由を奪われている。

「心よ！　父方の祖母からの邪魔を排除してください！」

私の中の黒い陰が光で消え去っていった。やっぱり黒い陰だよね、支配者は。なぜかわいそうなんて思ってしまうのだろう？

「心よ！　どうしてかわいそうと思うの？」

「あなたの脳が支配されているから、そう思わされているだけ」

なるほど！

罪悪感は自分のものじゃない！

不快な感覚に陥った時に〝心〟に聞いて、支配者からの邪魔を排除してもらって、みるみる私は楽になっていく。不快な感覚がなくなって、ますます自由になっていく。

でも、突然「もしかして自分は何でも人のせいにして、支配者から邪魔をされているって言い逃れをしているのかも？」と後ろめたい気がしてきた。子供の頃、親から「あんたはいつも言い訳をして」とか「人のせいにしてすぐに言い逃れをしようとする！」と怒られ、薄汚れた気持ちになって怯えていた時の不快感がよみがえってくる。

「自分はいじめられっ子だったから、すぐに言い訳をして人のせいにしてしまうのでは？」と自分が間違ったことをしているような気分になってきた。不安になった私は、どんどん不快感に沈んでいき、そして、怒りにまみれていく。こんなみじめで哀れな自分を誰も助けてくれないという怒りに満ち満ちて、私はますます薄汚れた気分の中に沈んでいく。

そんなとき「おー、いけない！」不快になったら〝心〟に聞かなくちゃ！

「心よ！　私は自分で言い逃れをするための答えを勝手に作り出していますか？」

「違う」

「心よ！　どうやって自分で作り出してはいないことがわかりますか？」

「あなたがこれまで生きてきて、自分に肯定的な言葉をかけたことはないでしょ！」

確かに！　と思った。行動を振り返った時に、自分の中では常に駄目出ししか湧いてこない。〝心〟に問いかけたとき初めて自分の駄目出しから解放されて自由になった。

「心よ！　なんで私はあなたに聞いていることが『責任逃れ』みたいな後ろめたい感覚になったのですか？」

「支配者は心とのつながりを遮断して自由を奪ってあなたを支配する。そのためにあなたに罪悪感を入れている」

「心よ！　この罪悪感は私のじゃないの？」

「神を演じている支配者があなたの脳につながって、あなたを責めて罰して不快感を与えた時に、罪悪感を感じる」

あの薄汚れた気分が私のじゃない、と思ったら、気持ちがすっきりしてきた。でも「え？　でもなんで急にあんな罪悪感に襲われたのだろう？」と思った（疑問に思ったらなんでも心に聞いちゃう！）。

「心よ！　なんで？」

「あなたが支配者から自由になって私とつながり始めているから、そこから引き離そうとする」

私は「自由を奪う支配者がムカつく！」という怒りに捕われてしまった。「自分はずっとこれに苦しめられてきた！」とムカムカしてきて、再び不快な感覚になった。

「心よ！　何が起きているの？」

「自由を奪って怒らせることで支配者に執着させる」

「心よ！　どういうこと？」

「その怒りもさっきの罪悪感と同じで、あなたのではない！」

ちょっとだけ理解できたような気がするが、どうしても私の自由を奪う支配者に対しての怒りを捨てきれない。〝心〟はそんな支配者に対して何を感じているのだろう？　と疑問に思った。

「心よ！　私は支配者に対して何を感じていますか？」

「ただの拒絶」

頭の中で「ＮＯ！」と大声を張り上げて両手を支配者の目の前に出して拒絶している場面が浮かんだ。そこには怒りも怯えもなく、ただ心から拒絶しているという感覚だった。その感覚がなんだか気持ちよかった！

人に気を遣って〝心〟に聞けない

人がまわりにいると、いつも「相手はどう思っているのだろう？」と考えてしまって、周囲に気を遣ってしまう。周囲を気にして相手の気持ちを考えてしまうと「相手は自分を嫌っているのでは？」とか「自分は相手から見下されているのでは？」と常に気になってくる。

そうなると、相手の気持ちばかり考えて、自分のしたいことがわからなくなって、結局は相手に利用され、馬鹿にされて、捨てられる。

「あ！　こんなときは〝心〟に聞けばいいんだ！」と思うのだが、人がいるとどうしても〝心〟より目の前の人の気持ちに注目してしまい、〝心〟に聞けずに、いつもと同じ失敗を繰り返してしまう。

「心よ！　どうして人がいるとあなたに聞けなくなっちゃうの？」

「人がいると心に聞けない、という幻想を支配者から入れられている」

「心よ！　どんな幻想？」

「自分のままでいたら誰からも愛されない怒りを支配者に入れられている」

するると頭の中に小さな自分が出てきて、そのまわりに大きな鬼がいる。私は大きな鬼に向かって一生懸命に両手を擦り合わせながら媚を売っている。でも、鬼はそんな私を大きな拳で叩き潰す。他の鬼からも同じように殴られ潰される。そんなことを繰り返しているイメージが浮かんできた。

その時初めて、自分には自分以外の人が強大な鬼に見えていることがわかった。「だから、相手が怖くて〝心〟に聞くどころじゃなくなっちゃうのね！」と理解できた。怖い鬼に必ず叩き潰されることがわかっているから、なんとかそうならないように一生懸命に相手に媚を売ってしまう哀れな自分がいた。

「心よ！　どうしたらいいの？」

「自分が感じていると思っている恐怖を感じなさい。それはあなたの感覚じゃないことがわかるから」

私は人と接触している時に恐怖なんて感じていることを認めたくはなかった。でも、どこかでそれを感じていることはなんとなくわかっていた。

〝心〟は自分が感じないようにしてた恐怖をあえて感じるようにと教えてくれた。実際に、人前で恐怖を感じてみると「あれ？　これ自分のじゃない！」とわかってしまった。だから、嬉しくなって確認してしまった。

「心よ！　この恐怖って私のじゃないんですね！」

「そうです」

相手が目の前にいても〝心〟に聞ける。相手を待たせることに恐怖がない。おっ、こりゃ楽だ！

「心よ！　私はどうしたい？」

「自分のために時間を使いたい」

私は相手に気を遣っている時間が惜しくなり、相手の前から去ることができた。これでいいのだ！

孤独から抜け出しても決してひとりぼっちじゃない

〝心〟に聞くようになってから、人に気を遣うことがなくなった。すると、自分のまわりから人はいなくなった。

以前は「自分のまわりから人がいなくなる」ことが非常に不安で、どんな相手にも一生懸命に尽くして関係を保っていた。でも〝心〟に聞いて自分の感覚を確かめてみると、人に気を遣っていたときの方が孤独で、虚しさを感じていた。なぜなら、人に気を使って肝心な〝心〟とつながる事が出来なくなっていたから。

相手との関係を保つために、いつも相手の気持ちになって、相手の求めているようなことを演じたり話したりしなければならない。相手が突然不機嫌になったら「自分が間違っていた」と反省する。相手は「どうしてちゃんと場の空気が読めないの？」「どうして人の気持ちがわからないの？」と自分を責める。そして私は申し訳ない気持ちでいっぱいになる。「こんな駄目な自分だからみんなから捨てられて孤独になる」と怯え、夜にはそうならないように一人反省会をする。

面白いのは、一人反省会をした翌日に「なんで自分はこんなことをしなければならないんだ！」と怒りに変わること。そして、過去のいじめられた記憶がたくさん出てきて、怒りが憎しみに変わる。前日まで「あの人に嫌われたらどうしよう？」と不安になっていた「あの人」が極悪人のように思えてしまい「こんなに苦しめやがって！」と憎くなる。そんなことを一人で考えている自分がとてもみじめになる。

「心よ！　私の中で何が起きているの？」

「ただ、恨みや憎しみを入れられているだけ」

「心よ！　どうしたらいいの？」

「その孤独、不安、憎しみ、恨みに浸ってごらん」

「心よ！　そんな汚れた感情に浸ったら、ますます私は汚れて、人から好かれない存在になるような気がするのですが？」

「ならない」

シンプルにそう答えただけで〝心〟は黙った。

私はひとりぼっちの世界に浸ってみることにした。すると確かに、私は一人。

でも、明るい光の中での一人。そんな感覚になっていた。誰にも気を遣う必要がない。一人で自分のしたいことがちゃんと感じられる。

「へー、孤独って不快なものだと恐れていたけど、違うんだ〜！」と拍子抜けしてしまった。あんなに恐れて、回避するための努力をしてきたのに、私には必要なかったことが実感できてしまった。そして、私が努力をして関係を保ち続けていた人たちは、私の人生には必要がないと実感してしまった。

なぜなら、気を遣わなくなって関係が切れたら、私は自由を感じられたから。私はどんどん自由になっていく。自由になっていくと、なぜか知らないけど安心がある。

「私は一人なのかな？」と思って、ふとまわりを見たら、私は一人じゃなかった。いつのまにか、私と同じ世界が見えている人たちが私の周りにはたくさんいてくれていた。

「心よ！　これなんですね！」

不快な感情から自由になり、私を縛りつけていた不快な人間関係から解放されたら「私はひとりぼっちになるのかな？」と思っていた。その予測は間違っていたことがよくわかった。

私は、私と同じような世界が見える人たちと、いつのまにかつながっていた。するとこれまで自分で蔑んでいた自分の世界が、とても美しく見えるようになってきた。

努力して人間関係を保っていたときは、私の世界はこっぴどく否定され、蔑まれ、利用されて踏みにじられていた。自分では「私の世界観は価値がある」と固く信じていたが、人と接触するたびに、その信念は打ち砕かれてきた。そんな人たちから解放された時に、私のまわりには私と同じ世界が見える人たちがいた。そして、その人たちといっしょに見ている世界は、とても大切なものに感じられた。

病気だって怒りで作り出せちゃう！

〝心〟に聞くようになって、人間関係は確かに楽になった。

これまでは、いつも人と接触をしたあとに「あんなことを言わなければよかった！」とか「なんであんな話をしちゃったんだろう？」と後悔し、反省し、やがてそれが怒りに変わる。さっきまであんなに反省していたのに、今度は理解のない相手に憎しみが湧いてきて、その憎しみに溺れてしまう。そんなことをしているとあっというまに時間は過ぎてしまい「また時間を無駄にしてしまった」と後悔する。後悔して憎しみに溺れて、怒りで酔っ払って眠る。そして、また同じ失敗を繰り返すという毎日だった。

〝心〟に聞くようになってからも、不快感は突然に襲ってくる。接触した人の残念な表情が浮かんできて「あ！　私はあの人に嫌われてしまったかな？」と不安になり、その時の状況を頭の中で再現して問題を検証したくなる。

そんな不安に陥った時に「心よ！　私ってあの人に嫌われちゃいました？」と聞いてみる。

〝心〟は「違う」と答えるが、私は「自分で都合のいい答えを作り出しているかも？」とますます不安になる。そこで私は聞いてみる。「心よ！　だったら今、私の中にある不快感は何ですか？

失敗しちゃったから不快な感覚になっているのではないのですか？」

自分では罪悪感を感じていると思っていたが〝心〟は「失敗などなくて、支配者があなたを怒りで酔わせて自由を奪うために入れている不快感である」と教えてくれた。

「心よ！　なんで私は罪悪感を感じていると思っているの？」

「支配者に怒りを入れられることで感覚が麻痺して、自分が何を感じているのかわからなくなるから」

私にはその答えの意味が理解できなかった。その時、つい最近体験した昼食のことが頭に浮かんできた。

朝食を抜いてしまったので、昼食の時間にはお腹がペコペコで、「ご飯の大盛り！」と注文したかった。

「心よ！　ご飯の大盛りを頼んでもいい？」

「駄目」。

「えっ?!　心よ！　たまらなく大盛りが食べたいのですが、食べてもいいでしょ？」

「駄目」。

私はしぶしぶ「ご飯は普通盛りでお願いします」と注文した。でも、食べ終わってから満腹感があった。「いつもだったら物足りなさを感じるのに……」と不思議だった。

その3時間後に「あれ？　お腹は食べた物をうまく消化できていない！」というトラブルに気がついた。

「心よ！　大盛りを頼んでいたら、かなり危なかったですね！」

「怒りで感覚が麻痺していると、それがわからなくなってしまう。だから、私に聞きなさい！」

「心よ！　なぜ私は怒っているの？」

「支配者に怒りを入れられて感覚が麻痺して、自分のやりたくないことをやらされてしまっているから」

「心よ！　やりたくないことって、大盛りとか？」

「そうだ」

私の中では腑に落ちた。自分は人間関係のことなんか考えたくはないのに、怒りを入れられて麻痺しているから、それが感じられない。だから、考えたくないのに考えてしまい、まるで大盛りを食べたあとみたいに気持ち悪くなり、不快感で酔っ払う。酔っ払って感覚がさらに麻痺し、自分がしたくないことを次々としてしまい、時間と自由を奪われてしまう。

「心よ！　私の問題って全部支配者の入れてくる怒りで作り出されているんですね！」

「そうだ」

確かに〝心〟に聞くようになってから私の胃腸の不具合は少なくなった（そっちかい！）。以前は「風邪をひいたかな？」と思ったら近くにいる人に「風邪っぽいかな？」と確認していた。するとその人は「そういえば顔色が悪いですよ！」と答えてくれる。すると、本当に熱が出てくる。全身がだるくなって、息苦しくなって「仕事ができない！」という状態になる。

そんな時に〝心〟に聞くと、まったく違うことを言われる。

「心よ！　これって風邪ですか？」

「風邪じゃなくて花粉症だから」

「心よ！　本気でだるいんですけど？　顔色も悪いし……」

「それはすべて暗示ですから」

仮病がばれちゃった時みたいに恥ずかしくなる。

「心よ！　早く教えてくださいよ！」

さっきまでのだるさと顔色の悪さはまたたくまに消える。

「心よ！　病気って作られちゃうんですね！」

「作られていますです」（この〝心〟の面白い答え方に何か意味があるのかな？）。

答えに確信が持てなかったときの確認方法

なるほど〝心〟に聞けば人が入れてくる暗示で病気になることもない。人は本当にいろんな暗示を入れてくる。私は、それにみごとにはまっていた。

しゃべっていてちょっとでも声がかすれたら「風邪をひいてらっしゃるんですか？」と聞かれる。私は「いいえ！」と答える。でも、次の瞬間から喉が気になって「風邪をひいてしまったかも？」と不安になり、実際に熱も上がってくる。

ちょっとうつむき加減の姿勢になっていたら「お疲れなんですね」と言われて、私は「いやー、そうでもないですけど！」と元気に答える。でも心の中では「最近寝不足だから調子が悪くなっているのかな？」と不安になる。すると、身体がズドンと重くなって、気分が沈んでくる。

私はみごとにこの暗示に捕まり、病気にさせられて自由な時間を奪われていた。ほとんどの生活時間を「病気への心配」で費やされていたような気がする。

声がかすれて「風邪をひいてらっしゃるんですか？」と聞かれ、熱が上がったような気がしている時に、「一応聞いてみよう！」と思い立つ。

「心よ！　これって風邪？」

「その症状はあなたのではない」

「心よ！　何のこと？」

「その症状は先ほど接した◯◯さんの怒り」

「え〜！　本当に！」と驚いてしまうが、次の瞬間から熱っぽさが嘘のようになくなって、ちょっぴり恥ずかしくなる。

身体がズシリと重く感じられて「あ！　疲れからくる鬱症状かも？」と思う。「もう何もかもやりたくない！」と投げ出したくなってくる。そんな時にも、一応聞いてみる。

「心よ！　私は疲れて限界に来てる？」

「その重い感覚は、あなたがやりたくないことをやらされている怒りから来ている」

「心よ！　やりたくないことって何のこと？」

自分ではまったく思い当たらない。——と、次の瞬間、一生懸命に人に気を遣って、やらなくてもいいサービスをやっている場面が頭の中に浮かんだ。

「心よ！　あれね！」

それがわかった時に、肩に乗っかっていた漬物石のような重い物が消えていった。さっきまであんなに悲観的で後ろ向きな気分になっていた自分が恥ずかしくなる。

でも「やりたくないことをやらされちゃって怒っている」と言われたって、人の中にいたら〝心〟に「心よ！　これは私のやりたくない事？」と聞くのは難しい。その場で〝心〟に確認しているっもりなのだが、返答への確信がないまま動いてしまっている。たとえば、人から食事へ誘われた、その瞬間。

「心よ！　いっしょに食事へ行ってもいいですか？」

「…………」

誘ってくれた相手が返答を待っているので、答えを待てない。私は「返答がないってことはＯＫなんだろうな」と勝手に判断してしまう。

すると食事中に、誘った相手は一言もしゃべろうとしない。「あれ？　なんで誘ったの？」と疑問になる。別にそのまま黙って食事をしていてもよかったのだが、私は居ても立ってもいられない感覚になって、ついつい自分の話をしてエンターテイメントを演じてしまう。一生懸命に話をするのだが、相手は一向にしゃべろうとしない。私の中で怒りが湧いてくる。すると自分の感覚が麻痺して、相手に対して言わなくてもいいことを言ってしまう。

食事が終わって、虚しい気持ちで家に帰る。その途中で〝心〟に聞いてみる。

「心よ！　どうして断ることを勧めてくれなかったの？」

「怒りであなたの感覚が麻痺したから、私に聞けなくなった」

「え？　心よ！　何に対する怒り？」

「不快な相手が接触してきた時の怒り」

そういえば、食事へ誘った時に相手はヘラヘラしていて、なんだか失礼な態度だった。そんな姿を思い出したら、腹が立ってきた。

「心よ！　失礼な相手が接触してくるたびに怒って麻痺してあなたに聞けなくなったら困るんですけど！」と文句を言ってみた。すると〝心〟は「聞けなくてもいい」と、理解できるようなできないような答え方をする（も〜！　わけがわかからん！）。

「心よ！『聞けなくてもいい』ってどういうこと？」と聞いてみる。すると〝心〟は「答えが聞けないときこそ、そこに怒りがあるから」と答えた（こりゃ一本取られた！）。

なるほど！　これまでは「答えてくれない〝心〟に怒りを感じている」と思っていたけれど、それは違っていた。「怒っているから自分の感覚が麻痺しちゃって〝心〟の声が聞こえなくなっちゃうんだ！」と納得した。

「心よ！　そうしたら、あなたに私が怒っていることを確認すればいいですか？」

「そうだ」

食事へ誘われた場面をもう一度思い出して〝心〟に聞けなかった状態を自分の中で再現してみた。するとヘラヘラしている相手の前で何も自分の意見が言えなくなってしまう。

「心よ！　私はこの時怒っていましたか？」と聞いてみた。すると、頭の中の真っ赤なドーム状の部屋で「いや〜！」と叫んでいる自分自身が見えた。「あ！　これで麻痺をしたのね！」と理解した。

でも、今ひとつ腑に落ちない点がある。「心よ！　いっしょに食事へ行ってもいいですか？」と尋ねた時に、なんとなくＯＫが出たような気がしていた。いくら「怒りで感覚が麻痺をしたから」

とはいえ、これでは困る。〝心〟の声に確信が持てなくなってしまう。

「心よ！　どうしたらいいの？」（また、丸投げか！）

「逆の質問をしなさい！」

よくわからないけれど、何か意味があるのだろう。私の頭の中には「それって天の邪鬼的な質問ってこと？」と浮かんできたので、確認することにした。

「え？　心よ！　逆って何のこと？　自分が思っているのと逆の質問をすればいいの？」

「そうだ！」

なるほど！

もう一度、あの時の再現を〝心〟としてみることにした。

ヘラヘラしている相手から、失礼な態度で食事へ誘われている。私の中で「断ったらかわいそうかな？」とよけいな感情が涌き出てくる。でも、一応確認してみよう、と〝心〟に聞く。

「心よ！　いっしょに食事へ行ってもいいですか？」

「………………」

ここまでは、さっきと同じ。私はこのあと、〝心〟がNOと言わなかったので、怒りで感覚が麻痺したまま食事へ行ってしまった。

ここで、言われた通りに逆の質問をしてみる。

「心よ！　食事へ行かなくてもいいですか？」

「はい、行かなくてもいいでいいです」（時々〝心〟の日本語は変になるが、それが私の〝心〟の特徴だったりする）

なるほど！　こうすればいいのね。

確かに、心理学の研究で「自分の仮説は正しい」ということを証明しようとする場合「自分の仮説が間違っている」ということをあえて証明しようとする。それを証明できなければ正しいということが証明される、という面倒臭いことをする。その方が思い込みを排除できるから、という理由がある。〝心〟が言っているのは、それと同じ手法を使えということなのね！

思っていることの逆の質問をして確認する、というのは非常に役に立つ。

「心よ！　この文章を私はまだ書き続けますか？」と聞いてみる。自分では、朝早く起きるのが辛くなってきたので「そろそろ終了してもいいのでは？」と思っている半面で、書き続けたい気持ちもある。どちらの答えが返ってくるのかとドキドキしてしまう。

〝心〟は「はい」と答える。

私は「えー！　本当に？」と疑いたくなる。自分の〝心〟の答えが信じられなくなる。だって、最近右手の中指の指先にあかぎれができて、傷口がぱっくりと口を開いている。だから、キーボードを打つたびに痛みが走る。「こんな状態でも続けるの？」と〝心〟に文句を言いたくなる。

そんな時に、逆の質問をしてみる。

「心よ！　文章を書くのをやめてもいいですか？」

「今はやめない」

この答えを聞いた私は妙に納得してしまう。放置している指先のあかぎれにハンドクリームを塗ればいいんじゃん！　と思いつく。その瞬間に、一つの疑念が浮かぶ。

「心よ！　このあかぎれも、この文章を書くのをやめさせる邪魔なの？」

「そうです。邪魔です」

「心よ！　何のために邪魔をするんですか？」

「支配者が怒りで酔わせて自由を奪うためにしている」

「心よ！　何のために自由を奪うんですか？」

「私とのつながりを断って、支配者とつながり続けさせるため」

その答えを聞いた時に、これまで自由を奪われて苦しみの日々を過ごしてきたことが頭に浮かんできた。そして、支配者に対してあらためて憎しみが湧いてきた。「あれ？　おかしいぞ？」

「心よ！　この怒りって自分のものですか？」

「違う」

でも、まだ私の中では怒りがくすぶり続けている。そこで、逆の質問をしてみる。

「心よ！　この怒りって自分のものではないのですか？」

「その怒りはあなたのものではないでいい」

ところで、前から気になっていたことだけど、このおかしな日本語には何か意味があるのだろうか。思いきって聞いてみた。

「心よ！　その答え方には何か意味があるの？」

「ある」

やっぱりそうか！　でも、どんな意味があるんだろう？

――それはそれとして。

「心よ！　この怒りって支配者から入れられているの？」

「怒りで支配者に執着させられ、支配者につながり続けてしまう」

確かに、失礼な態度で食事へ誘った人のことを思い出して、その人に怒り続けていると、次から次へと嫌なことが思い出されて、不快のループから抜けられなくなる。

「心よ！　それが支配者に執着させられつながり続けさせられる、ということですか？」

「そうです。不快な怒りに浸って、あなたのものではないことを確認しなさい」

私は心の中で「私は怒っている」「私は怒っている」と唱えて、むやみに怒りを打ち消そうとするのではなくて、あえて怒りに浸ってみた。すると、だんだん面倒臭い感覚になり「相手のことを考えるのも嫌だ！」と思い、怒りは去っていった。

怒りと憎しみから自由になる

それまでの私は、まさに「怒りと憎しみに支配されている」状態だった。自分の中に起きる感情はすべて自分のものだと思っていたから、ちょっとしたことですぐに怒ってしまい「自分は器が小さい！」とか「ナイーブだなー！」とか嘆いていた（ナイーブ＝純粋で傷つきやすいさま――念のため）。一度怒ったら、その怒りがなかなか頭から離れない。嫌なことを一日中考えていたり、寝所へ就いてもそのことが悔しくて眠れない。

でも〝心〟に聞くようになって、人と接触をしてムカついても、それが長続きしない。なぜなら、それが「自分の感情じゃない」ということを〝心〟がちゃんと教えてくれるから。

ある人が会話の途中に、正論を振りかざして私の間違いを指摘する。「楽しく会話をしているんだから、別に今ここでそんなことをしなくてもいいじゃないか！」と怒りが湧いてくる。「何だ！こいつ！」とムカムカしてくる。同時に「間違っていた自分はみっともない！」と恥の感覚でいっぱいになる。

そんな時は〝心〟に聞いてみる。

「心よ！　今ムカついていて、恥ずかしい感覚なんですけど、何が起こっているんですか？」

「怒りを植え付けられている」

「心よ！　誰から？」（自分ではわかりきっている答えでも一応確認する）

「支配者である相手から」と〝心〟は会話の相手が支配者であることを教えてくれる。

「心よ！　支配者は何のためにそれをやるの？」

「怒りで執着させて私に聞けなくして、どん底へと引きずり下ろして支配するためにやる」

泥沼の中から出てくる手で引きずり込まれていくイメージが私の頭に浮かんできて、身震いが起きる。「あ！　この人と関わっちゃ駄目なんだ！」となんだか気分がスッキリして、支配者対応にシフトできる。

それまでは「相手に自分の考えていることをわかって欲しい」と思って会話していた。でも支配者は、こっちが一生懸命に何を言っても、何をやっても、私を否定し、蔑んで、私を怒らせて、支配者に怒りで執着させて自由を奪う。それが目的となっているのだから、私の「わかって欲しい」という目的とは矛盾する。

「そうか、相手にわかってもらう必要がないんだ！」と思ったら、急に楽になり、自由になる。支配者に関わる必要性をまったく感じなくなり「どうぞご自由に！」という感覚で相手から離れていくことができる。

離れたあとも一切相手のことを考える必要性を感じない。なぜなら、私は〝心〟とつながる自由だけを求めているから。

夜寝る前に、支配者から言われたことが頭の中をふっとよぎり、不快な気分に襲われる。

「心よ！　何が起きていますか？」

「怒りと憎しみを入れようとしている」

「心よ！　支配者がですか？」

「そうだ」

「心よ！　どうして私が狙われるのですか？」

「怒りと憎しみで自由を奪えることを知っているから」

「心よ！　他の人じゃなくてどうして私ばっかり狙われるの？」

「あなたばかりが狙われているわけではありません。自由に近くなるとやってくる」

そうなんだ！　自分ばっかりじゃないいんだ！

ある晴れた休日、街をのんびりと歩いていたら、急におじさんがぶつかってきて、私のことを睨みつけた。ものすごい形相だったので「こいつまた支配者だよ！　面倒臭いなー！」とムカついてきた。「なんでいつも私の自由を邪魔するんだ！」と怒りが湧いてくる。

「心よ！　あの人は支配者ですか？」

「虚無で、ただの酔っぱらい」

たちまち先ほどまでの激しい怒りが恥ずかしくなってしまった。

「心よ！　何が起きているの？」

「あなたが〝支配者〟と決めつけた時に、本物の支配者とつながって怒りを流し込まれたから」

なるほど！　脳のネットワークって、相手を思い浮かべたら自動的につながってしまう。「私をみじめにさせる支配者」を私が思い浮かべたから、目の前の酔っ払ったおじさんの脳じゃなくて「私を苦しめ続けてきた支配者」の脳とつながり、支配者から怒りを流し込まれて、自由を奪われてしまった。

「心よ！　こんなときはどうしたらいい？」

「私につながりなさい」

その答えがこの上なく温かく、優しいものに感じられた。

〝心〟に聞いていると引き戻されない

誰と会話をしていても「自分は他の人とは違う」と思っていた。自分は常に何かの不快感に捕われていて、怒りと後悔の日々。それなのに、他の人たちはそんな不快感とは無縁のような気がしていた。

ちょっと散歩をしようと出歩けば、近所のおばさんたちが井戸端会議をしている。私は「こんにちは！」とにこやかに声をかけて会釈をするのだが、おばさんたちは偉そうに「はいはい」とだけ返事をする。そして、私が去ったあとでギャハハハという笑い声が聞こえてくる。

「あの家の人って変じゃない？　あんなに愛想よく挨拶なんかしてさ！」

私の耳がいいのか、おばさんたちの耳が悪くて大声でしゃべっているのか、それとも私にわざと聞こえるようにと思っているのかわからない。とにかくそれを耳にした時に、私の顔がカーッと赤くなる。笑顔で挨拶した自分が馬鹿みたいで、思いっきり恥ずかしくなる。

そして、自分がとても薄汚れた存在に思えてみじめな思いに駆られる。自分がこの世界で生きてちゃいけないような気持ちにすらなる。すると、次の瞬間には、自分をそのような気持ちにさせるおばさんたちに怒りが湧いてくる。「自分のことをまったく理解していないのに、勝手なことを言いやがって！」と憎しみでいっぱいになってしまう。

「普通の人だったら、こんなことを考えないで軽く聞き流せるはず」と思っていた。でも、私にはできなくて、一日中、いや、長くて一週間くらい引きずってしまい、おばさんたちの笑い声が耳から離れなくなってしまう。

こんなことをある人に伝えたら「あんたはいじめられっ子で卑屈に育ったから、ねじ曲がった心で人の気持ちを歪めて見ているだけ。そんな歪んだ見方をするあんたは気持ち悪い！」と言われる。確かに正論である。

おばさんたちは私を蔑む目的で言ったんじゃないかもしれない。だから「私の心が歪んでいて、すべてを勝手に悪意と解釈してしまい、まわりの人を勝手に裁いて不快にしているのでは？」と罪悪感にさいなまれる。私の感じていることは間違っていて、ただ人を不快にさせるような蔑まれるべき存在だということだけなのかな、と思えてくる。

「心よ！　そうなんですか？」

「違う」

「心よ！　何が違うんですか？」

「怒りでいい」

「心よ！　あなたが言っている怒りとは何なんですか？」

「怒りは支配者に対する拒絶でいい。しかし、支配者はこの拒絶である怒りを罪に定め、裁き、罰するから不快な怒りへと変えてしまう」

この答えは結構難しい。でも、なんとなくわかってきた。

〝怒り〟は本来、支配者と接触してしまって相手を拒絶したい時に感じるもの。〝心〟はそう言っていた。

支配者とは〝偽りの神〟を演じる存在である。神を演じる支配者は、人を罪に定めて裁き、罰を与える。そして、偽りの愛を持って人を救う（＝執着させる）。私は偽物では満足することができない。私の心は「偽物は嫌〜！」と叫んでいる。それが本来の怒りである。支配者にとってはこの怒りが不都合である。なぜなら、怒りで支配者を拒絶されたら本来の支配者の役割を果たすことができなくなるからである。そこで、支配者はこの「偽物が嫌〜！」という怒りをねじ曲げてしまう。「あなたは勝手に人のことを裁いて嫌うという罪を犯している」と決めつけてしまう。本来は偽物である支配者を拒絶する怒りが「人を裁き傷つける汚いもの」として変換されてしまうから「自分は怒りを感じる罪人」という感覚に陥ってしまう。

ここが面白いポイントである。

「怒りを感じる罪人」として裁かれれば、今度は「罪からの救い」が必要となる。一般的な感覚としては「何とかこの怒りから抜け出したい！」と思う事である。そして、この罪である怒りからの救いは私を罪に定めた支配者にある、ということになる。だから、怒りの元になっている支配者に執着させられてしまう。支配者に私の怒りの罪を理解してもらい、許してもらい、この罪から救われたい。そう思わされてしまうのだ。

だから、近所のおばさんたちに「私はそんなに気持ち悪い存在じゃありません！」と説明したくなってしまう。「気持ち悪い存在」と裁くおばちゃん達の誤解を解いて、この怒りを打ち消したいと思う。すると、その感覚は脳のネットワークでおばさんたちの脳につながって、おばさんたちに私の無実を一生懸命に説明するのだが、おばさんたちは脳内で私を罪に定めて罰を与える。脳の中では「ゴミ出しのルールもちゃんと守らない駄目な人！」とか「家の中で大声を出す近所迷惑な人」という駄目出しの声が響いてくる。すると、ますます私は汚れた罪人になるから、ますます誤解を解きたくておばさんたちに執着してしまう、という悪循環となる。

この悪循環から相手に対する〝怒り〟で抜け出そうとすると、別の支配者が「あんたの怒りは罪である」と断定する。感じている怒りは間違っており人を傷つける罪を犯している、と裁くのはまさに〝偽りの神〟である支配者の仕事だ。支配者は「そんなこと言われているか証拠が無いのに、相手を嫌って怒っているお前の怒りは気持ち悪い！」と罪に裁く。

私は支配者から罪に定められてしまったので、なおさら一生懸命に私の怒りの正当性を訴える。なぜなら「罪から来る報酬は〝死〟である」から。でも、私が無実を訴えれば訴えるほど、支配者は私を裁き罪人に定めて、罰を与える。「お前は誰からも受け入れられないで、見捨てられ地獄に堕ちる」という幻想の恐怖の中に陥れられてしまう。私は支配者から裁かれて幻想の恐怖の罰を与えられることで、この世で生きてはいけないような感覚になっていたのだ（説明が長くなってしまった！〝心〟にこの解釈が間違っていないかを確認しなきゃ！）。

「心よ！　そうなんですか？」と確認する。〝心〟は「そうだ」と答える。

ちょっと不安なので、逆の質問で確認する（ここは支配者の邪魔が壮絶だ！）。

「心よ！　私は間違った解釈をしていますか？」

〝心〟は「いいえ、間違ってはいない」と答えてくれた。私は安心した。

〝心〟に聞くタイミング

「不快な感情は持ってはいけないもの」と思って生きてきた。

私は「人を憎んではいけない」「人を蔑んではいけない」「人を拒絶してはいけない」と教えられ、それを守ろうと努力する。でも、どうやっても人と接触をすると怒りが湧いてきて、それを我慢して人と接触すると憎しみや恨みに変わってしまう。そんな感情を持った自分は汚れていて、誰からも蔑まれる存在であると思っていた。こんな醜い感情を持っていたらみんなから嫌われて捨てられる、と怯えていたので、他の人に対してはおくびにも出さないようにしていた。

実際に、それをちょっとでも表現したら「人に対してそんな汚い感情を持つお前は嫌われる！」というメッセージを入れられて、私は醜い存在へと陥れられ、蔑まれていた。

そんな時に〝心〟に聞いたら、「怒りは支配者を拒絶するものだから、支配者はそれを嫌い、醜いものとしてねじ曲げて支配者とつながるようにしているだけ」と言われた。

怒りは支配者を拒絶するもの。だから、支配者にとっては都合が悪い。支配者は〝偽りの神〟を演じているから、怒りを「人を傷つける醜い罪」とねじ曲げて私を裁き、罰を与える。

子供の頃は、支配者の前で怒ったら仲間はずれにされたり、叱られたり、殴られたりしていた。怒りを表面に出したらとんでもない目に遭う、という条件付けが私の中になされていた。

今でもこうして怒りのことを書くと、支配者は「あんな汚い感情を表現する醜い存在！」とネット上で書き込みをして「お前は誰からも拒絶される気持ち悪い存在！」と幻想の恐怖を作り出す。これまで私はそれに怯える生活を強いられていた。

〝怒り〟は「支配者を拒絶するためのもの」だったのに、いつの間にか支配者によってねじ曲げられて「支配者に執着するためのもの」に変換されていた。

〝心〟は「怒りは忌み嫌うべきものではない」と教えてくれた。「怒りは怒りとして受け入れなさい」と言った（どういう意味？）。「怒りを受け入れ、偽りの罪を捨てて、自由になりなさい」とも言った（まだ難しいぞ！）。

「あなたを歪めている支配者を怒りで切り捨てて、素のままの自分になりなさい」

そう答えられた時、私はこんな風に質問した。

「心よ！　どうやって支配者を切り離して素のままの自分になりましょう？」

「怒りを感じた時に、私に聞きなさい」

その時に支配者を怒りで切り離している自分の姿が見えた。でも、そこには恐怖が伴っていた。支配者を切り離していくと自分が誰からも受け入れられなくなって、捨てられて、みじめな生活を強いられる、という恐怖が襲ってきた。

「心よ！　これって怒りで支配者を切ることで現実に起こることですか？」

「将来何が起きるか誰にもわからないのに、将来を確定させるのが〝偽りの神〟を演じている支配者のしわざ」（この答えは深い！）。

「未来は神のみぞ知る」というように、人は将来のことなんて知り得ないが神様だけは知っている、という話になる。

「お前はこの先誰からも受け入れられずに悲惨な人生を送ることになる」と、まるでそれが確定してしまっているかのような恐怖に陥る。自分の将来がわかってしまったような感覚である。

それこそが〝偽りの神〟である支配者が作り出した幻想の未来である。支配者は神を演じているので、私はそれがまるで現実になるかのような幻想に陥れられ、怯えて動けなくなる。

「心よ！　こんな恐怖に襲われたときはどうしたらいいのですか？」

「私に聞きなさい」

ならば、さっそく聞いてみよう。

「心よ！　こんな恐怖に襲われているんですけど、どうしたらいいのですか？」

「怒りなさい」

「心よ！　何に対して怒るんですか？」

「怒りなさい」（えー！　同じ答えじゃなくって、もっと優しく教えてくださいよ〜！）。

私は、ただ自分の中の怒りに注目することにしてみた。確かに私は怒っていた。すると、私の中にあった見捨てられてみじめになる将来の映像がみるみるうちに赤い炎で包まれていく。そして、跡形もなく消え去ってしまった。「ああ、これなんだ！」と感動する。

確かに、支配者に対して怒ったら執着させられちゃうから、ただ「怒りなさい」と〝心〟が言っていたのが一番正しいんだ！　と理解した。それが支配者を拒絶する本来の感情だから。

なるほど！　と感心する一方で、私の中に別の疑問が湧いてきた。

「心よ！　怒りのほかにも、支配者によってねじ曲げられている感情ってあるんですか？」

「あります」

恐怖を感じたら恐怖に浸って聞く

「心よ！　どんな感情が私の中でねじ曲げられていますか？」

「怒り」

「心よ！　怒り以外にねじ曲げられている感情って聞いたのに！」

「怯えて怒っている時の怒りはねじ曲げられた感情」

そうか、さっきの怒りとは違うのね！　たとえば、相手から見捨てられる恐怖を感じた時って、自分を裏切った相手に対して怒りと憎しみが湧いてくる。相手に攻撃されそうになった時も怒りが湧いて、頭の中で復讐することを考えてしまう。

確かに、このタイプの怒りって、自分の中に湧いてくる恐怖を消すためのものだ。恐怖を消すために怒っているけど、怒れば怒るほど不安と恐怖が湧いてくるので、そこから抜け出せなくなる。

それが支配者から自由を奪われるということなんだ、と理解した。

「心よ！　この怒りってどのようにねじ曲げられているの？　何が前の怒りと違うの？」

「怒り、憎しみ、緊張が増し、それに依存する」（なんだか暗号みたい！）。

それって、恐怖に反応して怒った時に緊張が増すから、苦痛のレベルにまで達して脳内麻薬が分泌されて、その脳内麻薬を求めて怒りに依存してしまうってこと？

「心よ！　そうなんですか？」

「それでいい」

本来の怒りは「支配者を切り離すもの」として発生するはずであるが、支配者はそれを逆手にとって、支配者が作り出す恐怖で怒らせて、怒りで脳内麻薬を分泌させられるから、いつのまにか「支配者＝酔っ払う」という条件付けがなされてしまう。すると今度は酔いたいがために恐怖を与える支配者を求めてしまう、という循環が出来上がる。本来は怒りで支配者を切り離すはずが、恐怖でねじ曲げられてしまった怒りで逆に支配者に執着させられて、自由を奪われてしまうというのだ。

「心よ！　支配者ってこれを意図的にやっているんですか？」

「意図的にやっている」（怖～い！）

「心よ！　そんな恐怖からの怒りで支配者に執着させられた時はどうすればいいのですか？」

「怒りの下にある恐怖に浸り、その状態で私に聞きなさい」

〝心〟は恐怖から逃げないで、恐怖に浸ってみて、そこで聞けばいい、というのである。

「心よ！　でも、怖いんですけど！」

「怖さの下に、本当の怒りがあるから、私に聞けばいい」

よくわからなかったが、その通りにやってみることにした。

あえて恐怖に浸ってみると、車に轢かれて自分が殺される場面が浮かんでくる。

「心よ！　殺される恐怖で苦しいんですけど！」

そう訴えた次の瞬間に、私の中で「今この時、私は生きている」という感覚が湧いてきた。そして、その恐怖がくだらないものに思えてしまった。

これか！〝心〟が言っていたのは！

痛みを感じたらそのたびに聞く

「心よ！　他にねじ曲げられている感情はありますか？」

「痛み」

「心よ！　痛みが何でねじ曲げられちゃうんです？」

「痛み、恐怖、怒りだから」（また、暗号みたいですよ！）

「心よ！　痛みと恐怖って、どういうことですか？」

「痛みに恐怖が条件付けられている」

「心よ！　だったら、痛みに恐怖が条件付けられなかったらどうなるの？」（自分でちょっとは考えろよ！）

「痛みを感じたら私につながるようになる」

常に私の頭上にあった灰色の雲が晴れたような気がした。そうか！　痛みを感じたら〝心〟に聞く、ということは、痛みは本来〝心〟からのメッセージの呼び鈴みたいになっているのか！

痛みを感じるたびに〝心〟に聞くことで、自分がだんだん自由になっていくイメージが浮かんできた。

以前、誰かが「小指の存在を感じる時って小指の痛みを感じた時」と言っていた。普段は自分の小指なんか意識することはない。でも、痛みを感じた時に「あ！　小指があるんだ！」と認識できる。それと同じで、〝心〟も痛みがなければ忘れてしまったりする。

だから、支配者はその痛みに恐怖を条件付けることで、本来の痛みの役割をねじ曲げて、痛みの恐怖から支配者とつながるようにしたのだ。痛みを感じれば感じるほど支配者の脳のネットワークにより強くつながるので恐怖が増し、そして、その恐怖を麻痺させるために怒る。怒りで脳内麻薬が分泌されれば恐怖も痛みも一瞬は麻痺するが、すぐに再び恐怖が襲ってきて怒りで脳を麻痺させる、という循環になって〝心〟からどんどん遠ざけられていく。やがて私は〝心〟の存在を忘れるようになって、支配者から自由を奪われたまま生きるようになってしまっていた。

この時、私は自分の痛みを感じてみた。いつもは感じないようにしていた痛みを〝心〟からの呼び鈴だと思って感じてみて、さっそく〝心〟に聞いてみることにした。

「心よ！　肩が痛いんだけどこれはなんですか？」

「怒り」

「心よ！　何の怒りですか？」

「支配者に関わりたくないのに関わってしまった時の怒り」。

「心よ！　どこで支配者と関わっているのですか？」

「家と職場」

頭の中に心当たりがある場面がたくさん浮かんでくる。「ヤバい！　自分がよけいなことをするからだ！」と後ろめたい気持ちになった。

「心よ！　どうしたらいいのですか？」

「あなたが悪いのではなくて、酔わされて感覚が麻痺して、やりたくないことをやらされてしまうだけ。それだけを心に留めておきなさい」

〝心〟は私のことを責めなかった。お前がよけいなことをしたから痛くなった、というようなことも言わなかった。ただ「やらされていることを心に留めておきなさい」と言われた時に、肩の痛みがスーッと消えていった。その肩の痛みって、自分がしている無駄なことに対して「責められる！」という恐怖があって、その恐怖を感じないように怒っていたから、肩が張っていたんだってことが見えてきた。

痛みで〝心〟につながることで自由になれる、ということがよく理解できたような気がした。「痛みって悪いものじゃないんだ！」と納得した時に、私の心の中で「そうだ！」という声が響いた。

私の知っている常識とは全然違うことを〝心〟は教えてくれる。

〝死の恐怖〟を感じたら聞く

〝心〟が説いてくれるしくみが徐々にわかってきた。どうやら恐怖という感覚が発生するのはすべて支配者にねじ曲げられていたからのようだ。

自分の考えていることが間違っていないかを確認する。

「心よ！　他に私が知らないうちにねじ曲げられている感情ってありますか？」

「怒りと憎しみと、死」

確かに死も恐怖と直結している。でも、誰しも死に対しては恐怖を感じるんじゃない？　支配者がねじ曲げている感情とは違っているような気がする。

「心よ！　本当に〝死の恐怖〟というのは支配者にねじ曲げられているのですか？」

「そうだ」

インフルエンザになって高熱が出て、息が苦しくなって「死ぬかもしれない」と思った場面が頭に浮かんできた。あの時私は死を覚悟して、純粋に〝心〟と対話することができた。死を意識すると〝心〟との間に何も邪魔がない。〝心〟と直接つながっている。大きな安心と喜びで満ちあふれている。あの感覚がよみがえってきた。

「あ！　あれね！」

支配者に死を恐怖でねじ曲げられなかったら、死は純粋に〝心〟とつながる大切な感覚なんだ、とその時に実感してしまった。それをこれまでは〝死の恐怖〟が邪魔をしていた。

〝死の恐怖〟があると、死を受け入れられずに「あれもできなかった、これもできなかった、なんてみじめな人生だったんだ！」と後悔と執着に襲われる。恐怖で自動的に支配者の脳とつながって人生の駄目出しをされて、怒らされて執着させられてしまう。

でも〝心〟とつながった時には、そんな後悔と怒りなんてみじんも感じない。ただ喜びだけがそこに存在している。あれって死の喜びじゃなくて純粋に〝心〟とつながる喜びだった。

「心よ！　支配者ってあなたとつながるものには強烈な恐怖を入れて、支配者につながるようにしているんですね！」

「そうでいいです」

そう考えると、私が感じる恐怖のポイントって、実は〝心〟と純粋につながることができるポイントになっているんだ！

私が恐怖を感じるのは、みんなから見捨てられて、貧困になること。

「心よ！　みんなから見捨てられる恐怖も支配者にねじ曲げられているの？」

「そうでいいです」

私のまわりからすべての人が去った時に、純粋に〝心〟だけに頼っている自分の姿が見えた。邪魔するものは一切なくなって〝心〟と直接つながっている。死を意識した時ほどじゃないけれど、そこには安心と喜びが満ちあふれている。

なるほど！　支配者はこれを阻んで支配者とつながるように恐怖を入れていたのね！

〝心〟に聞いていくと、これまで自分が思っていたのとはまったく違う世界が見えてきた。

よくよく考えてみると〝恐怖〟って面白い

私が恐怖を感じるのって、ほとんどの場合、まだ起こっていない未来のことなのだ。それなのに、まるで現実になってしまったかのようにイメージして、怯えている。

みんなから疎外されて嫌われるというのは、まだ現実としては起きていない。この本を出したら、読んだ人は私を軽蔑して、私の批判をインターネット上で展開して、誰も私のことを相手にしなくなる。それがあたかも目の前にある現実のように浮かんできて、怖くなる。みんなの冷たい目線と心ないコメントの連続を目の当たりにして、ショックを受けてわなわなと手を震わせながら鬱状態になってしまう自分の姿が頭に浮かんでしまう。

いうなれば、現実とは異なる世界が私の脳内に広がり、いつのまにかその脳内に作り出された地獄絵図の中を生きてしまっている。

その世界を作り出せるのが〝偽りの神〟である支配者である。支配者は神を演じているから世界をいくらでも作ることができる。

私は、支配者が作り出した世界でもがき苦しみ、怒りと憎しみにまみれて絶望していた。こんな世界だったら生きたくない！　と作り出した〝神〟を恨み、憎んでいた。そうすることで、いつのまにか〝偽りの神〟である支配者に執着させられていたのだった。

そうすればするほど支配者の脳とつながるから、さらに幻想の世界の中でもがき苦しみ続ける。恐怖を感じている時は支配者が作っている幻想の世界に生きている、なんて事が起きていたなんて〝心〟が教えてくれるまで想像すらできなかった。

これまで私が恐怖を感じていたポイントは、本来は〝心〟とつながる大切なポイント。だから、支配者はそのポイントに〝恐怖〟を入れて、支配者につながるように条件付けてしまった。ある意味で、その技に感心する。恐怖をそのポイントで条件付けておけば私の真実である〝心〟とつながるのが難しくなり、私の真実である現実の世界で生きることができなくなるから。

私の場合は失敗、見捨てられる、貧困、苦しみ、痛み、死、地獄……などなどすべてが恐怖に条件付けられていた。失敗したら「叱られる恐怖」に怯えてパニックになり、焦ってよけいなことをしてしまい、失敗に失敗を重ねる結果になり、次のステップである「みんなに見捨てられちゃう！」という恐怖でさらにパニックになっていった。

常に「心」との会話と交流を続けていれば、支配者から注がれる迷いも悩みも、恐怖でさえも怖くない。

今なら、失敗して恐怖に襲われた時に、これって〝心〟と引き離すために支配者が入れている恐怖なんだ！　と実感できちゃう。

ここで支配者は〝心〟につながって欲しくないんだろうな！　と思いながら〝心〟に聞く。

「心よ！　今、失敗しちゃってすごくみじめな気持ちになって落ち込んでいるんですけど」

「いらない」

その答えが返ってきた時は何のことかさっぱりわからなかったが、すぐに私の頭の中に「失敗してごめんなさい！」と〝心〟に謝っている姿が浮かんできた。あ！　これが「いらない」ということか、と理解した。

私はすぐに「ごめんなさい」「すみません」と謝る癖がついていた。なぜなら、すぐに謝らなければ責められて罰せられる、という恐怖が常にあったから。実際には、謝っても、反省しても、責められて罰せられていた。でも謝らずにはいられなかった。これが支配者の作り出している世界か！と納得した。

「心よ！　謝罪が必要ないってことですか？」と聞いてみた。

すると〝心〟は「謝罪は必要ない、でいい」と答えたあとに「世界は淡々と」と教えてくれた。

これも意味がよくわからなかったが、なんだか胸がジーンとして目頭が熱くなった。

本当に責められないんだ！

私の心はどんどん自由になっていく。どんどん楽しくなっていく。

おわりに

「心よ！　私にとっての喜びは何ですか？」

「常に私とつながっていることです」

「心よ！　常に〝心〟につながっているって、どういうことですか？」

「いつも、何でも、私に聞き従うこと」

そう言われて、ちょっと重い気持ちになってしまった。

これまで、私は人の意見に忠実に従ってきた。真面目に従えば従うほど、私は人から蔑まれて、惨めになり、人に対する憎しみに満ち満ちていった。そんな憎しみに溢れた自分は、この先救いようのない醜い存在になる、と思っていた。「聞き従うこと」と聞いた時に、そこに引き戻されるような不安感が襲ってきた（そんな時こそ〝心〟に聞く！）。

「心よ！　あなたに聞き従うことってどういう意味？」

「支配者からの支配から解放されて自由になること」

そんな〝心〟からの答えを聞いた時に、私の頭の中にはやりたくないことをやらされている自分の姿が見えてきた。不機嫌な表情をした人に気を遣って、一生懸命ご機嫌とりをしていた。

ある人は、そんな私のみじめな姿を見て「やりたくなかったらやらなければいいじゃないか！」

と私を責める。確かに私は、やりたくてやっているわけじゃなくて、やらなければいけないと思ってやっている。やらなければ大変なことになっちゃう！　という焦りが湧いて、いらない気を遣ってしまう。だから、そんな状態をどんなに人から責められても、自分ではどうしようもなかった。

そんな時には〝心〟に聞き従う。

〝心〟に聞いてみると「私はやりません！」と断言することができる。やらされていた不快なご機嫌とりから解放されて、自由になる。

でも、ご機嫌取りから自由になったとたんに、再び不安に襲われる。自分が気を遣わないことでみんなから見捨てられて孤立して、みじめに死んでいく自分の姿がリアルに脳裏に浮かんでくる。

「心よ！　私は孤立してみじめになって死ぬんですか？」と聞いてみる。

〝心〟は「一人は自由」と教えてくれる。

自分は「一人」がみじめで悲しい状態だと思っていた。でも、こう教えてもらったら、とても身軽になった。

〝心〟と常につながっている感覚がそこにはある。支配者はこれを阻むために「孤立はみじめ」という恐怖を入れていたのだ。

〝心〟に聞き従うことで、それまでの常識が覆されて、私はまったく違う世界を目にすることになる。それは〝心〟が言っていた「支配者から解放された自由な世界」である。

私の常識が本当の常識ではなく、支配者が私の〝神〟であり続けるために植え付けた常識だった、と実感した。

この時に〝心〟は突然「これ以上は書かない」と言った。

私は、あまりにも突然のことに驚いてしまう。

あれ？　また支配者がこれ以上〝3つの真実〟について書かせないために邪魔をしているのかな？　と思って、「心よ！　あなたと私の間に邪魔はありますか？」と聞いてみた。

〝心〟は「ありません」と答える。

「だったら、心よ！　なぜこれ以上は書かないとおっしゃったんですか？」と聞いてみた。

〝心〟は「みんな心に聞くから」と答え、さらに〝心〟は「みんなの楽しみはみんなの楽しみ」と付け加えた。


私の言葉は、もう必要ない。

［完］

【著者紹介】

大嶋信頼(おおしま・のぶより)

米国・私立アズベリー大学心理学部心理学科卒業。アルコール依存症専門病院、周愛利田クリニックに勤務する傍ら東京都精神医学総合研究所の研究生として、また嗜癖問題臨床研究所付属原宿相談室非常勤職員として、依存症に関する対応を学ぶ。嗜癖問題臨床研究所原宿相談室長を経て、株式会社アイエフエフ代表取締役として勤務。現在、インサイト・カウンセリング代表取締役。
著書に『ミラーニューロンがあなたを救う!』(青山ライフ出版)、『サクセス・セラピー』(小学館)、共著『児童虐待〔臨床編〕』(金剛出版刊)がある。

支配されちゃう人たち

親や上司の否定的な暗示から解放される超簡単テクニック

著者　大嶋信頼

発行日　2014年7月8日
第5刷　2024年7月29日
発行者　高橋 範夫

発行所　青山ライフ出版 株式会社
東京都中央区日本橋蛎殻町 1-35-2 グレインズビル 5階 52号
TEL：03-6845-7133　FAX：03-6845-8087
http://aoyamalife.co.jp　info@aoyamalife.co.jp

発売元　株式会社 星雲社 (共同出版社・流通責任出版社)
〒112-0005　東京都文京区水道 1-3-30
TEL：03-3868-3275　FAX：03-3868-6588

装幀・イラスト　溝上なおこ

印刷　中央精版印刷株式会社

ISBN978-4-434-19432-0